"十三五"普通高等教育会计专业精品系列教材

◉ 主编 张雪芬 倪丹悦

行政事业单位会计

XINGZHENG SHIYEDANWEI KUAIJI

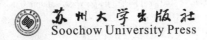

苏州大学出版社
Soochow University Press

图书在版编目(CIP)数据

行政事业单位会计/张雪芬,倪丹悦主编. —苏州：苏州大学出版社,2018.1
"十三五"普通高等教育会计专业精品系列教材
ISBN 978-7-5672-2357-8

Ⅰ.①行… Ⅱ.①张…②倪… Ⅲ.①单位预算会计-高等学校-教材 Ⅳ.①F810.6

中国版本图书馆 CIP 数据核字(2017)第 323118 号

行政事业单位会计

张雪芬　倪丹悦　主编

责任编辑　施小占

苏州大学出版社出版发行
(地址：苏州市十梓街1号　邮编：215006)
常州市武进第三印刷有限公司印装
(地址：常州市湟里镇村前街　邮编：213154)

开本 787×1092　1/16　印张 19　字数 451 千
2017 年 12 月第 1 版　2018 年 1 月第 1 次印刷
ISBN 978-7-5672-2357-8　定价：48.00 元

苏州大学版图书若有印装错误,本社负责调换
苏州大学出版社营销部　电话：0512-65225020
苏州大学出版社网址 http://www.sudapress.com

"十三五"普通高等教育会计专业精品系列教材

编 委 会

顾　问　冯　博
主　任　王则斌
副主任　罗正英
委　员　周中胜　权小锋　俞雪华　张雪芬　龚菊明
　　　　陈　艳　郁　刚　蒋海晨　倪丹悦

在我国，政府会计与企业会计共同构成两大类会计体系，在国民经济管理中发挥着各自重要的作用。其中，政府会计主要包括财政总预算会计、行政单位会计和事业单位会计，而行政单位会计和事业单位会计的使用范围比较广，因此，本书以《行政单位会计制度》、《事业单位会计准则》和《事业单位会计制度》为依据，同时吸收现有政府会计改革的成果，努力做到理论联系实际，全面系统地阐述我国行政事业单位会计的基本理论和实务。

本书主要具有以下两大特点：

1. 简明、系统。本书共分三篇，第一篇，总论，主要介绍了政府会计相关基本概念以及现时政府会计改革的概况。第二篇，事业单位会计。第三篇，行政单位会计。后两篇的编写体例一致：首先对事业单位会计或者行政单位会计进行概述，然后对会计要素资产、负债、收入、支出和净资产的基本理论和实务操作进行讲解，最后介绍财务报表的基本理论、编制方法等。简而言之，本书主要以行政事业单位会计作为核心内容，简明而系统地介绍了我国现行行政事业单位会计的核算内容，对行政事业单位会计各自所依据的会计制度进行了比较详细的介绍。

2. 新颖、务实。本书无论是在会计科目，还是在资产、负债、净资产、收入和支出五个要素的内容和核算以及在会计报表的基本格式等方面，都反映了政府会计改革的新变化，力求使读者获得最新的知识。同时，每章后面都附有多种类型的复习思考题，可使读者分别掌握事业单位会计、行政单位会计各自的会计要素确认、计量、记录和报告的全部知识内容，帮助读者提高自主学习和专业业务的实际操作能力。

本教材可以作为高等学校财经类专业的本科教学用书，也可以作为自学考试学生以及实际工作中的会计人员继续教育的学习和参考用书。

本书各章执笔：张雪芬，第二篇事业单位会计；倪丹悦，第一篇总论和第三篇行政单位会计。

本书的出版得到了苏州大学东吴商学院有关领导和苏州大学出版社的大力支持，在此深表感谢！对于本书中存在的错漏，敬请广大读者批评指正。

编　者

2017 年 8 月于苏州大学

第一篇 总 论

第一章 政府及非营利组织会计概述 /3
第一节 政府及非营利组织 /3
第二节 政府及非营利组织会计 /7
第三节 政府及非营利组织会计的概念框架 /11
【练习题】/14

第二篇 事业单位会计

第二章 事业单位会计概述 /19
第一节 事业单位会计的概念和组织系统 /19
第二节 事业单位会计的会计科目 /20
【练习题】/24

第三章 事业单位资产的核算 /26
第一节 事业单位资产概述 /26
第二节 事业单位流动资产的核算 /28
第三节 事业单位非流动资产的核算 /45
【练习题】/64

第四章 事业单位负债的核算 /71
第一节 事业单位负债概述 /71
第二节 事业单位流动负债的核算 /73
第三节 事业单位非流动负债的核算 /84
【练习题】/86

第五章　事业单位收入的核算 / 90
第一节　事业单位收入概述 / 90
第二节　事业单位收入的核算 / 92
【练习题】/ 102

第六章　事业单位支出的核算 / 106
第一节　事业单位支出概述 / 106
第二节　事业单位支出的核算 / 108
【练习题】/ 117

第七章　事业单位净资产的核算 / 120
第一节　事业单位净资产概述 / 120
第二节　事业单位净资产的核算 / 122
【练习题】/ 134

第八章　事业单位财务报告 / 138
第一节　事业单位财务报告概述 / 138
第二节　事业单位资产负债表 / 141
第三节　事业单位收入支出表 / 146
第四节　事业单位财政补助收入支出表 / 152
第五节　事业单位会计报表的审核、汇总与财务分析 / 155
【练习题】/ 157

第三篇　行政单位会计

第九章　行政单位会计概述 / 163
第一节　行政单位会计的概念和组织系统 / 163
第二节　行政单位会计的会计科目 / 165
【练习题】/ 167

第十章　行政单位资产的核算 / 170
第一节　行政单位资产的概述 / 170
第二节　行政单位流动资产的核算 / 173
第三节　行政单位非流动资产的核算 / 190
第四节　行政单位公共服务与受托资产的核算 / 209
【练习题】/ 214

第十一章　行政单位负债的核算 / 218
第一节　行政单位负债概述 / 218

第二节　行政单位流动负债的核算 / 220

第三节　行政单位长期应付款与受托代理负债的核算 / 228

【练习题】/ 230

● 第十二章　行政单位收入和支出的核算 / 233

第一节　行政单位收入概述 / 233

第二节　行政单位收入的核算 / 235

第三节　行政单位支出概述 / 240

第四节　行政单位支出的核算 / 242

【练习题】/ 249

● 第十三章　行政单位净资产的核算 / 253

第一节　行政单位净资产概述 / 253

第二节　行政单位结转结余类净资产的核算 / 255

第三节　行政单位基金类净资产的核算 / 265

【练习题】/ 269

● 第十四章　行政单位的财务报告 / 272

第一节　行政单位财务报告概述 / 272

第二节　行政单位资产负债表 / 275

第三节　行政单位收入支出表 / 281

第四节　行政单位财政拨款收入支出表 / 287

第五节　行政单位的财务分析 / 290

【练习题】/ 292

第一篇

总 论

第一章

政府及非营利组织会计概述

 学习目的与要求

通过本章学习，了解并掌握：
1. 我国政府及非营利组织的概念；
2. 我国政府及非营利组织会计的概念及组成体系；
3. 我国政府及非营利组织会计的会计目标；
4. 我国政府及非营利组织会计的基本假设；
5. 我国政府及非营利组织会计的会计信息质量要求；
6. 我国政府及非营利组织会计的会计核算基础；
7. 我国政府及非营利组织会计的会计要素。

第一节　政府及非营利组织

一、政府及非营利组织的概念

（一）政府的概念

"政府"一词源于唐宋时期的"政事堂"和宋朝的"二府"。唐宋时中央机构实行三省六部制，三省为中书省、门下省、尚书省；其中尚书省下设六部，分别为吏部、户部、礼部、兵部、刑部、工部。唐朝时期，有时为提高工作效率会将中书省和门下省合署办公，并称为"政事堂"。宋朝时期，单独设立了主管军事的枢密院，并将中书省和枢密院并称为"二府"。"政事堂"和"二府"两名合称衍生出"政府"一词。

本书中所提及的广义的"政府"概念包括了政权政府和行政单位两个层面。

1. 政权政府

政权政府,即国家政权(狭义的"政府"),是国家的具体化身,是为辖区公民承担广泛受托责任的一级政权政府。我国的政权政府包括中央人民政府和地方各级人民政府。中央人民政府,即国务院,是最高国家权力机关的执行机关,也是最高国家行政机关。地方各级人民政府是地方各级国家权力机关的执行机关,也是地方各级国家行政机关,包括省(直辖市、自治区及特别行政区)政府、市(自治州)政府、县(自治县、不设区的市、市辖区)政府以及乡(民族乡、镇)政府。

2. 行政单位

行政单位,是指以社会的公共利益为目的,行使国家权力,依法管理国家事务、组织经济文化建设、维护社会公共秩序的国家机关及其派出机构。在我国,行政单位是政府的办事机构,是政府职能的具体实施者。行政单位主要包括国家权力(立法)机关、国家行政机关、司法机关和监察机关等。此外,经费来源主要为国家财政拨款的政党组织、人民团体等,也可视同为行政单位。

(二)非营利组织的概念及分类

1. 非营利组织的概念

社会组织按照是否以营利为目的可以分为营利性组织和非营利性组织两大类。其中,营利性组织即为我们通常所说的营利性企业或营利性公司,其运行的主要目的是获取利润并追求利润最大化。

非营利性组织,是指不具有物质产品生产和公共事务管理职能,主要以精神产品或各种服务形式向社会公众提供服务,不以营利为目的的各类组织机构。非营利组织的运行目的不是获取利润及追求利润最大化,而是社会经济的整体发展以及慈善或专门援助。

2. 非营利组织的分类

非营利组织数量众多,分类标准多样,至今仍没有相对统一的分类标准。在我国,广义的非营利组织也可称为广义的事业单位,通常按照出资者不同分为公立非营利组织和民间非营利组织两大类。

(1)公立非营利组织。

公立非营利组织,在我国亦称国有事业单位(本书下文中简称为事业单位),纳入国家预算管理,主要经费来源于财政预算,不以营利为目的。

根据《事业单位登记管理暂行条例》(国务院令第411号)及《事业单位登记管理暂行条例实施细则》(中央编办发〔2014〕4号)的规定:事业单位是指国家为了社会公益目的,由国家机关举办或者其他组织利用国有资产举办的,从事教育、科研、文化、卫生、体育、新闻出版、广播电视、社会福利、救助减灾、统计调查、技术推广与实验、公用设施管理、物资仓储、监测、勘探与勘察、测绘、检验检测与鉴定、法律服务、资源管理事务、质量技术监督事务、经济监督事务、知识产权事务、公证与认证、信息与咨询、人才交流、就业服务、机关后勤服务等活动的社会服务组织。

(2)民间非营利组织。

民间非营利组织,在我国也可称为非国有事业单位,是指由民间出资兴办的,不以营利为目的,依照国家法律、行政法规登记的,从事教育、科技、文化、卫生、宗教等社会公益活动的社会服务组织。

目前我国的民间非营利组织主要分为两大类,一类是在民政部门登记的社会团体、基金会和民办非企业单位,包括:①社会团体,是指由中国公民自愿组成,为实现会员共同意愿,按照其章程开展活动的非营利性社会组织;②各类公益性基金会,是指利用自然人、法人或者其他组织捐赠的财产,以从事公益事业为目的而设立的非营利性法人;③民办非企业单位,是指由企业事业单位、社会团体和其他社会力量以及公民个人利用非国有资产举办的、从事非营利性社会服务活动的社会组织。另一类是在宗教事务部门登记的寺院、宫观、清真寺和教堂等宗教活动场所。这些民间非营利组织目前遍布全国城乡,涉及社会生活的各个领域,初步形成了适应社会主义市场经济发展需要的门类齐全、层次不同、覆盖广泛的民间非营利组织体系,其影响日益广大,作用越来越重要。

综上,我国政府及非营利组织的构成如图1-1所示。

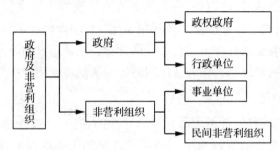

图1-1 我国的政府及非营利组织

二、政府及非营利组织运行的环境特征

政府及非营利组织在许多方面与营利组织(通常所说的企业、公司)存在相同或相似之处。例如,它们都处于相同的社会经济大环境之中,都是经济体系中不可缺少的组成部分,使用相同或相似的经济资源以实现各自的目标;它们都要努力取得经济资源,产出尽可能多的产品或服务,以满足社会需求;它们采用相同或相似的方法进行财务管理,建立完整的会计信息系统,为管理者、资源提供者、监督机构等相关信息使用者提供各方面信息,以满足其做出经济或管理决策的需求。但是,政府及非营利组织与营利组织之间也存在明显的区别,主要体现在组织目标、财务资源的来源与运用、受托责任和运营业绩考核等方面。

(一)组织目标

大部分政府及非营利组织是以服务社会、服务公众为宗旨的,它们和营利组织一样提供各种产品或服务,供社会公众或经济组织消费。在实际生活中,社会公众或经济组织在消费各种产品或服务时,如果需要全额付费的产品或服务,称为"私人物品",不需要付费或只需要支付部分费用的产品或服务,称为"公共物品"。其中,不需付费的产品或服务称为"纯公共物品";只需支付部分费用的产品或服务称为"准公共物品"。通常情况下,"纯公共物品"由政府提供,"准公共物品"由非营利组织提供,"私人物品"由营利组织提供。

政府及非营利组织提供的某些产品或服务虽然也像企业组织一样进行收费,但收费不是为了获利,而是为了弥补部分成本,其收费标准的确定通常不考虑产品或服务的供求关系,只是以成本为基础,一般只是象征性地收取部分费用甚至免费。

政府及非营利组织的资源大部分来自纳税人缴纳的税收或接受私人、机构的捐赠,部分来源于服务收费,资源提供者向政府及非营利组织提供资源不属于投资性质,因此,没有需要支付股利的股东,也就没有获利的动机。为保证其活动的连续性,与企业组织一样,每年都需要通过各种渠道寻找财务资源,但其目的不是为了营利,而是为了连续地向社会公众提供各项"公共物品"。

(二) 财务资源的来源

政府及非营利组织的财务资源主要来源于向纳税人征收的各种税收、私人及机构的捐赠,以及向服务对象收取以"成本补偿"为基础的服务收入等,它们是没有最终委托人的代理人,它们没有直接的投资者,由于非营利性,其开展各项活动所耗费的资源不具有垫支性,耗费后一般无法收回,所以,除特许以外,一般不允许进入资本市场或其他金融市场融资。政府及非营利组织不需要确定业务运营的净利润,所以,也不像企业那样必须对资本与收入做出区分,其财务资源不管是来自收入、拨款、补助、捐赠,还是通过向物品及服务使用者收费、贷款或其他方式取得的,最终都表现为特定期间运营活动可支用的一个数额。

(三) 财务资源的运用

政府及非营利组织的财务资源大部分是消费性的,它一旦被耗用就无法收回。它不是根据纳税人、捐赠人等提供的资源与享用的服务之间的关系取得的,而是按照资源提供者(如提供补助的政府、捐赠人)或其代表(如立法机构或董事会)的"限定"用途分配的,即政府及非营利组织的财务资源运用具有独特的控制程序。这要求对具有特定用途的财务资源在财政年度初或上期期末,先做出预算提案,再交由代表民意的立法机构或资源提供者选举的代表(如董事会)根据国家法律、政府法令、合同协议及其他约定对政府及非营利组织管理当局的预算提案进行审议、批准,以确保财务资源按照与外部限定和年度预算一致的方式使用。

(四) 受托责任

政府及非营利组织的受托责任通常是指资源或活动从公众或其他资源提供者那里转移给政府与非营利组织管理当局而应负责任的一种转换,或政府及非营利组织所承担的向社会公众及服务对象提供公共物品的责任,包括经济受托责任和政治与社会受托责任。经济受托责任是指政府代表国家意志行使公共财政资源筹集、使用和管理的权力,必须受到资源提供者及其代表、国家法律、行政法令、合同协议以及其他约定的限制。经济受托责任的重点是依从预算的合规性受托责任,及对公共资源使用的经济性、有效性和使用效果负责。

(五) 运营业绩考核

运营业绩反映了政府及非营利组织管理当局受托责任的履行情况和结果。由于政府及非营利组织不以营利为目的,它没有追求利润的动机,其运营业绩就不能以净利润或每股收益等来衡量;加之资源的提供与公共产品的受惠之间不存在关联性,或关联程度较小,业绩和运行成果计量通常较为困难。因此,对政府及非营利组织受托责任的评价和运营业绩的考量,主要不是从财务的、经济的或定量的角度来评价、衡量,而主要从非财务的、非经济的或非定量的角度来评价、衡量。

第二节 政府及非营利组织会计

一、政府及非营利组织会计的概念

会计是以货币为主要计量单位,借助专门的程序和方法,对各个会计主体的经济业务进行全面、连续、系统的核算和监督,并依据会计核算信息和其他技术经济信息,参与各会计主体经营管理的一种管理活动。

在我国,按照反映和监督的内容和对象不同,可以将会计体系分为企业会计和政府及非营利组织会计两大类。企业会计是以营利为目的,以资本循环为中心,适用于各类企业的一种专业会计。政府及非营利组织会计是以经济和社会事业发展为目的,用于确认、计量、记录和报告各级政府、行政事业单位以及民间非营利组织的财务收支活动及受托责任履行情况的一种专业会计。

二、政府及非营利组织会计的组成体系

政府及非营利组织会计的体系因各国政治经济制度的差异而有所不同。通常各国都把政府及非营利组织会计分为政府会计和非营利组织会计两个部分。

(一)国外政府及非营利组织会计的组成体系

1. 政府会计

政府会计主要用于确认、计量、记录和报告政府和政府单位财务收支活动及其受托责任的履行情况。各个国家的政治经济制度和管理体制不同,政府会计的内涵也有差异。例如,美国联邦政府会计与州和地方政府会计是各自独立的两个体系,其中,联邦政府会计主要根据联邦法律法规和联邦会计准则咨询委员会(FASAB)制定的会计准则、会计制度,对联邦政府各部门和机构的财务收支活动进行确认、计量、记录和报告;州和地方政府会计则根据州法律和政府会计准则委员会(GASB)制定和颁布的公认会计原则,对州和地方政府所属部门和机构的财务收支活动进行确认、计量、记录和报告。以市场经济为主的西方国家,国民经济的主体是私人经济,公营企业数量极少,公营企业的财务收支活动通常包含在政府会计体系中。

2. 非营利组织会计

非营利组织会计主要用于确认、计量、记录和报告各类非营利机构财务收支活动及其受托责任的履行情况。以市场经济为主的西方国家,非营利组织中有公立的(例如学校、医院),也有私立的,绝大部分是私立的(由私人提供资助)。通常,公立的非营利组织(相当于

我国的国有事业单位)主要依靠政府拨款运营,视同政府单位,纳入政府会计体系;私立的非营利组织的财务收支活动具有特殊性而自成体系,它们采用的会计称为非营利组织会计。在美国,非营利组织会计根据国家法律、资源提供者的财务约定和财务会计准则委员会(FASB)制定的公认会计原则进行确认、计量、记录和报告。有时,公立的非营利组织为使其财务报告在行业之间具有可比性,往往也根据FASB制定的公认会计原则对外提供财务报表。

(二)我国政府及非营利组织会计的组成体系

1. 政府会计

在我国,现行的政府会计称为预算会计,主要包括财政总预算会计、事业单位会计和行政单位会计三个基本组成部分。预算会计是以预算管理为中心的宏观管理信息系统和管理手段,是核算和监督各级政府、各级各类事业单位和行政单位收支预算执行情况的会计体系。

(1)财政总预算会计。

根据《财政总预算会计制度》(财库〔2015〕192号)的规定:财政总预算会计(以下简称总会计)是各级政府财政核算、反映、监督政府一般公共预算资金、政府性基金预算资金、国有资本经营预算资金、社会保险基金预算资金以及财政专户管理资金、专用基金和代管资金等资金活动的专业会计。财政总预算会计的工作任务主要包括:进行会计核算;严格财政资金收付调度管理;规范账户管理;实行会计监督、参与预算管理;协调预算收支相关部门之间的业务关系;组织本地区财政总决算、部门决算编审和汇总工作;组织和指导下级政府总会计工作。

根据"一级政权、一级预算、一级总会计"的原则,我国财政总预算会计的组成体系按照行政区域可划分为中央、省、市、县、乡五级总预算会计。

(2)事业单位会计。

事业单位会计是各级各类事业单位核算和监督本单位财务状况、事业成果及预算执行情况的专业会计,是政府会计的重要组成部分。根据机构建制和经费领报关系,事业单位会计的组织系统可分为主管会计单位、二级会计单位和基层会计单位三级。

由于事业单位行业类别繁多,各行业之间业务运营和财务收支活动差别很大,使其在具体的会计核算和报告方面具有各自的特点,为了使会计核算能够真实反映各行业事业单位的财务收支活动情况及结果,事业单位会计又进一步分为高等学校会计、中小学校会计、科学事业单位会计、医院会计、彩票机构会计、通用事业单位会计等。

(3)行政单位会计。

行政单位会计是各级各类行政单位核算和监督本单位财务状况及预算执行情况的专业会计,是政府会计的重要组成部分。根据机构建制和经费领报关系,行政单位会计的组织系统可分为主管会计单位、二级会计单位和基层会计单位三级。

上述预算会计体系的三个基本组成部分中,财政总预算会计是核心,事业单位会计和行政单位会计是财政总预算会计的延伸。除此之外,预算资金的管理还需要其他相关部门参与,例如预算资金的收纳、入库、划分、报解等,并不是由财政部门直接进行的,而是分别由国库、税收征解等部门开展的。所以,国库会计和收入征解会计作为参与国家预算执行的专门会计,同财政总预算会计、事业单位会计和行政单位会计共同组成了预算会计体系,对国家预算执行进行系统会计核算。

我国现行政府会计主要包括财政总预算会计、行政单位会计和事业单位会计,而行政单位会计和事业单位会计的使用范围比较广,因此,本书以《行政单位会计制度》、《事业单位会计准则》和《事业单位会计制度》为依据,全面系统地阐述我国行政事业单位会计的基本理论和实务。

2. 非营利组织会计

在我国,非营利组织会计专指民间非营利组织会计。民间非营利组织是以货币为主要计量单位,核算和监督民间非营利组织各项经济活动的专业会计。

改革开放以来,随着我国社会主义市场经济体制的建立和完善,我国各类民间非营利组织得到了稳步、快速的发展,社会团体、基金会、民办企业单位、宗教组织等具有民间性质的非营利组织不断涌现。考虑到我国民间非营利组织快速发展和规范管理的客观要求,尤其是广大民间非营利组织资金提供者(如捐赠者、会员、政府部门等)对于透明的财务信息的需要,财政部于2004年8月18日正式发布了《民间非营利组织会计制度》,并于2005年1月1日起实施。从而,建立了我国的非营利组织会计体系。

综上,我国现行政府及非营利组织会计的组成体系如图1-2所示。

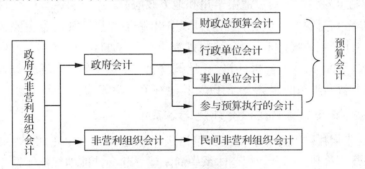

图1-2 我国现行政府及非营利组织会计的组成体系

三、政府及非营利组织会计规范体系

政府受人民委托,代表国家意志,以税收的形式向纳税人无偿地、强制地征集公共财政资源,这些资源必须用于满足社会共同需要,如保护国家主权和领土完整、维护社会治安和公共秩序、促进经济繁荣和社会各项事业发展等方面。公共财政资源的征集和使用,都必须依据国家法律规章进行,因此,对公共财政活动情况和结果进行反映的会计行为也必须以相应的法律规章进行规范。非营利组织的财务资源有向服务对象收取的服务费用,有从政府财政收入中安排的,也有社会各界人士无偿捐赠的,它除了要受到国家法律规章制度约束以外,还要受到捐赠者的财务约束。因此,为了使政府及非营利组织会计所提供的信息满足使用者的需要,并符合一定的质量要求,就必须对会计行为进行规范。"会计规范"是指人们在从事与会计有关的活动时,所应遵循的约束性或指导性的行为准则,可以理解为调节社会经济活动中会计与财务关系的法律、条例、规则、制度、准则等的总称。

（一）国外政府及非营利组织会计规范体系

由于各国的政治体制和经济体制不同，政府及非营利组织会计规范的具体情况也不一样，但政府及非营利组织会计规范体系基本上都包括法律规范和公认会计原则这两个层次。

1. 法律规范

法律规范是各国政府及非营利组织会计最主要的规范，各个国家都颁布了各种针对政府及非营利组织的法律、法规。例如，美国联邦的财务法规，除《预算与会计法》外，还有其他的财务法规，如《反赤字法》、《国会预算与扣押管理法》、《联邦管理者财务一体化法》等；州和地方政府也颁布各自的财务法规、制度。非营利组织除了应遵循相应的财务法律规章外，还应当遵循资源提供者的财务约定。

2. 公认会计原则

会计准则是由相关机构制定、会计实务界普遍接受、权威机构认可的一系列会计惯例、准则、规则的总称。在国外，政府及非营利组织为了筹集资金，其财务报告一般都要经过注册会计师审计，并提供给使用者。所以，相关机构制定的会计准则只有获得权威机构认可，才能成为公认会计原则。例如，美国州和地方政府的会计准则先后由政府会计理事会（NCGA）和政府会计准则委员会（GASB）等机构制定，美国注册会计师协会（AICPA）也制定有关州和地方政府的审计指南，GASB成立前，FASAB也曾制定有关州和地方政府方面的会计准则（或其所制定的会计准则也适用于州和地方政府）。

关于美国非营利组织的公认会计原则，FASB出版了专集。其内容主要包括：会计程序委员会颁布的会计研究公报（ARS），会计原则委员会发布的意见书（APB），FASB颁布的财务会计准则公告（SFAS）、技术公报、财务会计概念公告，AICPA的立场公告、审计和会计指南，其他适用于非营利组织的实务公告，以及其他有关文章等。

（二）我国政府及非营利组织会计规范体系

我国政府及非营利组织会计规范主要包括法律规范、财务会计行政法令规范等。现阶段，我国在政府及非营利组织会计规范体系中尚未建立起会计准则规范体系。

1. 法律规范

法律制度是一个国家上层建筑的重要组成部分，是国家意志的体现，也是调整社会政治经济活动中法律关系的基本规范。在我国，规范政府及非营利组织会计的法律规范主要有《中华人民共和国预算法》（简称预算法）和《中华人民共和国会计法》（简称会计法）。其中，预算法是规范政府及非营利组织财务活动行为的基本法律，各级政府、政府单位及国有非营利组织（即事业单位）都必须按照预算法的规定组织财务收支活动，并接受立法机构的监督。会计法是规范会计活动行为的基本法律，是其他会计法规的"母法"，任何会计规范都必须以会计法为准绳，不能与它抵触或与它相违背。《会计法》规定："国家机关、社会团体、公司、企业、事业单位和其他组织（以下统称单位）必须依照本法办理会计事务。"

2. 财务会计行政法令规范

行政法令是政府根据管理社会经济活动的需要，以行政规章、条例、制度和规定等形式颁布的一种社会经济行为规范，它既是根据法律制定和颁布的一种规范，也是法律规范的具体化。有关政府及非营利组织会计的行政法令很多，概括起来主要有三类：一是由政府或政府主管部门根据法律规定制定和颁布的法律实施细则,如国务院颁布的《中华人民共和国预算法实施细则》;二是由政府主管部门根据法律规范制定的财务会计制度,如由财政部制定的《政府会计准则——基本准则》、《财政总预算会计制度》、《行政单位财务规则》、《行政单位会计制度》、《事业单位财务规则》、《事业单位会计准则》、《事业单位会计制度》和《民间非营利组织会计制度》等;三是其他行政规章、规定,如财政部颁布的《中央国家机关和事业单位差旅费管理办法》等。

第三节 政府及非营利组织会计的概念框架

政府及非营利组织会计准则的制定、理解和应用需要一定的理论基础,这些理论基础被统称为财务会计概念框架。财务会计概念框架是主要用来指导开发具体会计准则的一个章程、一套目标与基本原理互相关联的有内在逻辑关系的体系。它一般以目标为导向,以财务会计的基本假设为前提,形成一套相互关联的财务会计概念框架、协调一致的概念或理论体系。例如,美国 GASB 发布的 4 份概念公告、FASAB 发布的 5 个概念公告、英国财务会计手册、国际公共部门会计准则理事会(IPSASB)的概念框架等。我国的概念框架尚在探索之中。

▶▶ 一、会计目标

政府会计的会计目标主要强调公共受托责任,主要是为了明确为谁服务、向谁提供信息及提供什么信息的问题。

(一)财政总预算会计的会计目标

财政总预算会计的会计信息使用者包括人民代表大会、政府及其有关部门、政府财政部门自身和其他会计信息使用者。总会计的核算目标是向会计信息使用者提供政府财政预算执行情况、财务状况等会计信息,反映政府财政受托责任履行情况,有助于会计信息使用者进行管理、监督和决策。

(二)事业单位会计的会计目标

事业单位会计信息使用者包括政府及其有关部门、举办(上级)单位、债权人、事业单位自身和其他利益相关者。事业单位会计核算的目标是向会计信息使用者提供与事业单位财务状况、事业成果、预算执行等有关的会计信息,反映事业单位受托责任的履行情况,有助于会计信息使用者进行社会管理,做出经济决策。

(三)行政单位会计的会计目标

行政单位会计信息使用者包括人民代表大会、政府及其有关部门、行政单位自身和其他会计信息使用者。行政单位会计核算的目标是向会计信息使用者提供与行政单位财务状况、预算执行情况等有关的会计信息,反映行政单位受托责任的履行情况,有助于会计信息使用者进行管理、监督和决策。

（四）民间非营利组织会计的会计目标

民间非营利组织会计的信息使用者包括捐赠人、会员、服务对象、债权人、政府监管部门、单位管理层、社会公众和其他信息使用者。民间非营利组织会计核算的目标是向会计信息使用者提供与民间非营利组织财务状况、业务活动情况和现金流量等有关的会计信息,反映民间非营利组织受托责任的履行情况,有助于会计信息使用者进行管理、监督和决策。

二、会计基本假设

会计基本假设,又称会计基本前提,是进行会计核算的基本条件。会计基本假设合理的限定了会计核算的范围,据以确定会计核算对象、选择会计方法、收集加工处理会计数据,从而保证会计工作的正常进行和会计信息的质量。政府及非营利组织会计的基本假设包括会计主体、持续运行、会计分期和货币计量。

（一）会计主体

会计主体假设要求会计核算以会计主体为对象,明确了为谁做账的问题,限定了会计核算的空间范围。会计主体假设是持续运行和会计分期两个基本假设的基础。

财政总预算会计的会计主体是各级政府;事业单位会计的会计主体是各级各类事业单位;行政单位会计的会计主体是各级各类行政单位;民间非营利组织会计的会计主体是各类民间非营利组织。

（二）持续运行

持续运行是指在正常情况下,会计主体的经济业务活动无限期存续下去,在可预见的未来不会终止。政府及非营利组织的会计核算应当以会计主体各项业务可持续正常地进行为前提。

（三）会计分期

会计分期,又称会计期间,是指将会计主体持续运行的经济业务活动根据信息使用者的需要,人为地划分为一个个连续的、长短相同的期间,并分别按照会计期间结算账目、编制会计报表,及时向会计信息使用者提供有用的会计信息。会计分期是对持续运行的必要补充,两者共同限定了会计核算的时间范围。

我国政府及非营利组织会计的会计分期的起讫日期采用公历日期。会计期间通常为一年,称为会计年度。为了及时提供会计信息,根据需要还可以在会计年度内划分若干较短的期间,统称为会计中期,如半年度、季度、月度等。

（四）货币计量

货币计量是对会计计量尺度的规定,政府及非营利组织会计主体在会计核算过程中应当以人民币作为记账本位币,综合反映会计主体的经济业务活动情况。发生外币业务时,应当将有关外币金额折算为人民币金额计量。只有以货币计量为前提,会计核算所提供的信息才具有可比性,才能满足不同会计信息使用者的需求。以货币计量作为前提,还包含假设币值保持不变。

三、会计信息质量要求

会计信息质量要求规范了会计信息的质量标准。政府及非营利组织会计共同的会计信息质量要求包括：

（一）真实性

真实性，又称可靠性或客观性，是指会计主体应当以实际发生的经济业务或者事项为依据进行会计核算，如实反映各项会计要素的情况和结果，保证会计信息真实可靠。

（二）相关性

相关性，又称有用性，是指会计主体提供的会计信息应当与其受托责任履行情况的反映、会计信息使用者的管理、监督和决策需要相关，有助于会计信息使用者对会计主体过去、现在或者未来的情况做出评价或者预测。

（三）全面性

会计主体应当将发生的各项经济业务或者事项全部纳入会计核算，确保会计信息能够全面反映会计主体的财务状况和预算执行情况等。

（四）可比性

会计主体提供的会计信息应当具有可比性。这里的可比性包含两层含义：

1. 同一会计主体不同时期发生的相同或者相似的经济业务或者事项，应当采用一致的会计政策，不得随意变更。确需变更的，应当将变更的内容、理由和对会计主体财务状况、预算执行情况等的影响在附注中予以说明。

2. 不同会计主体发生的相同或者相似的经济业务或者事项，应当采用统一的会计政策，确保不同会计主体会计信息口径一致，相互可比。

（五）及时性

会计主体对于已经发生的经济业务或者事项，应当及时进行会计核算，不得提前或者延后。

（六）可理解性

会计主体提供的会计信息应当清晰明了，便于会计信息使用者理解和使用。

四、会计核算基础

会计核算基础是指为达到会计目标而决定在何时确认交易或事项。

纵观国外政府及非营利组织会计核算基础，大致分为四种：完全的收付实现制、修正的收付实现制、修正的权责发生制、完全的权责发生制。

在我国现阶段，财政总预算会计、事业单位会计和行政单位会计实行"双会计核算基础"，民间非营利组织会计采用权责发生制作为会计核算基础。"双会计核算基础"是指各级政府、各级各类行政事业单位的会计核算一般采用收付实现制，特殊经济业务或者事项应当按照规定采用权责发生制核算。具体而言，采用权责发生制的特殊经济业务或者事项主要包括国库集中支付的年终结余事项和事业单位会计核算的经营性收支业务。

收付实现制，又称现金制或现收现付制，是指以现金的实际收付为标志来确定本期收入和支出的会计核算基础。在收付实现制下，凡是在本期实际收到和实际支付的现金，均应作为本期的收入和支出处理；凡是本期未曾收到和未曾支付的现金，即使应归属本期，也不作为本期的收入和支出处理。

权责发生制，又称应计制或应收应付制，是指以取得收取款项的权利或支付款项的义务为标志来确定本期收入和费用的会计核算基础。在权责发生制下，凡是当期已经实现的收入和已经发生或应当负担的费用，不论款项是否收付，都应作为当期的收入和费用处理；凡是不属于当期的收入和费用，即使款项已经在当期收付，都不应作为当期的收入和费用。

简言之，权责发生制是以权利和义务的确认时间为准，而收付实现制是以收钱和付钱的时间为准。

五、会计要素确认与计量

会计要素是对会计对象的基本分类，是会计对象的具体化。会计要素也是会计报表的构成要素，是财务报告的基本内容。我国现阶段政府及非营利组织会计的会计要素包括资产、负债、净资产、收入、支出（或费用）五大类。会计要素的确认，是将发生的会计事项，按会计规范的要求，确认为相应的会计要素。每一项会计要素均有其含义和确认条件，政府及非营利组织发生的经济业务或者事项只有符合会计要素的定义并满足规定的条件，才能进行确认。

会计计量是以货币形式确定会计要素的价值数量。在进行会计确认后，需要按会计计量属性进行计量，确认其金额。会计计量是会计核算的重要环节，对于正确反映各会计要素的价值有着重要的意义。

我国政府及非营利组织会计的会计要素分别通过《财政总预算会计制度》、《行政单位会计制度》、《事业单位会计准则》等进行规范。上述准则、制度中的会计要素确认与计量在后续各章分别阐述。

六、财务报告

财务会计报告简称财务报告，是反映政府及非营利组织某一特定日期的财务状况和某一会计期间的运营成果、预算执行等会计信息的文件。财务报告是政府及非营利组织会计信息的高度概括，是以表格和文字的形式，把所形成的会计信息报告给会计信息使用者，便于会计信息使用者对会计信息的理解和运用的书面文件。关于相应会计主体的财务报告的具体内容见后续相关章节。

【练习题】

一、单项选择题

1. 在预算会计中，一般采用的会计核算基础是（　　）。

A. 权责发生制 B. 收付实现制 C. 会计负责制 D. 经营责任制
2. 下列属于记账的依据并且是会计核算工作基础的是（　　）。
A. 会计凭证 B. 经济凭证 C. 原始凭证 D. 记账凭证
3. 在预算会计中，出资者提供的资金所具有的特点是（　　）。
A. 营利性 B. 限制性 C. 增值性 D. 周转性
4. 预算会计的基本前提包括会计主体、会计分期、货币计量和（　　）。
A. 现金制 B. 应计制 C. 实际成本 D. 持续运行
5. 现行制度规定总预算会计采用的记账方法是（　　）。
A. 资金收付记账法 B. 现金收付记账法
C. 借贷记账法 D. 增减记账法
6. 现行制度规定预算会计采用的记账方法是（　　）。
A. 资金收付记账法 B. 借贷记账法
C. 增减记账法 D. 现金收付记账法
7. 我国预算会计的会计年度起止日为（　　）。
A. 1月1日至当年12月31日 B. 4月1日至次年3月31日
C. 7月1日至次年6月30日 D. 10月1日至次年9月30日
8. 财政总预算会计的会计要素是（　　）。
A. 资产、负债、收入、支出、净资产 B. 资产、负债、收入、费用、净资产
C. 资产、负债、收入、支出、基金 D. 资产、负债、收入、支出、所有者权益
9. 预算会计的会计科目按详细程度分类，分为（　　）。
A. 总账科目和明细科目 B. 资产类科目和负债类科目
C. 收入类科目和支出类科目 D. 资产部类科目和负债部类科目
10. 财政总预算会计可分为（　　）。
A. 中央、省二级 B. 中央、省、县三级
C. 中央、省、市、县四级 D. 中央、省、市、县、乡（镇）五级

二、多项选择题
1. 预算会计主体包括（　　）。
A. 各级政府 B. 各级财政机关 C. 各类事业单位 D. 各类行政单位
2. 预算会计从狭义的概念上讲，是由（　　）三部分组成的。
A. 国库会计 B. 财政总预算会计 C. 行政单位会计 D. 事业单位会计
3. 预算会计的前提是（　　）。
A. 会计主体 B. 持续营运 C. 货币计量 D. 会计分期
4. 组织各级总预算的执行，除了狭义的预算会计以外，还有（　　）一些部门参与。
A. 税务会计 B. 国库会计
C. 基建拨款会计 D. 行政事业单位会计
5. 预算会计的信息使用者主要有（　　）。
A. 单位管理部门 B. 资财供给者 C. 监督机关 D. 有关政府部门

6. 错账更正的方法有( )。
A. 红字更正法 B. 划线更正法 C. 括擦法 D. 补充登记法

三、判断题

1. "资产＝负债＋净资产"会计等式同"资产＝负债＋所有者权益"会计等式所体现的经济关系,实际上是一样的。（　）
2. 现行制度规定,预算会计原则上实行收付实现制会计核算基础。（　）
3. 财政总预算会计的会计主体是财政机关。（　）
4. 预算会计是以"收付实现制"为会计基础,没有采用"权责发生制"为会计基础。（　）
5. 行政事业单位作为财政总预算会计的附属,不具有主体地位。（　）
6. 与主管会计单位直接发生经费领报关系但下面没有附属会计单位的,为基层会计单位。（　）
7. 在借贷记账法下,从被服务单位收到转账支票取得经营收入时,分别登记在"经营收入"账户的左方和"银行存款"账户的右方。（　）

四、名词解释

1. 预算会计 2. 财政总预算会计 3. 主管会计单位 4. 真实性原则
5. 专款专用原则 6. 收付实现制

五、简答题

1. 简述政府及非营利组织会计基本假设的概念及内容。
2. 预算会计有哪几个要素？
3. 简述政府及非营利组织会计的组成体系。

第二篇

事业单位会计

第二章 事业单位会计概述

 学习目的与要求

通过本章学习，了解并掌握：
1. 事业单位会计的概念和组织系统；
2. 事业单位现行的预算管理办法；
3. 事业单位的会计科目设置与使用要求；
4. 事业单位会计核算的特点及注意事项。

第一节 事业单位会计的概念和组织系统

一、事业单位会计的概念

事业单位，是指国家为了社会公益目的，由国家机关举办或者其他组织利用国有资产举办的，从事教育、科研、文化、卫生、体育、新闻出版、广播电视、社会福利、救助减灾、统计调查、技术推广与实验、公用设施管理、物资仓储、监测、勘探与勘察、测绘、检验检测与鉴定、法律服务、资源管理事务、质量技术监督事务、经济监督事务、知识产权事务、公证与认证、信息与咨询、人才交流、就业服务、机关后勤服务等活动的社会服务组织。

事业单位实行登记管理制度。经县级以上各级人民政府及其有关主管部门（简称审批机关）批准成立后，应当依照《事业单位登记管理暂行条例》的规定登记或者备案。事业单位应当在核准登记的业务范围内开展活动。从行政隶属关系来看，事业单位一般要接受国家行政机关的领导，即是相应行政单位的所属单位，例如教育部或教育厅直属的各类学校。

事业单位会计，是各级各类事业单位核算和监督本单位财务状况、事业成果及预算执行情况的专业会计，是政府会计的重要组成部分。事业单位会计适用于各级各类事业单位。

二、事业单位会计的组织系统

根据机构建制和经费领报关系，事业单位会计的组织系统可分为主管会计单位、二级会计单位和基层会计单位三级。

主管会计单位，向同级财政部门领报经费，并发生预算管理关系，下面有所属会计单位。

二级会计单位，向主管会计单位或上级会计单位领报经费，并发生预算管理关系，下面有所属会计单位。

基层会计单位，向上级会计单位领报经费，并发生预算管理关系，下面没有所属会计单位。向同级财政部门领报经费，并发生预算管理关系，下面没有所属会计单位者，视同基层会计单位。

主管会计单位、二级会计单位和基层会计单位实行独立会计核算，负责组织管理本部门、本单位的全部会计工作。不具备独立核算条件的事业单位，实行单据报账制度，作为"报销单位"管理。由于事业单位大多为行政单位的下属机构，所以，大多数事业单位为二级会计单位。

三、事业单位的预算管理办法

《事业单位财务规则》（中华人民共和国财政部令2012年第68号）规定，国家对事业单位实行核定收支、定额或者定项补助、超支不补、结转和结余按规定使用的预算管理办法。定额或者定项补助根据国家有关政策和财力可能，结合事业特点、事业发展目标和计划、事业单位收支及资产状况等确定。定额或者定项补助可以为零。非财政补助收入大于支出较多的事业单位，可以实行收入上缴的办法，具体办法由财政部门会同有关主管部门制定。

第二节　事业单位会计的会计科目

一、事业单位会计科目及核算内容

2012年12月财政部颁布了新修订的《事业单位会计制度》（以下简称"新制度"），新制度设置的会计科目及其核算内容如表2-1所示。

表 2-1 事业单位会计科目及核算内容

序号	科目编号	会计科目名称	核算内容
一、资产类			
1	1001	库存现金	核算事业单位的库存现金。
2	1002	银行存款	核算事业单位存入银行或者其他金融机构的各种存款。
3	1011	零余额账户用款额度	核算实行国库集中支付的事业单位根据财政部门批复的用款计划收到和支用的财政授权支付额度。
4	1101	短期投资	核算事业单位依法取得的,持有时间不超过1年(含1年)的投资。
5	1201	财政应返还额度	核算实行国库集中支付的事业单位应收财政返还的资金额度。
6	1211	应收票据	核算事业单位因开展经营活动销售产品、提供有偿服务等而收到的商业汇票。
7	1212	应收账款	核算事业单位因开展经营活动销售产品、提供有偿服务等而应收取的款项。
8	1213	预付账款	核算事业单位按照购货、劳务合同规定预付给供应单位的款项。
9	1215	其他应收款	核算事业单位除财政应返还额度、应收票据、应收账款、预付账款以外的其他各项应收及暂付款项。
10	1301	存货	核算事业单位在开展业务活动及其他活动中为耗用而储存的各种材料、燃料、包装物和低值易耗品及达不到固定资产标准的用具、装具、动植物等的实际成本。
11	1401	长期投资	核算事业单位依法取得的,持有时间超过1年(不含1年)的股权和债权性质的投资。
12	1501	固定资产	核算事业单位各类固定资产的原价。
13	1502	累计折旧	核算事业单位固定资产计提的累计折旧。
14	1511	在建工程	核算事业单位已经发生必要支出,但尚未完工交付使用的各种建筑(包括新建、改建、扩建、修缮等)和设备安装工程的实际成本。
15	1601	无形资产	核算事业单位各项无形资产的原价。
16	1602	累计摊销	核算事业单位无形资产计提的累计摊销。
17	1701	待处置资产损溢	核算事业单位待处置资产的价值及财产处理损溢。
二、负债类			
18	2001	短期借款	核算事业单位借入的期限在1年内(含1年)的各种借款。
19	2101	应缴税费	核算事业单位按照税法等规定计算应缴纳的各种税费。
20	2102	应缴国库款	核算事业单位按规定应缴入国库的款项(应缴税费除外)。
21	2103	应缴财政专户款	核算事业单位按规定应缴入财政专户的款项。
22	2201	应付职工薪酬	核算事业单位按照有关规定应付给职工及为职工支付的各种薪酬。

续表

序号	科目编号	会计科目名称	核算内容
23	2301	应付票据	核算事业单位因购买材料、物资等而开出、承兑的商业汇票。
24	2302	应付账款	核算事业单位因购买材料、物资等而应付的款项。
25	2303	预收账款	核算事业单位按合同规定预收的款项。
26	2305	其他应付款	核算事业单位除应缴税费、应缴国库款、应缴财政专户款、应付职工薪酬、应付票据、应付账款以外的其他各项偿还期在1年以内(含1年)的应付及暂存款项。
27	2401	长期借款	核算事业单位借入的期限超过1年(不含1年)的各种借款。
28	2402	长期应付款	核算事业单位发生的偿还期限超过1年(不含1年)的应付款项。
三、净资产类			
29	3001	事业基金	核算事业单位拥有的非限定用途的净资产。
30	3101	非流动资产基金	核算事业单位长期投资、固定资产、在建工程、无形资产等非货币性资产在净资产中占用的金额。
31	3201	专用基金	核算事业单位按规定提取或者设置的具有专门用途的净资产。
32	3301	财政补助结转	核算事业单位滚存的财政补助结转资金。
33	3302	财政补助结余	核算事业单位滚存的财政补助项目支出结余资金。
34	3401	非财政补助结转	核算事业单位除财政补助收支以外的各专项资金收入与其相关支出相抵后剩余滚存的、须按规定用途使用的结转资金。
35	3402	事业结余	核算事业单位一定期间除财政补助收支、非财政专项资金收支和经营收支以外的各项收支相抵后的余额。
36	3403	经营结余	核算事业单位一定期间各项经营收支相抵后余额弥补以前年度经营亏损后的余额。
37	3404	非财政补助结余分配	核算事业单位本年度非财政补助结余分配的情况和结果。
四、收入类			
38	4001	财政补助收入	核算事业单位从同级财政部门取得的各类财政拨款。
39	4101	事业收入	核算事业单位开展专业业务活动及其辅助活动取得的收入。
40	4201	上级补助收入	核算事业单位从主管部门和上级单位取得的非财政补助收入。
41	4301	附属单位上缴收入	核算事业单位附属独立核算单位按照有关规定上缴的收入。
42	4401	经营收入	核算事业单位在专业业务活动及其辅助活动之外开展非独立核算经营活动取得的收入。
43	4501	其他收入	核算事业单位取得的除财政补助收入、事业收入、上级补助收入、附属单位上缴收入、经营收入以外的其他各项收入。
五、支出类			
44	5001	事业支出	核算事业单位开展专业业务活动及其辅助活动发生的基本支出和项目支出。

续表

序号	科目编号	会计科目名称	核算内容
45	5101	上缴上级支出	核算事业单位按照财政部门和主管部门的规定上缴上级单位的支出。
46	5201	对附属单位补助支出	核算事业单位用财政补助收入之外的收入对附属单位补助发生的支出。
47	5301	经营支出	核算事业单位在专业业务活动及其辅助活动之外开展非独立核算经营活动发生的支出。
48	5401	其他支出	核算行政单位取得的除事业支出、上缴上级支出、对附属单位补助支出、经营支出以外的其他各项支出。

二、事业单位会计科目的使用要求

新制度规定,事业单位应当按照下列规定运用会计科目:

（一）事业单位应当按照新制度的规定设置和使用会计科目。在不影响会计处理和编报财务报表的前提下,可以根据实际情况自行增设、减少或合并某些明细科目。

（二）新制度统一规定会计科目的编号,以便于填制会计凭证、登记账簿、查阅账目,实行会计信息化管理。事业单位不得打乱重编。

（三）事业单位在填制会计凭证、登记会计账簿时,应当填列会计科目的名称,或者同时填列会计科目的名称和编号,不得单独使用科目编号。

三、事业单位会计核算的特点及注意事项

（一）事业单位应当对有关法律、法规允许进行的经济活动,按照新制度的规定使用会计科目进行核算;事业单位不得以新制度规定的会计科目及使用说明作为进行有关法律、法规禁止的经济活动的依据。

（二）事业单位对基本建设投资的会计核算在执行新制度的同时,还应当按照国家有关基本建设会计核算的规定单独建账、单独核算。

（三）事业单位应当按照《事业单位财务规则》或相关财务制度的规定确定是否对固定资产计提折旧、对无形资产进行摊销。对固定资产计提折旧、对无形资产进行摊销的,按照新制度规定处理。不对固定资产计提折旧、不对无形资产进行摊销的,不设置新制度规定的"累计折旧"、"累计摊销"科目,在进行账务处理时不考虑新制度其他科目说明中涉及的"累计折旧"、"累计摊销"科目。

（四）事业单位的收入来源具有多渠道性,支出具有多用途。

（五）事业单位一般不进行成本核算,但可以根据实际需要实行内部成本核算办法。

（六）事业单位的部分资产和负债采用"双分录"核算方法。

（七）资源提供者向事业单位投入资源不取得经济回报,也不存在业主权益问题。

【练习题】

一、单项选择题

1. 事业单位会计的会计要素是(　　)。
   A. 资产、负债、收入、支出(或费用)、净资产
   B. 资产、负债、收入、费用、净资产
   C. 资产、负债、收入、支出、基金
   D. 资产、负债、收入、支出、所有者权益

2. 我国事业单位会计的会计年度起止日为(　　)。
   A. 5月1日至次年4月30日　　　B. 4月1日至次年3月31日
   C. 7月1日至次年6月30日　　　D. 1月1日至当年12月31日

3. 国家对事业单位的预算管理办法是核定收支、定额或定项补助、超支不补、(　　)。
   A. 结转结余按规定使用　　　B. 结余上缴
   C. 结余注销　　　D. 结余归零

4. 某事业单位的记账凭证分为收款凭证、付款凭证和转账凭证三种,该单位到银行提取现金后编制(　　)。
   A. 现金收款凭证　　　B. 现金付款凭证
   C. 银行存款付款凭证　　　D. 银行存款收款凭证

5. 下列单位中采用权责发生制的是(　　)。
   A. 任何事业单位　　　B. 实行成本核算的事业单位
   C. 任何企事业单位　　　D. 不实行成本核算的事业单位

6. 以下不属于事业单位的是(　　)。
   A. 高等学校　　　B. 中学
   C. 医院　　　D. 中国化工进出口总公司

二、多项选择题

1. 事业单位会计的特点包括(　　)。
   A. 所有事业单位都不进行成本核算
   B. 原则上采用收付实现制
   C. 严格限定经营活动、对外投资
   D. 有些事业单位的经营活动可能实行内部成本核算

2. 事业单位会计提供的会计信息应该具有(　　)。
   A. 可靠性　　　B. 可比性　　　C. 全面性　　　D. 可理解性

三、判断题

1. 事业单位会计主要是反映非物质生产领域的业务收支,因此,可以不实行会计监督以及制定经费预算。(　　)

2. 事业单位进行业务活动是以营利为目的的。(　　)

3. 事业单位会计一律实行收付实现制。（   ）
4. 事业单位的资金来源只有政府拨款和事业业务收入两项。（   ）
5. 在一个事业单位内的各个单位，可根据核算要求，分别以权责发生制和收付实现制作为记账基础。（   ）
6. 事业单位的明细科目，可根据单位预算的特点，自行设置。（   ）

四、填空题

1. 预算会计从狭义的概念上讲包括三种会计，它们是财政总预算会计、行政单位会计和_____。
2. 财政总预算会计的会计主体是_____。
3. 事业单位会计的会计主体是_____。
4. 根据_____和经费领报关系，事业单位会计组织系统分为主管会计单位、二级会计单位和基层会计单位。

五、名词解释

1. 事业单位   2. 事业单位会计   3. 主管会计单位   4. 二级会计单位
5. 基层会计单位

六、简答题

1. 什么是事业单位会计？它具体适用于哪些组织？
2. 事业单位按其具体的业务性质可分为哪几类？
3. 国家财政对事业单位实行何种预算管理方法？

第三章

事业单位资产的核算

 学习目的与要求

通过本章学习,了解并掌握:
1. 事业单位资产的概念与分类;
2. 事业单位资产的确认条件与计量方法;
3. 事业单位流动资产类科目的设置与账务处理;
4. 事业单位非流动资产类科目的设置与账务处理。

第一节 事业单位资产概述

一、资产的含义

资产,是指事业单位占有或者使用的能以货币计量的经济资源,包括各种财产、债权和其他权利。

事业单位的资产具有以下特征:

(1) 资产的所有权归属于国家,占有权或者使用权属于事业单位。事业单位必须拥有经济资源法律上的占用权或者使用权,才能将其确认为资产。

(2) 资产是事业单位的一项经济资源,预期能为事业单位带来经济利益或者服务潜力。资产是事业单位开展业务活动的物质基础,可以为事业单位正常运行和完成日常工作任务、特定任务提供或创造条件。

(3) 事业单位不得擅自出租、出借资产,如需出租、出借资产的,应当按照国家有关规定经主管部门审核同意后,报同级财政部门审批。

(4)事业单位的资产应当按照国家有关规定实行共享、共用。

二、资产的内容与分类

事业单位的资产按照流动性,分为流动资产和非流动资产,如表3-1所示。

流动资产是指预计在1年内(含1年)变现或者耗用的资产。流动资产包括货币资金、短期投资、应收及预付款项、存货等。

非流动资产是指流动资产以外的资产。非流动资产包括长期投资、在建工程、固定资产、无形资产等。

表3-1 事业单位资产类会计科目

序号	科目编号	会计科目名称	序号	科目编号	会计科目名称
一、流动资产			二、非流动资产		
1	1001	库存现金	11	1401	长期投资
2	1002	银行存款	12	1501	固定资产
3	1011	零余额账户用款额度	13	1502	累计折旧
4	1101	短期投资	14	1511	在建工程
5	1201	财政应返还额度	15	1601	无形资产
6	1211	应收票据	16	1602	累计摊销
7	1212	应收账款	17	1701	待处置资产损溢
8	1213	预付账款			
9	1215	其他应收款			
10	1301	存货			

三、资产的确认与计量

(一)资产的确认

事业单位对符合资产定义的经济资源,应当在取得对其相关的权利并且能够可靠地进行货币计量时确认。符合资产定义并确认的资产项目,应当列入资产负债表。

在符合资产定义的前提下,资产的确认应当同时满足以下两个条件:第一,资产应当在取得对其相关的权利时确认,相关权利包括占用权、使用权等,此时与该经济资源有关的经济利益或者服务潜力很可能流入事业单位;第二,资产应当在能够可靠计量时确认,可计量性是会计要素确认的重要前提,相关经济资源的成本或者价值能够可靠计量时才能确认为资产。

(二)资产的计量

事业单位资产的计量包括初始计量、后续计量及处置。

1. 资产的初始计量

事业单位的资产应当按照取得时的实际成本进行计量。除国家另有规定外,事业单位不得自行调整其账面价值。应收及预付款项应当按照实际发生额进行计量。

资产取得时的实际成本的确定,应当区分支付对价和未支付对价两种情况。

(1)以支付对价方式取得的资产,应当按照取得资产时支付的现金或者现金等价物的金额,或者按照取得资产时所付出的非货币性资产的评估价值等金额计量。

(2)取得资产时未支付对价的,其计量金额应当按照有关凭据注明的金额加上相关税费、运输费等确定;没有相关凭据的,其计量金额比照同类或类似资产的市场价格加上相关税费、运输费等确定;没有相关凭据、同类或类似资产的市场价格也无法可靠取得的,所取得的资产应当按照名义金额(人民币1元)入账。

2. 资产的后续计量及处置

事业单位不需要对各项资产进行减值测试计提减值准备,后续计量主要是指对固定资产的折旧和无形资产的摊销。事业单位应当按照《事业单位财务规则》或相关财务制度的规定确定是否对固定资产计提折旧、对无形资产进行摊销。逾期三年或以上、有确凿证据表明确实无法收回的应收账款、预付账款、其他应收款的账面余额,按规定报经批准后予以核销。处置固定资产、无形资产时,需要将其账面价值转入待处置资产损溢。

第二节　事业单位流动资产的核算

事业单位的流动资产是指预计在1年内(含1年)变现或者耗用的资产。包括库存现金、银行存款、零余额账户用款额度、短期投资、财政应返还额度、应收票据、应收账款、预付账款、其他应收款、存货。

▶▶▶ 一、库存现金

库存现金,是指事业单位存放在其财务部门的可随时用于支用的现金。

(一)科目设置

事业单位设置"库存现金"科目,核算事业单位的库存现金的收付及结存情况。本科目期末借方余额,反映事业单位实际持有的库存现金。

(二)库存现金的管理要求

按照《现金管理暂行条例》及其实施细则的规定,事业单位现金的管理应遵循以下要求:

1. 按规定范围使用现金

事业单位可以在下列范围内使用现金:职工工资、津贴;个人劳务报酬;根据国家规定颁发给个人的科学技术、文化艺术、体育等各种奖金;各种劳保、福利费用以及国家规定的对个人的其他支出;向个人收购农副产品和其他物资的价款;出差人员必须随身携带的差旅费;结算起点以下的零星支出(结算起点为1 000元);中国人民银行确定需要支付现金的其他支出。除上述业务可以用现金支付外,其他款项的支付应通过开户银行办理转账结算。

2. **严格库存现金限额的管理**

库存现金的限额是指为了保证单位日常零星开支的需要,允许单位留存现金的最高数额。开户银行应当根据实际需要,核定开户单位 3 天至 5 天的日常零星开支所需的库存现金限额。边远地区和交通不便地区的开户单位的库存现金限额,可以多于 5 天,但不得超过 15 天的日常零星开支。经核定的库存现金限额,开户单位必须严格遵守。需要增加或者减少库存现金限额的,应当向开户银行提出申请,由开户银行核定。

3. **收支分开,不准坐支现金**

事业单位现金收入应当于当日送存开户银行,当日送存确有困难的,由开户银行确定送存时间。单位支付现金,可以从本单位库存现金限额中支付或者从开户银行提取,不得从本单位的现金收入中直接支付(即坐支)。因特殊情况需要坐支现金的,应当事先报经开户银行审查批准,由开户银行核定坐支范围和限额。坐支单位应当定期向开户银行报送坐支金额和使用情况。未经银行批准,单位不得擅自坐支现金。

4. **加强现金收支的日常管理**

一是实行钱账分管。二是设置"现金日记账",由出纳人员根据收付款凭证,按照业务发生顺序逐笔登记。事业单位如果有外币现金的,应当分别按照人民币、各种外币设置"现金日记账"进行明细核算。每日终了,应当计算当日的现金收入合计数、现金支出合计数和结余数,并将结余数与实际库存数核对,做到账款相符。现金收入业务较多、单独设有收款部门的事业单位,收款部门的收款员应当将每天所收现金连同收款凭据等一并交财务部门核收记账;或者将每天所收现金直接送存开户银行后,将收款凭据及向银行送存现金的凭证等一并交财务部门核收记账。三是任何现金收付业务的办理,必须要以合法的原始凭证为依据。

(三) 账务处理

1. **存取现金**

从银行等金融机构提取现金,按照实际提取的金额,借记"库存现金"科目,贷记"银行存款"等科目;将现金存入银行等金融机构,按照实际存入的金额,借记"银行存款"等科目,贷记"库存现金"科目。

2. **借出现金**

因内部职工出差等原因借出的现金,按照实际借出的现金金额,借记"其他应收款"科目,贷记"库存现金"科目;出差人员报销差旅费时,按照应报销的金额,借记有关科目,按照实际借出的现金金额,贷记"其他应收款"科目,按其差额,借记或贷记"库存现金"科目。

3. **现金收支**

因开展业务等其他事项收到现金,按照实际收到的金额,借记"库存现金"科目,贷记有关科目;因购买服务或商品等其他事项支出现金,按照实际支出的金额,借记有关科目,贷记"库存现金"科目。

4. **外币收支**

事业单位发生外币业务的,应当按照业务发生当日或当期期初的即期汇率,将外币金额折算为人民币金额记账,并登记外币金额和汇率。期末,各种外币账户的期末余额,应当按照期末的即期汇率折算为人民币,作为外币账户期末人民币余额。调整后的各种外币账户人民币余额与原账面余额的差额,作为汇兑损益计入当期支出。

5. 现金盘点

每日账款核对中发现现金溢余或短缺的,应当及时进行处理。如发现现金溢余,属于应支付给有关人员或单位的部分,借记"库存现金"科目,贷记"其他应付款"科目;属于无法查明原因的部分,借记"库存现金"科目,贷记"其他收入"科目。如发现现金短缺,属于应由责任人赔偿的部分,借记"其他应收款"科目,贷记"库存现金"科目;属于无法查明原因的部分,报经批准后,借记"其他支出"科目,贷记"库存现金"科目。

【例3-1】 某事业单位从单位零余额账户提取现金6 000元备用。

  借:库存现金   6 000
    贷:零余额账户用款额度   6 000

【例3-2】 某事业单位工作人员王某因公出差,预借差旅费4 000元,以现金支付。

  借:其他应收款   4 000
    贷:库存现金   4 000

【例3-3】 上题中王某出差归来,报销差旅费4 100元,补足其现金。

  借:事业支出   4 100
    贷:其他应收款   4 000
      库存现金   100

二、银行存款

银行存款,是指事业单位存入银行和其他金融机构的各种存款。

(一)科目设置

事业单位设置"银行存款"科目,核算事业单位银行存款的收付及结存情况。本科目期末借方余额,反映事业单位实际存放在银行或其他金融机构的款项。

(二)银行存款的管理要求

事业单位银行存款应遵循以下管理要求:

1. 按照规定开设银行账户

事业单位应当由财务部门统一开设和管理银行存款账户。事业单位开设银行存款账户的,应当报主管预算单位和同级财政部门审批,在其指定的银行开户,禁止多头开户。事业单位的银行存款账户,一般包括基本存款账户、专用存款账户和一般存款账户。

2. 严格管理银行账户

事业单位必须按照同级财政部门和中国人民银行规定的用途使用银行账户。不得将预算收入汇缴专用存款账户资金和财政拨款转为定期存款,不得以个人名义存放单位资金,不得出租、转让银行账户,不得为个人或其他单位提供信用。

3. 按规定和实际需要选择转账结算方式

事业单位除了可以使用现金进行支付外,其他资金支付必须通过银行进行转账。事业单位通常使用的转账方式包括支票、银行本票、银行汇票、商业汇票、汇兑、委托收款、异地托收承付、公务卡等。

4. 设置"银行存款日记账"

事业单位应当按开户银行或其他金融机构、存款种类及币种等,分别设置"银行存款日记账",由出纳人员根据收付款凭证,按照业务的发生顺序逐笔登记,每日终了应结出余额。事业单位发生外币存款的,应当分别按照人民币、各种外币设置"银行存款日记账"进行明细核算。"银行存款日记账"应定期与"银行对账单"核对,至少每月核对一次。月度终了,事业单位银行存款账面余额与银行对账单余额之间如有差额,必须逐笔查明原因并进行处理,按月编制"银行存款余额调节表",调节相符。

(三) 账务处理

1. 款项的存入

将款项存入银行或其他金融机构,借记"银行存款"科目,贷记"库存现金"、"事业收入"、"经营收入"等有关科目。

2. 款项的提取和支出

提取和支出存款时,借记有关科目,贷记"银行存款"科目。

3. 外币业务

事业单位发生外币业务的,应当按照业务发生当日(或当期期初,下同)的即期汇率,将外币金额折算为人民币记账,并登记外币金额和汇率。期末,各种外币账户的外币余额应当按照期末的即期汇率折算为人民币,作为外币账户期末人民币余额。调整后的各种外币账户人民币余额与原账面人民币余额的差额,作为汇兑损益计入相关支出。

(1) 以外币购买物资、劳务等,按照购入当日的即期汇率将支付的外币或应支付的外币折算为人民币金额,借记有关科目,贷记"银行存款"、"应付账款"等科目的外币账户。

(2) 以外币收取相关款项等,按照收取款项或收入确认当日的即期汇率将收取的外币或应收取的外币折算为人民币金额,借记"银行存款"、"应收账款"等科目的外币账户,贷记有关科目。

(3) 期末,根据各外币账户按期末汇率调整后的人民币余额与原账面人民币余额的差额,作为汇兑损益,借记或贷记"银行存款"、"应收账款"、"应付账款"等科目,贷记或借记"事业支出"、"经营支出"等科目。

【例 3-4】 某事业单位通过单位零余额账户用事业经费支付了本月电费 2 800 元。

借: 事业支出　　　　　　　　　　　　　　2 800
　　贷: 零余额账户用款额度　　　　　　　　　　2 800

【例 3-5】 某事业单位收到外国公益组织捐赠的款项 10 000 欧元,专门用于事业单位开展一项公益活动,当日欧元对人民币的汇率为 1 欧元 = 8.50 元。

借: 银行存款——欧元户　　85 000(10 000 欧元)
　　贷: 其他收入——捐赠收入(公益活动)　　85 000

三、零余额账户用款额度

单位零余额账户,是指由同级财政部门为其在商业银行开设的用于本单位财政授权支付的账户。通过该账户,事业单位可以办理转账、汇兑、委托收款和提取现金等支付结算业务,但单位的非财政性资金不得进入。单位零余额账户是一个过渡账户,而不是实存账户。

零余额账户用款额度是指实行国库集中支付的事业单位根据财政部门批复的用款计划收到和支用的财政授权支付额度,具有与银行存款相同的支付结算功能。国库集中收付制度下,事业单位经财政部门审批,在国库集中支付代理银行开设单位零余额账户,用于财政授权支付的结算。财政部门根据预算安排和资金使用计划,定期向事业单位的单位零余额账户下达财政授权支付额度。在此额度内,事业单位可按审批的分月用款计划开具支付令,通知代理银行办理财政授权支付额度的日常支付。

零余额账户用款额度在年度内可累加使用。代理银行在用款额度累计余额内,根据事业单位支付指令,及时、准确地办理资金支付等业务,并在规定的时间内与国库单一账户清算。

(一)科目设置

事业单位设置"零余额账户用款额度"科目,核算实行国库集中支付的事业单位根据财政部门批复的用款计划收到和支用的财政授权支付额度。本科目期末借方余额,反映事业单位尚未支用的零余额账户用款额度。年终注销处理后,本科目年末应无余额。

(二)账务处理

1. 下达授权支付额度

在财政授权支付方式下,事业单位收到代理银行盖章的"财政授权支付到账通知书"时,根据通知书所列数额,借记"零余额账户用款额度"科目,贷记"财政补助收入"科目。

2. 使用财政授权支付额度

按规定支用额度时,借记有关科目,贷记"零余额账户用款额度"科目。从零余额账户提取现金时,借记"库存现金"科目,贷记"零余额账户用款额度"科目。

3. 财政授权支付额度退回

因购货退回等发生国库授权支付额度退回的,属于以前年度支付的款项,按照退回金额,借记"零余额账户用款额度"科目,贷记"财政补助结转"、"财政补助结余"、"存货"等有关科目;属于本年度支付的款项,按照退回金额,借记"零余额账户用款额度"科目,贷记"事业支出"、"存货"等有关科目。

4. 财政授权支付额度的年终结余事项

年度终了,依据代理银行提供的对账单作注销额度的相关账务处理,借记"财政应返还额度——财政授权支付"科目,贷记"零余额账户用款额度"科目。事业单位本年度财政授权支付预算指标数大于零余额账户用款额度下达数的,根据未下达的用款额度,借记"财政应返还额度——财政授权支付"科目,贷记"财政补助收入"科目。

下年初,事业单位依据代理银行提供的额度恢复到账通知书作恢复额度的相关账务处理,借记"零余额账户用款额度"科目,贷记"财政应返还额度——财政授权支付"科目。事业单位收到财政部门批复的上年末未下达零余额账户用款额度的,借记"零余额账户用款额度"科目,贷记"财政应返还额度——财政授权支付"科目。

【例3-6】某事业单位收到代理银行"财政授权支付额度到账通知书",列明本月授权支付额度为 100 000 元。

  借：零余额账户用款额度   100 000
    贷：财政补助收入   100 000

【例 3-7】 某事业单位通过单位零余额账户支付本单位的水电费 800 元。

  借：事业支出   800
    贷：零余额账户用款额度   800

【例 3-8】 某事业单位通过财政授权支付方式购买一台计算机，价款 6 000 元（不考虑增值税），计算机无需安装，直接交付使用。

  借：事业支出   6 000
    贷：零余额账户用款额度   6 000
  借：固定资产   6 000
    贷：非流动资产基金——固定资产   6 000

【例 3-9】 某事业单位实行了公务卡结算制度。工作人员陈某用公务卡支付了公务接待费 900 元，现办理报销手续。财务部门根据报销凭证，通过单位零余额账户将报销款项划入陈某的公务卡内。

  借：事业支出   900
    贷：零余额账户用款额度   900

四、短期投资

短期投资，是指事业单位依法取得的，持有时间不超过 1 年（含 1 年）的投资，主要是国债投资。

（一）科目设置

事业单位应当严格遵守国家法律、行政法规以及财政部门、主管部门关于对外投资的有关规定，事业单位按规定可以利用货币资金购入国家发行的公债。事业单位的短期投资主要是国债投资。事业单位设置"短期投资"科目，核算事业单位依法取得的短期国债投资。本科目应当按照国债投资的种类等进行明细核算。本科目期末借方余额，反映事业单位持有的短期投资成本。

（二）账务处理

1. 取得短期投资

短期投资在取得时，应当按照其实际成本（包括购买价款以及税金、手续费等相关税费）作为投资成本，借记"短期投资"科目，贷记"银行存款"等科目。

2. 持有期间的利息

短期投资持有期间收到利息时，按实际收到的金额，借记"银行存款"科目，贷记"其他收入——投资收益"科目。

3. 出售或到期收回

出售短期投资或到期收回短期国债本息，按照实际收到的金额，借记"银行存款"科目，按照出售或收回短期国债的成本，贷记"短期投资"科目，按其差额，贷记或借记"其他收入——投资收益"科目。

【例3-10】 某事业单位用银行存款购入1年期国债50 000元,票面年利率4%。

  借:短期投资   50 000
   贷:银行存款   50 000

【例3-11】 某事业单位到期收回所购国债本金50 000元,利息2 000元,款项存入银行。

  借:银行存款   52 000
   贷:短期投资   50 000
    其他收入——投资收益   2 000

五、财政应返还额度

财政应返还额度,是指实行国库集中支付的事业单位应收财政返还的资金额度,即事业单位年终注销的、需要在次年恢复的年度未实现的用款额度。实行国库集中收付制度后,事业单位的财政经费由财政部门通过国库单一账户体系支付。事业单位的年度预算指标包括财政直接支付额度和财政授权支付额度。

在财政直接支付方式下,事业单位在财政直接支付额度内根据批准的分月用款计划,提出支付申请,财政部门审核后签发支付令,通过财政零余额账户实现日常支付。

在财政授权支付方式下,由财政部门先对单位零余额账户下达本月授权支付的用款额度,事业单位在该额度内可自行签发支付令,通过单位零余额账户实现日常支付与取现需求。

年度终了,事业单位需要对本年度未实现的用款额度进行注销,形成财政应返还额度,以待次年初予以恢复。

事业单位的财政应返还额度包括财政应返还直接支付额度和财政应返还授权支付额度。

财政应返还直接支付额度是指被注销的未使用直接支付的额度,即财政直接支付额度本年预算指标数与当年财政直接支付额度实际支出数的差额。

财政应返还授权支付额度是指被注销的财政授权支付未下达和未使用的额度。即财政授权支付额度本年预算指标数与当年事业单位授权支付实际支出数的差额,包括两个部分:

(1)未下达的授权支付额度,是指当年预算已经安排,但财政部门当年没有下达到事业单位单位零余额账户的授权支付额度,即授权支付额度的本年预算指标数与当年下达数之间的差额。

(2)未使用的授权支付额度,是指财政部门已经将授权支付额度下达到事业单位的单位零余额账户,但事业单位当年尚未使用的额度,即授权支付额度的本年下达数与当年实际使用数之间的差额。

(一)科目设置

事业单位设置"财政应返还额度"科目,核算实行国库集中支付的事业单位应收财政返还的资金额度。本科目应当设置"财政直接支付"、"财政授权支付"两个明细科目,进行明细核算。本科目期末借方余额,反映事业单位应收财政返还的资金额度。

（二）账务处理

1. 财政直接支付方式下

年度终了，事业单位根据本年度财政直接支付预算指标数与当年财政直接支付实际支出数的差额，借记"财政应返还额度——财政直接支付"科目，贷记"财政补助收入"科目。

下年初，收到恢复财政直接支付额度通知书时无需作会计分录，不冲销"财政应返还额度——财政直接支付"科目，只进行预算记录。

事业单位使用已恢复的财政直接支付额度进行支付时，借记有关科目，贷记"财政应返还额度——财政直接支付"科目。

2. 财政授权支付方式下

年度终了，事业单位依据代理银行提供的对账单作注销未使用额度的相关账务处理，借记"财政应返还额度——财政授权支付"科目，贷记"零余额账户用款额度"科目。事业单位本年度财政授权支付预算指标数大于零余额账户用款额度下达数的，根据未下达的用款额度，借记"财政应返还额度——财政授权支付"科目，贷记"财政补助收入"科目。

下年初，事业单位依据代理银行提供的财政授权支付额度恢复到账通知书作恢复额度的相关账务处理，借记"零余额账户用款额度"科目，贷记"财政应返还额度——财政授权支付"科目。事业单位收到财政部门批复的上年末未下达零余额账户用款额度时，借记"零余额账户用款额度"科目，贷记"财政应返还额度——财政授权支付"科目。

事业单位使用已恢复的财政授权支付额度，应当根据支付的经济内容，借记相应的支出或资产类科目，贷记"零余额账户用款额度"科目。

【例3-12】 某事业单位已实行国库集中支付制度，年度终了，通过对账确认本年度财政直接支付预算指标数为9 000 000元，当年直接支付实际支出数为8 900 000元，需要注销未实现的财政直接支付额度100 000元。

借：财政应返还额度——财政直接支付　　　100 000
　　贷：财政补助收入　　　　　　　　　　　　　　100 000

【例3-13】 某事业单位已实行国库集中支付制度，确定的财政授权支付预算数为1 000 000元。年度终了，通过对账确认已下达本年度财政授权支付额度为950 000元，当年实际支出数为930 000元，需要注销未下达的财政授权支付额度50 000元和未使用的授权支付额度20 000元。

借：财政应返还额度——财政授权支付　　　70 000
　　贷：财政补助收入　　　　　　　　　　　　　　50 000
　　　　零余额账户用款额度　　　　　　　　　　20 000

【例3-14】 下年初，某事业单位收到"财政直接支付额度恢复通知书"，恢复上年末注销的财政直接支付额度100 000元。

恢复的财政直接支付额度100 000元并没有实际支付，因此不进行会计记录，只进行预算记录。

【例3-15】 下年初，某事业单位收到"财政授权支付额度恢复通知书"，恢复上年末注销的财政授权支付额度70 000元，并且已下达到单位零余额账户。

　　　　　借：零余额账户用款额度　　　　　　　　　　70 000
　　　　　　　贷：财政应返还额度——财政授权支付　　　　70 000

【例 3-16】 某事业单位向财政部门提出申请，要求用恢复的上年度直接支付额度支付一项业务费 20 000 元，已获批准，款项已通过财政零余额账户支付。

　　　　　借：事业支出　　　　　　　　　　　　　　20 000
　　　　　　　贷：财政应返还额度——财政直接支付　　　　20 000

【例 3-17】 某事业单位使用恢复的上年度财政授权支付额度支付一笔业务培训费 10 000 元，款项已采用授权支付方式通过单位零余额账户支付。

　　　　　借：事业支出　　　　　　　　　　　　　　10 000
　　　　　　　贷：零余额账户用款额度　　　　　　　　　10 000

六、应收票据

应收票据，是事业单位因开展经营活动销售产品、提供有偿服务等而收到的商业汇票，包括商业承兑汇票和银行承兑汇票。

（一）商业汇票的分类

1. 按照承兑人不同，商业汇票可分为商业承兑汇票和银行承兑汇票

商业承兑汇票是由收款人签发，经付款人承兑或由付款人签发并承兑的汇票。商业承兑汇票到期时，如付款人账户不足支付，银行则将商业承兑汇票退给收款人，由购销双方自行解决，银行不负责任。

银行承兑汇票是由收款人或承兑申请人签发，并由承兑申请人向开户银行申请，经银行审查同意承兑的汇票。银行承兑汇票到期时，如购货单位未能将票据交存银行，则银行向收款人或贴现银行无条件支付票款。

2. 按照是否计息，商业汇票可分为带息票据和不带息票据

带息票据是指注明票面利率和支付日期的票据。带息票据到期时，收款人根据票据面值和利息收取本息。不带息票据是指票据上无利息的票据。不带息票据到期时，收款人根据票据面值收取款项。

（二）科目设置

事业单位设置"应收票据"科目，核算事业单位因开展经营活动销售产品、提供有偿服务等而收到的商业汇票。本科目应当按照开出、承兑商业汇票的单位等进行明细核算。本科目期末借方余额，反映事业单位持有的商业汇票票面金额。

事业单位应当设置"应收票据备查簿"，逐笔登记每一应收票据的种类、号数、出票日期、到期日、票面金额、交易合同号和付款人、承兑人、背书人姓名或单位名称、背书转让日、贴现日期、贴现率和贴现净额、收款日期、收回金额和退票情况等资料。应收票据到期结清票款或退票后，应当在备查簿内逐笔注销。

（三）账务处理

1. 收到票据

因销售产品、提供服务等收到商业汇票，按照商业汇票的票面金额，借记"应收票据"科目,按照确认的收入金额,贷记"经营收入"等科目,按照应缴增值税金额,贷记"应缴税费——应缴增值税"科目。

2. 兑付票据

商业汇票到期时,应当分别以下情况处理:

(1) 收回应收票据,按照实际收到的商业汇票票面金额,借记"银行存款"科目,贷记"应收票据"科目。

(2) 因付款人无力支付票款,收到银行退回的商业承兑汇票、委托收款凭证、未付票款通知书或拒付款证明等,按照商业汇票的票面金额,借记"应收账款"科目,贷记"应收票据"科目。

3. 贴现票据

持未到期的商业汇票向银行贴现,按照实际收到的金额(即扣除贴现息后的净额),借记"银行存款"科目,按照贴现息,借记"经营支出"等科目,按照商业汇票的票面金额,贷记"应收票据"科目。

贴现所得金额计算如下:

$$贴现所得 = 票据到期值 - 贴现息$$

$$贴现息 = 票据到期值 \times 贴现率 \times 贴现月数 / 12$$

$$票据到期值 = 票据面值 + 票据面值 \times 票面利率 \times 期限 / 12$$

4. 转让票据

将持有的商业汇票背书转让以取得所需物资时,按照取得物资的成本,借记有关科目,按照商业汇票的票面金额,贷记"应收票据"科目,如有差额,借记或贷记"银行存款"等科目。

【例3-18】 某事业单位开展经营服务,销售商品一批,价值10 000元,收到一张不带息的商业汇票,期限3个月。该事业单位属于增值税小规模纳税人,税率3%。

借:应收票据　　　　　　　　　10 300
　贷:经营收入　　　　　　　　　　　　10 000
　　　应缴税费——应缴增值税　　　　　300

【例3-19】 承【例3-18】 该事业单位持有上述不带息商业汇票1个月后,办理贴现,贴现率8%,贴现所得已存入银行。

借:银行存款　　　　　　　　　10 162.67
　　经营支出　　　　　　　　　　137.33
　贷:应收票据　　　　　　　　　　　　10 300

【例3-20】 承【例3-18】 3个月后,该事业单位持有的商业汇票到期,因付款人无力支付票款被银行退回。

借:应收账款　　　　　　　　　10 300
　贷:应收票据　　　　　　　　　　　　10 300

七、应收账款

应收账款,是事业单位因开展经营活动销售产品、提供有偿服务等而应收的款项。

(一) 科目设置

事业单位设置"应收账款"科目,核算事业单位因开展经营活动销售产品、提供有偿服务等而应收取的款项。本科目应当按照购货、接受劳务单位(或个人)进行明细核算。本科目期末借方余额,反映事业单位尚未收回的应收账款。

(二) 账务处理

1. 发生应收账款

发生应收账款时,按照应收未收金额,借记"应收账款"科目,按照确认的收入金额,贷记"经营收入"等科目,按照应缴增值税金额,贷记"应缴税费——应缴增值税"科目。

2. 收回应收账款

收回应收账款时,按照实际收到的金额,借记"银行存款"等科目,贷记"应收账款"科目。

3. 坏账核销

事业单位的应收账款无需计提坏账准备。对于逾期三年或以上、有确凿证据表明确实无法收回的应收账款,按规定报经批准后应予以核销。核销的应收账款应在备查簿中保留登记。

(1) 转入待处置资产时,按照待核销的应收账款金额,借记"待处置资产损溢"科目,贷记"应收账款"科目。

(2) 报经批准予以核销时,借记"其他支出"科目,贷记"待处置资产损溢"科目。

(3) 已核销应收账款在以后期间收回的,按照实际收回的金额,借记"银行存款"等科目,贷记"其他收入"科目。

【例 3-21】 某事业单位为一般纳税人,增值税税率 17%,其非独立核算部门开展经营活动销售商品一批,售价 8 000 元(不含税价),价税均未收到。

借:应收账款　　　　　　　　　　　　　　　9 360
　　贷:经营收入　　　　　　　　　　　　　　8 000
　　　　应缴税费——应缴增值税(销项税额)　1 360

【例 3-22】 承【例 3-21】该事业单位收到上述款项存入银行。

借:银行存款　　　　　　　　　　　　　　　9 360
　　贷:应收账款　　　　　　　　　　　　　　9 360

【例 3-23】 某事业单位有一笔逾期 3 年,经核实确实无望收回的款项 7 000 元,现将其转入待核销资产,同时上报财政部门审批。

借:待处置资产损溢　　　　　　　　　　　　7 000
　　贷:应收账款　　　　　　　　　　　　　　7 000

【例 3-24】 承【例 3-23】上述待核销资产,经财政部门审批后,同意予以核销。

借:其他支出　　　　　　　　　　　　　　　7 000
　　贷:待处置资产损溢　　　　　　　　　　　7 000

八、预付账款

预付账款,是事业单位按照购货、劳务合同的规定预付给供应单位的款项。

(一)科目设置

事业单位设置"预付账款"科目,核算事业单位按照购货、劳务合同规定预付给供应单位的款项。本科目应当按照供应单位(或个人)进行明细核算。事业单位应当通过明细核算或辅助登记方式,登记预付账款的资金性质(区分财政补助资金、非财政专项资金和其他资金)。本科目期末借方余额,反映事业单位实际预付但尚未结算的款项。

(二)账务处理

1. 发生预付账款

发生预付账款时,按照实际预付的金额,借记"预付账款"科目,贷记"零余额账户用款额度"、"财政补助收入"、"银行存款"等科目。

2. 收到物资或劳务

收到所购物资或劳务,按照购入物资或劳务的成本,借记有关科目,按照相应预付账款金额,贷记"预付账款"科目,按照补付的款项,贷记"零余额账户用款额度"、"财政补助收入"、"银行存款"等科目。收到所购固定资产、无形资产的,按照确定的资产成本,借记"固定资产"、"无形资产"科目,贷记"非流动资产基金——固定资产、无形资产"科目;同时,按资产购置支出,借记"事业支出"、"经营支出"等科目,按照相应预付账款金额,贷记"预付账款"科目,按照补付的款项,贷记"零余额账户用款额度"、"财政补助收入"、"银行存款"等科目。

3. 坏账核销

逾期三年或以上、有确凿证据表明因供货单位破产、撤销等原因已无望再收到所购物资,且确实无法收回的预付账款,按规定报经批准后予以核销。核销的预付账款应在备查簿中保留登记。

(1)转入待处置资产时,按照待核销的预付账款金额,借记"待处置资产损溢"科目,贷记"预付账款"科目。

(2)报经批准予以核销时,借记"其他支出"科目,贷记"待处置资产损溢"科目。

(3)已核销预付账款在以后期间收回的,按照实际收回的金额,借记"银行存款"等科目,贷记"其他收入"科目。

【例3-25】 某事业单位(小规模纳税人)的非独立核算部门开展经营活动,与某供应商(一般纳税人)签订合同预购甲材料一批,价款10 000元(不含税价),根据合同规定通过银行存款预付20%的货款。

    借:预付账款   2 000
        贷:银行存款   2 000

【例3-26】 承【例3-25】 该事业单位收到预购的甲材料,已验收入库,通过银行存款支付剩余款项。

    借:存货——甲材料   11 700
        贷:预付账款   2 000

　　　　银行存款　　　　　　　　　　　　　　　　　9 700

九、其他应收款

其他应收款，是事业单位除财政应返还额度、应收票据、应收账款、预付账款以外的其他各项应收及暂付款项。

（一）科目设置

事业单位设置"其他应收款"科目，核算事业单位除财政应返还额度、应收票据、应收账款、预付账款以外的其他各项应收及暂付款项，如职工预借的差旅费、拨付给内部有关部门的备用金、应向职工收取的各种垫付款项等。本科目应当按照其他应收款的类别以及债务单位（或个人）进行明细核算。本科目期末借方余额，反映事业单位尚未收回的其他应收款。

（二）账务处理

1．发生其他应收款

发生其他各种应收及暂付款项时，借记"其他应收款"科目，贷记"银行存款"、"库存现金"等科目。

2．收回或转销其他应收款

收回或转销其他各种应收及暂付款项时，借记"库存现金"、"银行存款"等科目，贷记"其他应收款"科目。

3．发放备用金

事业单位内部实行备用金制度的，有关部门使用备用金以后应当及时到财务部门报销并补足备用金。财务部门核定并发放备用金时，借记"其他应收款"科目，贷记"库存现金"等科目。根据报销数用现金补足备用金定额时，借记有关科目，贷记"库存现金"等科目，报销数和拨补数都不再通过本科目核算。

4．坏账核销

逾期三年或以上、有确凿证据表明确实无法收回的其他应收款，按规定报经批准后予以核销。核销的其他应收款应在备查簿中保留登记。

（1）转入待处置资产时，按照待核销的其他应收款金额，借记"待处置资产损溢"科目，贷记"其他应收款"科目。

（2）报经批准予以核销时，借记"其他支出"科目，贷记"待处置资产损溢"科目。

（3）已核销其他应收款在以后期间收回的，按照实际收回的金额，借记"银行存款"等科目，贷记"其他收入"科目。

【例3-27】　某事业单位工作人员陈某因公外出预借差旅费3 000元，用现金支付。

　　借：其他应收款　　　　　　　　　　　　　3 000
　　　　贷：库存现金　　　　　　　　　　　　　　3 000

【例3-28】　承【例3-27】　陈某出差归来报销差旅费，根据审核后的票据，报销金额为3 200元，补足其现金。

　　借：事业支出　　　　　　　　　　　　　　3 200
　　　　贷：其他应收款　　　　　　　　　　　　　3 000

库存现金　　　　　　　　　　　　　　　　　　　200

【例3-29】 某事业单位内部实行备用金制度,用现金向某业务部门设立备用金5 000元。

　　借:其他应收款　　　　　　　　　　　　　　　5 000
　　　　贷:库存现金　　　　　　　　　　　　　　　　5 000

十、存货

(一) 存货的内容

存货,是指事业单位在开展业务活动及其他活动中为耗用而储存的资产,包括各种材料、燃料、包装物、低值易耗品以及达不到固定资产标准的用具、装具、动植物等。事业单位为开展业务活动及其他活动会耗用一定的材料用品,这些材料用品购入时,需要进入仓库管理,以后再领用。事业单位应当建立健全存货的内部管理制度,对存货进行定期或者不定期的清查盘点,保证账实相符。

(二) 科目设置

事业单位设置"存货"科目,核算事业单位在开展业务活动及其他活动中为耗用而储存的各种材料、燃料、包装物、低值易耗品及达不到固定资产标准的用具、装具、动植物等的实际成本。事业单位随买随用的零星办公用品,可以在购进时直接列作支出,不通过本科目核算。本科目应当按照存货的种类、规格、保管地点等进行明细核算。事业单位应当通过明细核算或辅助登记方式,登记取得存货成本的资金来源(区分财政补助资金、非财政专项资金和其他资金)。发生自行加工存货业务的事业单位,应当在本科目下设置"生产成本"明细科目,归集核算自行加工存货所发生的实际成本(包括耗用的直接材料费用、发生的直接人工费用和分配的间接费用)。本科目期末借方余额,反映事业单位存货的实际成本。

(三) 账务处理

1. 存货的取得

事业单位存货的取得方式,包括购入、自行加工、接受捐赠、无偿调入等。事业单位取得存货的资金来源,可能是财政性资金,也可能是非财政性资金。如果事业单位用财政性资金采购存货,需要纳入政府采购的规范,并设置"存货明细账(或备查账)"登记存货的资金来源。存货在取得时,应当按照其实际成本入账。

(1) 购入存货。

购入的存货,其实际成本包括购买价款、相关税费、运输费、装卸费、保险费以及其他使得存货达到目前场所和状态所发生的其他支出。

购入存货所负担的增值税进项税额是否计入存货入账价值,首先取决于作为购货方的事业单位是一般纳税人还是小规模纳税人,其次取决于购进的存货是自用还是非自用。

① 事业单位属于小规模纳税人的,其购入的存货无论是自用还是非自用,验收入库时,都应当按照实际支付的含税价格,借记"存货"科目,贷记"银行存款"、"应付账款"、"财政补助收入"、"零余额账户用款额度"等科目。

② 事业单位属于一般纳税人的,其购入的自用存货验收入库时,应当按照实际支付的含税价格,借记"存货"科目,贷记"银行存款"、"应付账款"、"财政补助收入"、"零余额账户用款额度"等科目;其购入的非自用存货(如用于生产对外销售的产品)验收入库时,应当按照实际支付的不含税价格,借记"存货"科目,按增值税专用发票上注明的增值税额,借记"应缴税费——应缴增值税(进项税额)"科目,按实际支付或应付的金额,贷记"银行存款"、"应付账款"等科目。

(2) 自行加工的存货。

事业单位自行加工的存货,其成本包括耗用的直接材料费用、发生的直接人工费用和按照一定方法分配的与存货加工有关的间接费用。

自行加工的存货在加工过程中发生各种费用时,借记"存货——生产成本"科目,贷记"存货——领用材料相关的明细"科目、"应付职工薪酬"、"银行存款"等科目。

加工完成的存货验收入库,按照所发生的实际成本,借记"存货——加工完成的存货相关的明细"科目,贷记"存货——生产成本"科目。

(3) 接受捐赠、无偿调入的存货。

接受捐赠、无偿调入的存货,其成本按照有关凭据注明的金额加上相关税费、运输费等确定;没有相关凭据的,其成本比照同类或类似存货的市场价格加上相关税费、运输费等确定;没有相关凭据、同类或类似存货的市场价格也无法可靠取得的,该存货按照名义金额(即人民币1元,下同)入账。相关财务制度仅要求进行实物管理的除外。

接受捐赠、无偿调入的存货验收入库,按照确定的成本,借记"存货"科目,按照发生的相关税费、运输费等,贷记"银行存款"等科目,按照其差额,贷记"其他收入"科目。

按照名义金额入账的情况下,按照名义金额,借记"存货"科目,贷记"其他收入"科目;按照发生的相关税费、运输费等,借记"其他支出"科目,贷记"银行存款"等科目。

2. 存货发出

存货在发出时,应当根据实际情况采用先进先出法、加权平均法或者个别计价法确定发出存货的实际成本。计价方法一经确定,不得随意变更。低值易耗品的成本于领用时一次摊销。

(1) 开展业务活动等领用、发出存货,按领用、发出存货的实际成本,借记"事业支出"、"经营支出"等科目,贷记"存货"科目。

(2) 对外捐赠、无偿调出存货,转入待处置资产时,按照存货的账面余额,借记"待处置资产损溢"科目,贷记"存货"科目。属于增值税一般纳税人的事业单位对外捐赠、无偿调出购进的非自用材料,转入待处置资产时,按照存货的账面余额与相关增值税进项税额转出金额的合计金额,借记"待处置资产损溢"科目,按存货的账面余额,贷记"存货"科目,按转出的增值税进项税额,贷记"应缴税费——应缴增值税(进项税额转出)"科目。实际捐出、调出存货时,按照"待处置资产损溢"科目的相应余额,借记"其他支出"科目,贷记"待处置资产损溢"科目。

3. 存货的清查盘点

事业单位的存货应当定期进行清查盘点,每年至少盘点一次。对于发生的存货盘盈、盘亏或者报废、毁损,应当及时查明原因,按规定报经批准后进行账务处理。

(1) 盘盈的存货,按照同类或类似存货的实际成本或市场价格确定入账价值;同类或类似存货的实际成本、市场价格均无法可靠取得的,按照名义金额入账。盘盈的存货,按照确定的入账价值,借记"存货"科目,贷记"其他收入"科目。

(2) 盘亏或者毁损、报废的存货,转入待处置资产时,按照待处置存货的账面余额,借记"待处置资产损溢"科目,贷记"存货"科目。属于增值税一般纳税人的事业单位购进的非自用材料发生盘亏或者毁损、报废的,转入待处置资产时,按照存货的账面余额与相关增值税进项税额转出金额的合计金额,借记"待处置资产损溢"科目,按存货的账面余额,贷记"存货"科目,按转出的增值税进项税额,贷记"应缴税费——应缴增值税(进项税额转出)"科目。报经批准予以处置时,按照"待处置资产损溢"科目的相应余额,借记"其他支出"科目,贷记"待处置资产损溢"科目。

处置存货过程中所取得的收入、发生的费用,以及处置收入扣除相关处置费用后的净收入的账务处理,参见"待处置资产损溢"科目或【例3-40】。

【例3-30】 某事业单位购入自用A材料一批,通过银行存款支付价款23 400元(含税价)及运杂费600元,材料已验收入库。

借:存货——A材料　　　　　　　　24 000
　　贷:银行存款　　　　　　　　　　　24 000

【例3-31】 某事业单位通过政府采购方式购入自用B材料一批,价款11 700元(含税价),运杂费300元。款项均通过财政直接支付方式支付,材料已验收入库。

借:存货——B材料　　　　　　　　12 000
　　贷:财政补助收入　　　　　　　　　12 000

【例3-32】 某事业单位领用A材料10 000元自行加工一种自用甲材料。

借:存货——生产成本——甲材料　　10 000
　　贷:存货——A材料　　　　　　　　10 000

【例3-33】 承【例3-32】 该事业单位用现金支付生产甲材料工人工资1 000元及其他生产相关费用200元。

借:存货——生产成本——甲材料　　1 200
　　贷:应付职工薪酬　　　　　　　　　1 000
　　　　库存现金　　　　　　　　　　　　200
借:应付职工薪酬　　　　　　　　　1 000
　　贷:库存现金　　　　　　　　　　　　1 000

【例3-34】 承【例3-32、例3-33】 该事业单位生产的甲材料完工,验收入库。

借:存货——甲材料　　　　　　　　11 200
　　贷:存货——生产成本——甲材料　　11 200

【例3-35】 某事业单位接受社会捐赠一批特种材料,没有相关证明其价值的票据,市场中无销售,无法取得其可靠价格,经批准用名义金额入账,接受捐赠时,发生运输费80元,已用现金支付。

借:存货——特种材料　　　　　　　　　1
　　贷:其他收入　　　　　　　　　　　　　1
借:其他支出　　　　　　　　　　　　　80

　　　　贷：库存现金　　　　　　　　　　　　　　　　80

【例3-36】　某事业单位在事业业务中领用B材料3 900元。
　　　　借：事业支出　　　　　　　　　　　　　　　3 900
　　　　　　贷：存货——B材料　　　　　　　　　　　　3 900

【例3-37】　某事业单位经营活动(不进行成本核算)中领用A材料2 000元。
　　　　借：经营支出　　　　　　　　　　　　　　　2 000
　　　　　　贷：存货——A材料　　　　　　　　　　　　2 000

【例3-38】　年终,某事业单位盘点存货时发现A材料盘盈10件,按照同类材料的成本计算其价值为800元。
　　　　借：存货——A材料　　　　　　　　　　　　800
　　　　　　贷：其他收入　　　　　　　　　　　　　　800

【例3-39】　年终,某事业单位盘点存货时发现B材料盘亏5件,按照同类材料的成本计算其价值为1 000元。

① 将盘亏材料记入待处置资产损溢,同时上报相关部门。
　　　　借：待处置资产损溢　　　　　　　　　　　1 000
　　　　　　贷：存货——B材料　　　　　　　　　　　　1 000

② 批准后予以核销。
　　　　借：其他支出　　　　　　　　　　　　　　1 000
　　　　　　贷：待处置资产损溢　　　　　　　　　　　1 000

【例3-40】　某事业单位为增值税一般纳税人,在年终盘点库存材料时,发现非自用C材料发生毁损。该材料的账面余额为5 000元,增值税进项税额为850元,该材料变价收入为1 000元,收到已存入银行,另用现金支付了运输费200元。

① 将C材料转入待处置状态。
　　　　借：待处置资产损溢——处置资产价值　　　5 850
　　　　　　贷：存货——C材料　　　　　　　　　　　　5 000
　　　　　　　　应缴税费——应缴增值税(进项税额转出)　850

② 报经批准予以核销。
　　　　借：其他支出　　　　　　　　　　　　　　5 850
　　　　　　贷：待处置资产损溢——处置资产价值　　　5 850

③ 取得变价收入。
　　　　借：银行存款　　　　　　　　　　　　　　1 000
　　　　　　贷：待处置资产损溢——处置净收入　　　　1 000

④ 支付运输费。
　　　　借：待处置资产损溢——处置净收入　　　　200
　　　　　　贷：库存现金　　　　　　　　　　　　　　200

⑤ 处置净收入。
　　　　借：待处置资产损溢——处置净收入　　　　800
　　　　　　贷：应缴国库款　　　　　　　　　　　　　800

第三节 事业单位非流动资产的核算

事业单位的非流动资产是指流动资产以外的资产,包括长期投资、在建工程、固定资产、无形资产等。

一、长期投资

长期投资,是指事业单位依法取得的,持有时间超过 1 年(不含 1 年)的各种股权和债权性质的投资。长期投资包括债券投资和股权投资。债权投资是事业单位通过利用货币资金购买国债的方式取得的投资。股权投资是事业单位利用货币资金、实物和无形资产方式向其他单位投资入股而取得的投资。

(一)科目设置

事业单位设置"长期投资"科目,核算事业单位依法取得的,持有时间超过 1 年(不含 1 年)的股权和债权性质的投资。本科目应当按照长期投资的种类和被投资单位等进行明细核算。本科目期末借方余额,反映事业单位持有的长期投资成本。

(二)账务处理

1. 长期股权投资

(1)长期股权投资的取得。

取得长期股权投资的方式包括以货币资金购入、以固定资产对外投资、以无形资产对外投资等。长期股权投资在取得时,应当按照其实际成本作为投资成本。

① 以货币资金取得的长期股权投资,按照实际支付的全部价款(包括购买价款以及税金、手续费等相关税费)作为投资成本,借记"长期投资"科目,贷记"银行存款"等科目;同时,按照投资成本金额,借记"事业基金"科目,贷记"非流动资产基金——长期投资"科目。

② 以固定资产取得的长期股权投资,按照投出固定资产的评估价值加上相关税费作为投资成本,借记"长期投资"科目,贷记"非流动资产基金——长期投资"科目,按发生的相关税费,借记"其他支出"科目,贷记"银行存款"、"应缴税费"等科目;同时,按照投出固定资产对应的非流动资产基金,借记"非流动资产基金——固定资产"科目,按照投出固定资产已计提折旧,借记"累计折旧"科目,按投出固定资产的账面余额,贷记"固定资产"科目。

③ 以已入账无形资产取得的长期股权投资,按照投出无形资产的评估价值加上相关税费作为投资成本,借记"长期投资"科目,贷记"非流动资产基金——长期投资"科目,按发生的相关税费,借记"其他支出"科目,贷记"银行存款"、"应缴税费"等科目;同时,按照投出无形资产对应的非流动资产基金,借记"非流动资产基金——无形资产"科目,按照投出无形资产已计提摊销,借记"累计摊销"科目,按照投出无形资产的账面余额,贷记"无形资产"科目。以未入账无形资产取得的长期股权投资,按照评估价值加上相关税费作为投资成本,借记"长期投资"科目,贷记"非流动资产基金——长期投资"科目,按发生的相关税费,借记

"其他支出"科目,贷记"银行存款"、"应缴税费"等科目。

(2) 长期股权投资的收益。

长期股权投资持有期间,收到利润等投资收益时,按照实际收到的金额,借记"银行存款"等科目,贷记"其他收入——投资收益"科目。

(3) 长期股权投资的损失。

因被投资单位破产清算等原因,有确凿证据表明长期股权投资发生损失,按规定报经批准后予以核销。将待核销长期股权投资转入待处置资产时,按照待核销的长期股权投资账面余额,借记"待处置资产损溢"科目,贷记"长期投资"科目。报经批准予以核销时,借记"非流动资产基金——长期投资"科目,贷记"待处置资产损溢"科目。

(4) 长期股权投资的转让。

事业单位转让长期股权投资,转入待处置资产时,按照待转让长期股权投资的账面余额,借记"待处置资产损溢——处置资产价值"科目,贷记"长期投资"科目。实际转让时,按照所转让长期股权投资对应的非流动资产基金,借记"非流动资产基金——长期投资"科目,贷记"待处置资产损溢——处置资产价值"科目。

转让长期股权投资过程中取得价款、发生相关税费,以及转让价款扣除相关税费后的净收入的账务处理,参见"待处置资产损溢"科目或【例3-45】。

2. 长期债券投资

(1) 长期债券投资的取得。

债权投资是事业单位通过利用货币资金购买国债的方式取得的投资。长期债券投资在取得时,应当按照其实际成本作为投资成本。以货币资金购入的长期债券投资,按照实际支付的全部价款(包括购买价款以及税金、手续费等相关税费)作为投资成本,借记"长期投资"科目,贷记"银行存款"等科目;同时,按照投资成本金额,借记"事业基金"科目,贷记"非流动资产基金——长期投资"科目。

(2) 长期债券投资的利息。

长期债券投资持有期间收到利息时,按照实际收到的金额,借记"银行存款"等科目,贷记"其他收入——投资收益"科目。

(3) 长期债券投资的到期和转让。

对外转让或到期收回长期债券投资本息时,按照实际收到的金额,借记"银行存款"等科目,按照收回长期投资的成本,贷记"长期投资"科目,按照其差额,贷记或借记"其他收入——投资收益"科目;同时,按照收回长期投资对应的非流动资产基金,借记"非流动资产基金——长期投资"科目,贷记"事业基金"科目。

【例3-41】 某事业单位用银行存款购入2年期国债100 000元,票面年利率5%。

  借:长期投资——债券投资   100 000
    贷:银行存款   100 000
  借:事业基金   100 000
    贷:非流动资产基金——长期投资 100 000

【例3-42】 承【例3-41】 该事业单位2年后到期收回所购国债本金100 000元以及第2年利息5 000元,款项存入银行。

借：银行存款　　　　　　　　　　　　　　　　　105 000
　　贷：长期投资——债券投资　　　　　　　　　　100 000
　　　　其他收入——投资收益　　　　　　　　　　　5 000
借：非流动资产基金——长期投资　　　　　　　　　100 000
　　贷：事业基金　　　　　　　　　　　　　　　　100 000

【例3-43】　某事业单位用一项固定资产对外投资,固定资产的账面余额为150 000元,已计提折旧50 000元。其评估价为110 000元,评估费为1 000元,已用银行存款支付。

借：长期投资——股权投资　　　　　　　　　　　　111 000
　　贷：非流动资产基金——长期投资　　　　　　　111 000
借：其他支出　　　　　　　　　　　　　　　　　　　1 000
　　贷：银行存款　　　　　　　　　　　　　　　　　1 000
借：非流动资产基金——固定资产　　　　　　　　　100 000
　　累计折旧　　　　　　　　　　　　　　　　　　 50 000
　　贷：固定资产　　　　　　　　　　　　　　　　150 000

【例3-44】　某事业单位的一项长期投资取得投资收益30 000元,款项已存入银行。

借：银行存款　　　　　　　　　　　　　　　　　　30 000
　　贷：其他收入——投资收益　　　　　　　　　　 30 000

【例3-45】　某事业单位将一项长期股权投资转让给其他单位,该项长期股权投资的账面余额为300 000元,经商议,转让价为320 000元,已经收到并存入银行;转让过程中发生相关税费16 000元,已用银行存款支付。

① 将长期股权投资转入待处置状态。

借：待处置资产损溢——处置资产价值　　　　　　300 000
　　贷：长期投资——股权投资　　　　　　　　　 300 000

② 实际转让时。

借：非流动资产基金——长期投资　　　　　　　　300 000
　　贷：待处置资产损溢——处置资产价值　　　　 300 000

③ 收到转让价款。

借：银行存款　　　　　　　　　　　　　　　　　320 000
　　贷：待处置资产损溢——处置净收入　　　　　 320 000

④ 支付相关税费。

借：待处置资产损溢——处置净收入　　　　　　　 16 000
　　贷：银行存款　　　　　　　　　　　　　　　　16 000

⑤ 处置净收入。

借：待处置资产损溢——处置净收入　　　　　　　304 000
　　贷：应缴国库款　　　　　　　　　　　　　　 304 000

二、固定资产

（一）固定资产的内容

固定资产,是指事业单位持有的使用期限超过1年(不含1年)、单位价值在规定标准以上,并在使用过程中基本保持原有物质形态的资产。

《事业单位财务规则》对固定资产的单位价值标准进行了规范,通用设备单位价值在1 000元以上,专用设备单位价值在1 500元以上;单位价值虽未达到规定标准,但是耐用期限在1年以上的大批同类物资,也作为固定资产进行核算和管理。

事业单位的固定资产一般分为六类:(1)房屋及构筑物;(2)专用设备;(3)通用设备;(4)文物和陈列品;(5)图书、档案;(6)家具、用具、装具及动植物。

（二）科目设置

事业单位设置"固定资产"科目,核算事业单位固定资产的原价。事业单位应当根据固定资产定义,结合本单位的具体情况,制定适合本单位的固定资产目录、具体分类方法,作为进行固定资产核算的依据。事业单位应当设置"固定资产登记簿"和"固定资产卡片",按照固定资产类别、项目和使用部门等进行明细核算。出租、出借的固定资产,应当设置备查簿进行登记。本科目期末借方余额,反映事业单位固定资产的原价。

事业单位"固定资产"科目核算的内容包括:

1. 符合前述事业单位固定资产定义的资产。

2. 对于应用软件,如果其构成相关硬件不可缺少的组成部分,应当将该软件价值包括在所属硬件价值中,一并作为固定资产进行核算;如果其不构成相关硬件不可缺少的组成部分,应当将该软件作为无形资产核算。

3. 以融资租赁租入的固定资产,作为事业单位的固定资产核算;以经营租赁租入的固定资产,不作为固定资产核算,应当另设备查簿进行登记。

4. 购入需要安装的固定资产,应当先通过"在建工程"科目核算,安装完毕交付使用时再转入本科目核算。

（三）账务处理

1. 固定资产的取得

固定资产的取得主要包括购入、自行建造、改扩建、融资租赁、接受捐赠、无偿调入等。固定资产在取得时,应当按照其实际成本入账。

（1）购入的固定资产。

事业单位以货币资金购入固定资产时,其成本包括购买价款、相关税费以及固定资产交付使用前所发生的可归属于该项资产的运输费、装卸费、安装调试费和专业人员服务费等。以一笔款项购入多项没有单独标价的固定资产,按照各项固定资产同类或类似资产市场价格的比例对总成本进行分配,分别确定各项固定资产的入账成本。

购入不需安装的固定资产,按照确定的固定资产成本,借记"固定资产"科目,贷记"非流动资产基金——固定资产"科目;同时,按照实际支付金额,借记"事业支出"、"经营支出"、"专用基金——修购基金"等科目,贷记"财政补助收入"、"零余额账户用款额度"、"银行存款"等科目。

购入需要安装的固定资产,先通过"在建工程"科目核算。安装完工交付使用时,借记"固定资产"科目,贷记"非流动资产基金——固定资产"科目;同时,借记"非流动资产基金——在建工程"科目,贷记"在建工程"科目。

购入固定资产扣留质量保证金的,应当在取得固定资产时,按照确定的成本,借记"固定资产"科目(不需安装)或"在建工程"科目(需要安装),贷记"非流动资产基金——固定资产、在建工程"科目。同时取得固定资产全款发票的,应当同时按照构成资产成本的全部支出金额,借记"事业支出"、"经营支出"、"专用基金——修购基金"等科目,按照实际支付金额,贷记"财政补助收入"、"零余额账户用款额度"、"银行存款"等科目,按照扣留的质量保证金,贷记"其他应付款"[扣留期在1年以内(含1年)]或"长期应付款"(扣留期超过1年)科目;取得的发票金额不包括质量保证金的,应当同时按照不包括质量保证金的支出金额,借记"事业支出"、"经营支出"、"专用基金——修购基金"等科目,贷记"财政补助收入"、"零余额账户用款额度"、"银行存款"等科目。质保期满支付质量保证金时,借记"其他应付款"、"长期应付款"科目,或借记"事业支出"、"经营支出"、"专用基金——修购基金"等科目,贷记"财政补助收入"、"零余额账户用款额度"、"银行存款"等科目。

(2)自行建造的固定资产。

事业单位自行建造的固定资产,其成本包括建造该项资产至交付使用前所发生的全部必要支出。工程完工交付使用时,按自行建造过程中发生的实际支出,借记"固定资产"科目,贷记"非流动资产基金——固定资产"科目;同时,借记"非流动资产基金——在建工程"科目,贷记"在建工程"科目。已交付使用但尚未办理竣工决算手续的固定资产,按照估计价值入账,待确定实际成本后再进行调整。

(3)固定资产的改建、扩建、修缮。

在原有固定资产基础上进行改建、扩建、修缮后的固定资产,其成本按照原固定资产账面价值("固定资产"科目账面余额减去"累计折旧"科目账面余额后的净值)加上改建、扩建、修缮发生的支出,再扣除固定资产拆除部分的账面价值后的金额确定。

将固定资产转入改建、扩建、修缮时,按固定资产的账面价值,借记"在建工程"科目,贷记"非流动资产基金——在建工程"科目;同时,按固定资产对应的非流动资产基金,借记"非流动资产基金——固定资产"科目,按固定资产已计提折旧,借记"累计折旧"科目,按固定资产的账面余额,贷记"固定资产"科目。工程完工交付使用时,借记"固定资产"科目,贷记"非流动资产基金——固定资产"科目;同时,借记"非流动资产基金——在建工程"科目,贷记"在建工程"科目。

(4)融资租入的固定资产。

事业单位以融资租赁方式租入的固定资产,其成本按照租赁协议或者合同确定的租赁价款、相关税费以及固定资产交付使用前所发生的可归属于该项资产的运输费、途中保险费、安装调试费等确定。

取得固定资产时,按照确定的成本,借记"固定资产"科目(不需安装)或"在建工程"科目(需安装),按照租赁协议或者合同确定的租赁价款,贷记"长期应付款"科目,按照其差额,贷记"非流动资产基金——固定资产、在建工程"科目。同时,按照实际支付的相关税费、运输费、途中保险费、安装调试费等,借记"事业支出"、"经营支出"等科目,贷记"财政补助收入"、"零余额账户用款额度"、"银行存款"等科目。

定期支付租金时,按照支付的租金金额,借记"事业支出"、"经营支出"等科目,贷记"财政补助收入"、"零余额账户用款额度"、"银行存款"等科目;同时,借记"长期应付款"科目,贷记"非流动资产基金——固定资产"科目。

跨年度分期付款购入固定资产的账务处理,参照融资租入固定资产。

(5) 接受捐赠、无偿调入的固定资产。

事业单位接受捐赠、无偿调入固定资产时,其成本按照有关凭据注明的金额加上相关税费、运输费等确定;没有相关凭据的,其成本比照同类或类似固定资产的市场价格加上相关税费、运输费等确定;没有相关凭据、同类或类似固定资产的市场价格也无法可靠取得的,该固定资产按照名义金额入账。

接受捐赠、无偿调入的固定资产,按照确定的固定资产成本,借记"固定资产"科目(不需安装)或"在建工程"科目(需安装),贷记"非流动资产基金——固定资产、在建工程"科目;按照发生的相关税费、运输费等,借记"其他支出"科目,贷记"银行存款"等科目。

2. 固定资产的折旧

按月计提固定资产折旧时,按照实际计提金额,借记"非流动资产基金——固定资产"科目,贷记"累计折旧"科目。关于固定资产折旧的范围、方法等详细情况参见"累计折旧"科目。

3. 固定资产的后续支出

与固定资产有关的后续支出,应分别以下情况处理:

(1) 为增加固定资产使用效能或延长其使用年限而发生的改建、扩建或修缮等后续支出,应当计入固定资产成本,通过"在建工程"科目核算,完工交付使用时转入本科目。有关账务处理参见"在建工程"科目。

(2) 为维护固定资产的正常使用而发生的日常修理等后续支出,应当计入当期支出但不计入固定资产成本,借记"事业支出"、"经营支出"等科目,贷记"财政补助收入"、"零余额账户用款额度"、"银行存款"等科目。

4. 固定资产的处置

固定资产的处置方式包括出售、对外捐赠、无偿调出、对外投资等。

(1) 出售、对外捐赠、无偿调出固定资产。

转入待处置资产时,按照待处置固定资产的账面价值,借记"待处置资产损溢"科目,按照已计提折旧,借记"累计折旧"科目,按照固定资产的账面余额,贷记"固定资产"科目。

实际出售、捐出、调出时,按照处置固定资产对应的非流动资产基金,借记"非流动资产基金——固定资产"科目,贷记"待处置资产损溢"科目。

出售固定资产过程中取得价款、发生相关税费,以及出售价款扣除相关税费后的净收入的账务处理,参见"待处置资产损溢"科目或【例3-55】。

(2) 以固定资产对外投资。

事业单位以固定资产取得长期股权投资时,按照评估价值加上相关税费作为投资成本,借记"长期投资"科目,贷记"非流动资产基金——长期投资"科目,按发生的相关税费,借记"其他支出"科目,贷记"银行存款"、"应缴税费"等科目;同时,按照投出固定资产对应的非流动资产基金,借记"非流动资产基金——固定资产"科目,按照投出固定资产已计提折旧,借记"累计折旧"科目,按照投出固定资产的账面余额,贷记"固定资产"科目。

5. 固定资产的清查盘点

事业单位的固定资产应当定期进行清查盘点,每年至少盘点一次。对于发生的固定资产盘盈、盘亏或者报废、毁损,应当及时查明原因,按规定报经批准后进行账务处理。

（1）盘盈的固定资产。

按照同类或类似固定资产的市场价格确定入账价值;同类或类似固定资产的市场价格无法可靠取得的,按照名义金额入账。盘盈的固定资产,按照确定的入账价值,借记"固定资产"科目,贷记"非流动资产基金——固定资产"科目。

（2）盘亏或者毁损、报废的固定资产。

转入待处置资产时,按照待处置固定资产的账面价值,借记"待处置资产损溢"科目,按照已计提折旧,借记"累计折旧"科目,按照固定资产的账面余额,贷记"固定资产"科目。

报经批准予以处置时,按照处置固定资产对应的非流动资产基金,借记"非流动资产基金——固定资产"科目,贷记"待处置资产损溢"科目。

处置毁损、报废固定资产过程中所取得的收入、发生的相关费用,以及处置收入扣除相关费用后的净收入的账务处理,参见"待处置资产损溢"科目。

【例 3-46】 某事业单位通过财政零余额账户用政府采购方式购入一批不需要安装的办公设备,价值 20 000 元(不考虑增值税),已通过验收并已交付使用。

　　借：固定资产　　　　　　　　　　　　　　20 000
　　　　贷：非流动资产基金——固定资产　　　　　20 000
　　借：事业支出　　　　　　　　　　　　　　20 000
　　　　贷：财政补助收入　　　　　　　　　　　　20 000

【例 3-47】 某事业单位购入的一台需要安装的专业检测设备现已安装完毕并已交付使用,设备价款 50 000 元(不考虑增值税),安装费 3 000 元。

　　借：固定资产　　　　　　　　　　　　　　53 000
　　　　贷：非流动资产基金——固定资产　　　　　53 000
　　借：非流动资产基金——在建工程　　　　　53 000
　　　　贷：在建工程　　　　　　　　　　　　　　53 000

【例 3-48】 某事业单位通过单位零余额账户购入路由器、集线器各一台,设备价款共计 8 000 元(不考虑增值税),运输费等 200 元,设备已验收并交付使用。两台设备没有单独标价,按同类设备的市场价格比例计算,路由器价值为 6 400 元,集线器价值为 1 600 元。

运费分配率 = 200 ÷ (6 400 + 1 600) × 100% = 2.5%

路由器入账成本 = 6 400 × (1 + 2.5%) = 6 560 元

集线器入账成本 = 1 600 × (1 + 2.5%) = 1 640 元

　　借：固定资产——路由器　　　　　　　　　　6 560
　　　　　　　　——集线器　　　　　　　　　　1 640

  贷：非流动资产基金——固定资产   8 200
 借：事业支出   8 200
  贷：零余额账户用款额度   8 200

【例3-49】 某事业单位购入25台计算机(不需要安装)，价值150 000元(不考虑增值税)，已验收并已交付使用。根据合同规定，取得该批计算机时通过单位零余额账户支付总价的80%，计120 000元(发票金额120 000元)。其余款项为扣留的质量保证金，如果购入的计算机质量无问题，在3个月以后支付。

 借：固定资产   150 000
  贷：非流动资产基金——固定资产   150 000
 借：事业支出   120 000
  贷：零余额账户用款额度   120 000

【例3-50】 某事业单位自行建造的一台安全检查设备完工，已验收并交付使用，其造价28 000元。

 借：固定资产   28 000
  贷：非流动资产基金——固定资产   28 000
 借：非流动资产基金——在建工程   28 000
  贷：在建工程   28 000

【例3-51】 某事业单位对原有的一项通信设备进行扩建以提升其效能，该设备的账面原价80 000元，已提折旧20 000元。此次扩建支出30 000元已通过单位零余额账户支付，工程已完工并已交付使用。

 ① 将该设备转入在建状态。
 借：在建工程   60 000
  贷：非流动资产基金——在建工程   60 000
 借：非流动资产基金——固定资产   60 000
   累计折旧   20 000
  贷：固定资产   80 000
 ② 支付扩建费用。
 借：在建工程   30 000
  贷：非流动资产基金——在建工程   30 000
 借：事业支出   30 000
  贷：零余额账户用款额度   30 000
 ③ 扩建工程完工，交付使用。
 借：固定资产   90 000
  贷：非流动资产基金——固定资产   90 000
 借：非流动资产基金——在建工程   90 000
  贷：在建工程   90 000

【例3-52】 某事业单位与AX设备供应商签订协议，以融资租赁方式租入一台专用设备(不需要安装)，价值500 000元(不考虑增值税)，租赁期5年，每年年末用银行存款支付租金 100 000 元;运输费等 1 000 元,已用银行存款支付;租赁期满该设备归事业单位使用。

① 事业单位收到供应商交付的设备,并已支付 1 000 元运费。

  借:固定资产   501 000
    贷:长期应付款   500 000
      非流动资产基金——固定资产 1 000
  借:事业支出   1 000
    贷:银行存款   1 000

② 每年年末支付租金 100 000 元。

  借:事业支出   100 000
    贷:银行存款   100 000
  借:长期应付款   100 000
    贷:非流动资产基金——固定资产 100 000

【例 3-53】 某事业单位接受一批捐赠的图书,所附发票表明其价值为 20 000 元。同时收到捐赠的古董一件,没有相关证明其价值的凭据,也没有同类或者类似古董的市场价格。

  借:固定资产   20 000
    贷:非流动资产基金——固定资产 20 000
  借:固定资产   1
    贷:非流动资产基金——固定资产 1

【例 3-54】 某事业单位建立了固定资产折旧制度,根据"固定资产折旧计算表"本月应计提固定资产折旧共计 17 000 元。

  借:非流动资产基金——固定资产 17 000
    贷:累计折旧   17 000

【例 3-55】 某事业单位经主管部门和财政部门批准,将一批不需用的办公设备对外出售,其账面原价为 5 000 元,已提折旧 2 000 元,出售该批办公设备取得价款 3 300 元,款项已存入银行,出售该批办公设备应缴税费 165 元。

① 将办公设备转入待处置状态。

  借:待处置资产损溢——处置资产价值 3 000
    累计折旧   2 000
    贷:固定资产   5 000

② 实际出售时。

  借:非流动资产基金——固定资产 3 000
    贷:待处置资产损溢——处置资产价值 3 000

③ 收到价款。

  借:银行存款   3 300
    贷:待处置资产损溢——处置净收入 3 300

④ 应缴税费。

  借:待处置资产损溢——处置净收入 165
    贷:应缴税费   165

⑤ 结转净收入。

  借：待处置资产损溢——处置净收入   3 135
    贷：应缴国库款   3 135

【例 3-56】 某事业单位年终进行固定资产清查，盘盈复印设备一台，其市场参考价为 15 000 元。

  借：固定资产   15 000
    贷：非流动资产基金——固定资产   15 000

【例 3-57】 某事业单位年终进行固定资产清查，盘亏打印机一台，其账面原价为 3 000 元，已提折旧 1 200 元。

① 将盘亏打印机转入待处理资产，同时上报相关部门审批。

  借：待处置资产损溢   1 800
    累计折旧   1 200
    贷：固定资产   3 000

② 根据相关部门的批复，将盘亏打印机核销。

  借：非流动资产基金——固定资产   1 800
    贷：待处置资产损溢   1 800

三、累计折旧

折旧，是指在固定资产使用寿命内，按照确定的方法对应折旧金额进行系统分摊。固定资产在使用过程中由于磨损等原因会导致其价值贬损，为真实反映固定资产的价值，事业单位可以建立固定资产折旧制度，对固定资产进行后续计量。

（一）科目设置

事业单位设置"累计折旧"科目，核算事业单位固定资产计提的累计折旧。本科目应当按照所对应固定资产的类别、项目等进行明细核算。本科目期末贷方余额，反映事业单位计提的固定资产折旧累计数。

（二）固定资产折旧范围

事业单位固定资产折旧的范围主要包括房屋及构筑物、专用设备、通用设备等。文物和陈列品、动植物、图书、档案、以名义金额计量的固定资产不提折旧。

（三）固定资产折旧方法

固定资产折旧方法指将应折旧金额在固定资产各使用期间进行分配时所采用的具体计算方法。

应折旧金额是指应当计提折旧的固定资产的原价扣除其预计净残值后的金额。事业单位固定资产的应折旧金额为其成本，计提事业单位固定资产折旧不考虑预计净残值。

事业单位一般应当采用年限平均法或工作量法计提固定资产折旧。

1. **年限平均法**

又称直线法，是指将固定资产的应折旧金额均衡地分摊到固定资产预计使用年限内的方法。采用这种方法计算的每期折旧额相等。其计算公式如下：

年折旧额＝固定资产原价÷预计使用年限

月折旧额＝固定资产年折旧额÷12

2. 工作量法

是根据实际工作量计算每期应计提折旧额的一种方法。其计算公式为：

单位工作量折旧额＝固定资产原价÷预计总工作量

某项固定资产月折旧额＝该项固定资产当月工作量×单位工作量折旧额

事业单位应当根据固定资产的性质和实际使用情况，合理确定其折旧年限。省级以上财政部门、主管部门对事业单位固定资产折旧年限做出规定的，从其规定。事业单位固定资产的折旧年限一般为其预计使用年限。

事业单位一般应当按月计提固定资产折旧。当月增加的固定资产，当月不提折旧，从下月起计提折旧；当月减少的固定资产，当月照提折旧，从下月起不提折旧。固定资产提足折旧后，无论能否继续使用，均不再计提折旧；提前报废的固定资产，也不再补提折旧。已提足折旧的固定资产，可以继续使用的，应当继续使用，规范管理。

计提融资租入固定资产折旧时，应当采用与自有固定资产相一致的折旧政策。能够合理确定租赁期届满时将会取得租入固定资产所有权的，应当在租入固定资产尚可使用年限内计提折旧；无法合理确定租赁期届满时能够取得租入固定资产所有权的，应当在租赁期与租入固定资产尚可使用年限两者中较短的期间内计提折旧。

固定资产因改建、扩建或修缮等原因而延长其使用年限的，应当按照重新确定的固定资产的成本以及重新确定的折旧年限，重新计算折旧额。

（四）账务处理

为了兼顾预算管理和财务管理双重需要，既不影响事业单位支出的预算口径，又有利于反映资产随着时间推移和使用程度发生的价值消耗情况，事业单位固定资产采用"虚提"折旧模式，在计提折旧时冲减相关净资产，而非计入当期支出。

1. 按月计提固定资产折旧时，按照应计提折旧金额，借记"非流动资产基金——固定资产"科目，贷记累计折旧科目。

2. 固定资产处置时，按照所处置固定资产的账面价值，借记"待处置资产损溢"科目，按照已计提折旧，借记累计折旧科目，按照固定资产的账面余额，贷记"固定资产"科目。

【例3-58】 某事业单位根据相关规定，本月应计提固定资产折旧150 000元。

借：非流动资产基金——固定资产　　　　　150 000
　　贷：累计折旧　　　　　　　　　　　　　　　　　　150 000

【例3-59】 某事业单位年终进行固定资产清查，盘亏计算机一台，其账面原价为10 000元，已提折旧8 000元。

① 将盘亏计算机转入待处理资产，同时上报相关部门审批。

借：待处置资产损溢　　　　　　　　　　　2 000
　　累计折旧　　　　　　　　　　　　　　8 000
　　贷：固定资产　　　　　　　　　　　　　　　　　10 000

② 经批准予以核销。
  借：非流动资产基金——固定资产   2 000
    贷：待处置资产损溢   2 000

【例 3-60】 某事业单位经过批准将一台复印机对外捐赠，该复印机账面原价为 12 000 元，已提折旧 5 000 元。

① 将复印机转入待处置状态。
  借：待处置资产损溢   7 000
    累计折旧   5 000
    贷：固定资产   12 000

② 实际捐出时。
  借：非流动资产基金——固定资产   7 000
    贷：待处置资产损溢   7 000

四、在建工程

在建工程，是指事业单位已经发生必要支出，但尚未达到交付使用状态的建设工程。主要包括建筑工程和设备安装工程，建筑工程是指为新建、改建或扩建房屋建筑物和附属构筑物而进行的工程项目，设备安装工程是指为保证设备的正常运转而进行的设备装配、调试工程项目。在建工程达到交付使用状态时，应当按照规定办理工程竣工财务决算和资产交付使用。

（一）科目设置

事业单位设置"在建工程"科目，核算事业单位已经发生必要支出，但尚未完工交付使用的各种建筑（包括新建、改建、扩建、修缮等）和设备安装工程的实际成本。本科目应当按照工程性质和具体工程项目等进行明细核算。本科目期末借方余额，反映事业单位尚未完工的在建工程发生的实际成本。

事业单位的基本建设投资应当按照国家有关规定单独建账、单独核算，同时按照本制度的规定至少按月并入本科目及其他相关科目反映。事业单位应当在本科目下设置"基建工程"明细科目，核算由基建账套并入的在建工程成本。

（二）账务处理

1. 建筑工程

（1）建筑工程转入。

事业单位将固定资产转入改建、扩建或修缮等时，按照固定资产的账面价值，借记"在建工程"科目，贷记"非流动资产基金——在建工程"科目；同时，按照固定资产对应的非流动资产基金，借记"非流动资产基金——固定资产"科目，按照已计提折旧，借记"累计折旧"科目，按照固定资产的账面余额，贷记"固定资产"科目。

（2）建筑工程价款结算。

事业单位根据工程价款结算账单与施工企业结算工程价款时，按照实际支付的工程价款，借记"在建工程"科目，贷记"非流动资产基金——在建工程"科目；同时，借记"事业支出"等科目,贷记"财政补助收入"、"零余额账户用款额度"、"银行存款"等科目。

(3) 建筑工程借款利息。

事业单位为建筑工程借入的专门借款的利息,属于建设期间发生的,计入在建工程成本,借记"在建工程"科目,贷记"非流动资产基金——在建工程"科目;同时,借记"其他支出"科目,贷记"银行存款"科目。

(4) 建筑工程完工交付使用。

工程完工交付使用时,按照建筑工程所发生的实际成本,借记"固定资产"科目,贷记"非流动资产基金——固定资产"科目;同时,借记"非流动资产基金——在建工程"科目,贷记"在建工程"科目。

2. 设备安装

(1) 购入需要安装的设备。

取得设备尚未安装时,按照确定的成本,借记"在建工程"科目,贷记"非流动资产基金——在建工程"科目;同时,按照实际支付金额,借记"事业支出"、"经营支出"等科目,贷记"财政补助收入"、"零余额账户用款额度"、"银行存款"等科目。

融资租入需要安装的设备,按照确定的成本,借记"在建工程"科目,按照租赁协议或者合同确定的租赁价款,贷记"长期应付款"科目,按照其差额,贷记"非流动资产基金——在建工程"科目。同时,按照实际支付的相关税费、运输费、途中保险费等,借记"事业支出"、"经营支出"等科目,贷记"财政补助收入"、"零余额账户用款额度"、"银行存款"等科目。

(2) 发生安装费用。

事业单位发生的安装费用,借记"在建工程"科目,贷记"非流动资产基金——在建工程"科目;同时,借记"事业支出"、"经营支出"等科目,贷记"财政补助收入"、"零余额账户用款额度"、"银行存款"等科目。

(3) 设备安装完工交付使用。

设备安装完工交付使用时,借记"固定资产"科目,贷记"非流动资产基金——固定资产"科目;同时,借记"非流动资产基金——在建工程"科目,贷记"在建工程"科目。

【例3-61】 某事业单位与AC公司签订协议,由AC公司为该事业单位修缮某办公大楼,工程为期3个月。该办公大楼账面原价8 000 000元,已计提折旧5 000 000元,此工程没有拆除事项。3个月后完工,通过财政零余额账户支付了工程款700 000元,该工程已通过验收并已交付使用。

① 借:在建工程——建筑工程　　　　　　　3 000 000
　　　贷:非流动资产基金——在建工程　　　　　　3 000 000
　　借:非流动资产基金——固定资产　　　　3 000 000
　　　　累计折旧　　　　　　　　　　　　5 000 000
　　　贷:固定资产　　　　　　　　　　　　　　　8 000 000
② 借:在建工程——建筑工程　　　　　　　　700 000
　　　贷:非流动资产基金——在建工程　　　　　　　700 000
　　借:事业支出　　　　　　　　　　　　　　700 000
　　　贷:财政补助收入　　　　　　　　　　　　　　700 000

③ 借：非流动资产基金——在建工程　　　　3 700 000
　　　贷：在建工程——建筑工程　　　　　　　　3 700 000
　　借：固定资产　　　　　　　　　　　　3 700 000
　　　贷：非流动资产基金——固定资产　　　　　3 700 000

【例3-62】 某事业单位购入一套需要安装的专业设备。设备价款及运输费等共计58 900元（不考虑增值税），安装过程中发生安装费2 100元，款项均已通过单位零余额账户支付。该设备已安装完工，通过验收并已交付使用。

① 借：在建工程——设备安装　　　　　　58 900
　　　贷：非流动资产基金——在建工程　　　　　58 900
　　借：事业支出　　　　　　　　　　　　58 900
　　　贷：零余额账户用款额度　　　　　　　　　58 900
② 借：在建工程——设备安装　　　　　　2 100
　　　贷：非流动资产基金——在建工程　　　　　2 100
　　借：事业支出　　　　　　　　　　　　2 100
　　　贷：零余额账户用款额度　　　　　　　　　2 100
③ 借：非流动资产基金——在建工程　　　　61 000
　　　贷：在建工程——设备安装　　　　　　　　61 000
　　借：固定资产　　　　　　　　　　　　61 000
　　　贷：非流动资产基金——固定资产　　　　　61 000

五、无形资产

无形资产，是指事业单位持有的没有实物形态的可辨认非货币性资产，包括专利权、商标权、著作权、土地使用权、非专利技术等。事业单位购入的不构成相关硬件不可缺少组成部分的应用软件，应当作为无形资产核算。

（一）科目设置

事业单位设置"无形资产"科目，核算事业单位无形资产的原价。本科目应当按照无形资产的类别、项目等进行明细核算。本科目期末借方余额，反映事业单位无形资产的原价。

（二）账务处理

1. 无形资产的取得

无形资产取得方式包括购入、委托软件公司开发、自行开发、接受捐赠、无偿调入等。无形资产在取得时，应当按照其实际成本入账。

（1）购入的无形资产。

事业单位外购的无形资产，其成本包括购买价款、相关税费以及可归属于该项资产达到预定用途所发生的其他支出。购入的无形资产，按照确定的无形资产成本，借记"无形资产"科目，贷记"非流动资产基金——无形资产"科目；同时，按照实际支付金额，借记"事业支出"等科目，贷记"财政补助收入"、"零余额账户用款额度"、"银行存款"等科目。

（2）委托软件公司开发的无形资产。

事业单位委托软件公司开发软件视同外购无形资产进行处理。支付软件开发费时,按照实际支付金额,借记"事业支出"等科目,贷记"财政补助收入"、"零余额账户用款额度"、"银行存款"等科目。软件开发完成交付使用时,按照软件开发费总额,借记"无形资产"科目,贷记"非流动资产基金——无形资产"科目。

（3）自行开发的无形资产。

事业单位自行开发并按法律程序申请取得的无形资产,按照依法取得时发生的注册费、聘请律师费等费用,借记"无形资产"科目,贷记"非流动资产基金——无形资产"科目;同时,借记"事业支出"等科目,贷记"财政补助收入"、"零余额账户用款额度"、"银行存款"等科目。依法取得前所发生的研究开发支出,应于发生时直接计入当期支出,借记"事业支出"等科目,贷记"银行存款"等科目。

（4）接受捐赠、无偿调入的无形资产。

事业单位接受捐赠、无偿调入的无形资产,其成本按照有关凭据注明的金额加上相关税费等确定;没有相关凭据的,其成本比照同类或类似无形资产的市场价格加上相关税费等确定;没有相关凭据、同类或类似无形资产的市场价格也无法可靠取得的,该资产按照名义金额入账。接受捐赠、无偿调入的无形资产,按照确定的无形资产成本,借记"无形资产"科目,贷记"非流动资产基金——无形资产"科目;按照发生的相关税费等,借记"其他支出"科目,贷记"银行存款"等科目。

2. 无形资产的摊销

按月计提无形资产摊销时,按照应计提摊销金额,借记"非流动资产基金——无形资产"科目,贷记"累计摊销"科目。有关无形资产的摊销方法等具体事宜详见"累计摊销"科目的核算。

3. 无形资产的后续支出

与无形资产有关的后续支出,应分别以下情况处理：

（1）为增加无形资产的使用效能而发生的后续支出,如对软件进行升级改造或扩展其功能等所发生的支出,应当计入无形资产的成本,借记"无形资产"科目,贷记"非流动资产基金——无形资产"科目;同时,借记"事业支出"等科目,贷记"财政补助收入"、"零余额账户用款额度"、"银行存款"等科目。

（2）为维护无形资产的正常使用而发生的后续支出,如对软件进行漏洞修补、技术维护等所发生的支出,应当计入当期支出但不计入无形资产成本,借记"事业支出"等科目,贷记"财政补助收入"、"零余额账户用款额度"、"银行存款"等科目。

4. 无形资产的处置

事业单位无形资产的处置方式包括转让、对外捐赠、无偿调出、对外投资等。

（1）转让、无偿调出、对外捐赠无形资产。

转入待处置资产时,按照待处置无形资产的账面价值,借记"待处置资产损溢"科目,按照已计提摊销,借记"累计摊销"科目,按照无形资产的账面余额,贷记"无形资产"科目。

实际转让、调出、捐出时,按照处置无形资产对应的非流动资产基金,借记"非流动资产基金——无形资产"科目,贷记"待处置资产损溢"科目。

转让无形资产过程中取得价款、发生相关税费,以及出售价款扣除相关税费后的净收入的账务处理,参见"待处置资产损溢"科目或【例3-66】。

(2) 以已入账无形资产对外投资。

事业单位以已入账无形资产取得长期股权投资时,按照评估价值加上相关税费作为投资成本,借记"长期投资"科目,贷记"非流动资产基金——长期投资"科目,按发生的相关税费,借记"其他支出"科目,贷记"银行存款"、"应缴税费"等科目;同时,按照投出无形资产对应的非流动资产基金,借记"非流动资产基金——无形资产"科目,按照投出无形资产已计提摊销,借记"累计摊销"科目,按照投出无形资产的账面余额,贷记"无形资产"科目。

5. 无形资产的核销

无形资产预期不能为事业单位带来服务潜力或经济利益的,应当按规定报经批准后将该无形资产的账面价值予以核销。

转入待处置资产时,按照待核销无形资产的账面价值,借记"待处置资产损溢"科目,按照已计提摊销,借记"累计摊销"科目,按照无形资产的账面余额,贷记"无形资产"科目。报经批准予以核销时,按照核销无形资产对应的非流动资产基金,借记"非流动资产基金——无形资产"科目,贷记"待处置资产损溢"科目。

【例3-63】 某事业单位用财政资金购入一项专利权,通过财政零余额账户支付购买价款、相关税费共计200 000元,已完成专利权属变更登记。

  借:无形资产   200 000
    贷:非流动资产基金——无形资产   200 000
  借:事业支出   200 000
    贷:财政补助收入   200 000

【例3-64】 某事业单位委托某软件公司开发一项应用软件,开发费用共计90 000元。根据合同规定,开发前事业单位先用财政资金,通过单位零余额账户支付预付款10 000元;软件开发完成交付使用时,再支付剩余款项。

① 预付10 000元款项时。

  借:预付账款   10 000
    贷:零余额账户用款额度   10 000

② 软件开发完成交付使用时,再支付剩余款项80 000元。

  借:无形资产   90 000
    贷:非流动资产基金——无形资产   90 000
  借:事业支出   90 000
    贷:零余额账户用款额度   80 000
      预付账款   10 000

【例3-65】 某事业单位自行开发一项专利技术,并按法律程序申请取得专利证书。开发研究该项技术前期发生支出共计92 000元,在发生时已计入当期事业支出。申请专利时通过单位零余额账户支付专利注册费、聘请律师费用共计5 950元。

  借:无形资产   5 950
    贷:非流动资产基金——无形资产   5 950
  借:事业支出   5 950

贷：零余额账户用款额度　　　　　　　　　　5 950

【例3-66】 某事业单位报主管部门和同级财政部门审批同意,将一项专有技术对外出售,该技术的账面余额为50 000元,已摊销20 000元。出售该专有技术取得价款32 000元,已存入银行;发生相关费用400元,已通过银行存款支付;按相关规定出售该专有技术的净收入应缴入国库。

① 将专有技术转入待处置状态。
　　借：待处置资产损溢——处置资产价值　　　30 000
　　　　累计摊销　　　　　　　　　　　　　　20 000
　　　　贷：无形资产　　　　　　　　　　　　　　50 000

② 实际出售时。
　　借：非流动资产基金——无形资产　　　　　　30 000
　　　　贷：待处置资产损溢——处置资产价值　　　30 000

③ 取得价款。
　　借：银行存款　　　　　　　　　　　　　　　32 000
　　　　贷：待处置资产损溢——处置净收入　　　　32 000

④ 支付相关费用。
　　借：待处理财产损溢——处置净收入　　　　　　400
　　　　贷：银行存款　　　　　　　　　　　　　　　400

⑤ 处置净收入。
　　借：待处置资产损溢——处置净收入　　　　　31 600
　　　　贷：应缴国库款　　　　　　　　　　　　　31 600

【例3-67】 某事业单位报经批准将一项软件技术捐赠给其他单位。该无形资产的账面余额为58 000元,已摊销17 000元。假设捐赠时没有发生其他费用。
　　借：待处置资产损溢　　　　　　　　　　　　41 000
　　　　累计摊销　　　　　　　　　　　　　　17 000
　　　　贷：无形资产　　　　　　　　　　　　　　58 000
　　借：非流动资产基金——无形资产　　　　　　41 000
　　　　贷：待处置资产损溢　　　　　　　　　　　41 000

【例3-68】 某事业单位一项软件技术已经落后于目前新技术,不能再为该单位带来服务潜力,经批准予以核销,该软件技术的账面余额为67 000元,累计摊销为62 000元。
　　借：待处置资产损溢　　　　　　　　　　　　5 000
　　　　累计摊销　　　　　　　　　　　　　　62 000
　　　　贷：无形资产　　　　　　　　　　　　　　67 000
　　借：非流动资产基金——无形资产　　　　　　5 000
　　　　贷：待处置资产损溢　　　　　　　　　　　5 000

六、累计摊销

摊销,是指在无形资产使用寿命内,按照确定的方法对应摊销金额进行系统分摊。为真实反映无形资产的价值,事业单位可以建立无形资产摊销制度,对无形资产进行后续计量。

(一) 科目设置

事业单位设置"累计摊销"科目,核算事业单位无形资产计提的累计摊销。本科目应当按照对应无形资产的类别、项目等进行明细核算。本科目期末贷方余额,反映事业单位计提的无形资产摊销累计数。

(二) 无形资产摊销范围

事业单位应当对无形资产进行摊销,以名义金额计量的无形资产除外。

(三) 无形资产摊销方法

事业单位应当采用年限平均法计提无形资产摊销。对无形资产计提摊销的金额,应当根据无形资产原价和摊销年限确定,应摊销金额为其成本。

年限平均法是指将无形资产的应摊销金额均衡地分摊到无形资产摊销期限内的方法。采用这种方法计算的每期摊销额相等。其计算公式如下:

$$年摊销额 = 无形资产原价 \div 预计使用年限$$

$$月摊销额 = 无形资产年摊销额 \div 12$$

事业单位应当按照如下原则确定无形资产的摊销年限:法律规定了有效年限的,按照法律规定的有效年限作为摊销年限;法律没有规定有效年限的,按照相关合同或单位申请书中的受益年限作为摊销年限;法律没有规定有效年限、相关合同或单位申请书也没有规定受益年限的,按照不少于10年的期限摊销。

事业单位应当自无形资产取得当月起,按月计提摊销。无形资产减少的当月,不再计提摊销。无形资产提足摊销后,无论能否继续带来服务潜力或经济利益,均不再计提摊销;核销的无形资产,如果未提足摊销,也不再补提摊销。因发生后续支出而增加无形资产成本的,应当按照重新确定的无形资产成本,重新计算摊销额。

(四) 账务处理

为了兼顾预算管理和财务管理双重需要,既不影响事业单位支出的预算口径,又有利于反映资产随着时间推移和使用程度发生的价值消耗情况,事业单位无形资产采用"虚提"摊销模式,在计提摊销时冲减相关净资产,而非计入当期支出。

1. 按月计提无形资产摊销时,按照应计提摊销金额,借记"非流动资产基金——无形资产"科目,贷记"累计摊销"科目。

2. 无形资产处置时,按照所处置无形资产的账面价值,借记"待处置资产损溢"科目,按照已计提摊销,借记"累计摊销"科目,按照无形资产的账面余额,贷记"无形资产"科目。

【例3-69】 某事业单位通过计算,本月应摊销无形资产7 200元。

借:非流动资产基金——无形资产　　　　　　7 200
　　贷:累计摊销　　　　　　　　　　　　　　　　7 200

【例 3-70】 某事业单位报经批准将一项软件技术捐赠给其他单位。该无形资产的账面余额为 29 000 元,已摊销 19 000 元。

  借:待处置资产损溢   10 000
    累计摊销   19 000
    贷:无形资产   29 000
  借:非流动资产基金——无形资产   10 000
    贷:待处置资产损溢   10 000

七、待处置资产损溢

资产处置,是指事业单位对其占有、使用的国有资产进行产权转让或者注销产权的行为。事业单位资产处置方式包括出售、出让、转让、对外捐赠、无偿调出、盘亏、报废、毁损以及货币性资产损失核销等。为加强国有资产的管理,合理处置事业单位的各项资产,正确反映资产的处置损溢,事业单位的资产处置应当单独设置账户进行核算。

(一)科目设置

事业单位设置"待处置资产损溢"科目,核算事业单位待处置资产的价值及处置损溢。本科目应当按照待处置资产项目进行明细核算;对于在处置过程中取得相关收入、发生相关费用的处置项目,还应设置"处置资产价值"、"处置净收入"明细科目,进行明细核算。本科目期末如为借方余额,反映尚未处置完毕的各种资产价值及净损失;期末如为贷方余额,反映尚未处置完毕的各种资产净溢余。年度终了报经批准处理后,本科目一般应无余额。

(二)账务处理

事业单位处置资产一般应当先记入本科目,按规定报经批准后及时进行账务处理。年度终了结账前一般应处理完毕。

1. 转入待处置资产

将各项核销、报废、毁损、对外捐赠、出售、出让、转让、无偿调出、盘亏的资产转入待处置资产时,按照待处置资产的账面价值借记"待处置资产损溢——处置资产价值"科目(处置固定资产、无形资产的,还应同时借记"累计折旧"、"累计摊销"科目),按照待处置资产的账面余额贷记相应的资产科目。

2. 处置资产

报经批准予以处置时,按照待处置资产的价值借记"其他支出"科目(应收及预付款项核销、处置存货等)或"非流动资产基金——长期投资、固定资产、无形资产等"科目,贷记"待处置资产损溢——处置资产价值"科目。

3. 变价收入与处置费用

处置资产取得的变价收入、保险理赔和过失人赔偿等,按照收到的金额,借记"库存现金"、"银行存款"等科目,贷记"待处置资产损溢——处置净收入"科目。处置过程中发生相关费用,按照支付的金额,借记"待处置资产损溢——处置净收入"科目,贷记"库存现金"、"银行存款"等科目。

4. 处置净收入

处置完毕,按照处置收入扣除相关处置费用后的净收入,借记"待处置资产损溢——处置净收入"科目,贷记"应缴国库款"等科目。

在前面讲解各项资产时,已经涉及了资产的处置业务,这里不再另行举例。

【练习题】

一、单项选择题

1. 事业单位流动资产的变现或耗用期限规定在( )。
   A. 一年以上   B. 一年以内
   C. 一个营业周期以内   D. 一个生产周期以内
2. 下列不属于应收款项的是( )。
   A. 应收账款,应收票据   B. 应收理赔款
   C. 其他应收款,备用金   D. 现金折扣,预收账款
3. 事业单位有一笔 20 000 元的赊售款项,规定的现金折扣条件是:2/10,1/20,n/30,客户如果在第 10 天付款,则应收账款的实收数额为( )。
   A. 19 600 元   B. 19 800 元   C. 20 000 元   D. 20 200 元
4. 某事业单位收到一张 3 月 1 日签发,面额为 1 万元,期限为 6 个月,利率为 10% 的票据,4 月 1 日持该票据到银行贴现,贴现率为 12%,则贴现所得为( )。
   A. 525   B. 9 975   C. 10 000   D. 10 500
5. 某事业单位对外提供商品,收到带息票据一张,面额为 100 000 元,利率为 9%,期限为 5 个月,则票据到期值为( )。
   A. 96 250   B. 100 000   C. 103 750   D. 145 000
6. 某事业单位对外提供商品,收到带息票据一张,面额为 60 000 元,利率为 8%,期限 5 个月,则票据到期值为( )。
   A. 58 000   B. 60 000   C. 62 000   D. 84 000
7. 事业单位购入材料验收入库时,应以( )。
   A. 购价作为材料入账价格
   B. 运杂费作为材料入账价格
   C. 购价加运杂费等采购费用作为材料入账价格
   D. 购价加运杂费再加差旅费作为材料入账价格
8. 事业单位购入存货,其成本不包括( )。
   A. 购买价款   B. 相关税费   C. 采购人员差旅费 D. 运输费等
9. 事业单位自用材料盘亏,按照实际成本贷记"存货"科目,借记( )。
   A. 经费支出   B. 经营收入   C. 经营支出   D. 待处置资产损溢
10. 事业单位材料盘亏时,按照实际成本借记"待处置资产损溢"科目,贷记( )。
    A. 材料   B. 原材料   C. 存货   D. 事业支出
11. 事业单位发出存货的计价方法有先进先出法、加权平均法和( )。

A. 后进后出法　　　B. 暂估法　　　C. 个别计价法　　　D. 独立计价法

12. 事业单位发出材料的计价方法有加权平均法、先进先出法和（　　）。
   A. 个别计价法　　B. 后进后出法　　C. 估价法　　　D. 独立计价法

13. 事业单位通过不定期的实地盘点，将实存款与账存款对比，来查明存货溢余或短少的原因，是存货盘存的（　　）。
   A. 实地盘存在制　B. 定期盘存制　　C. 永续盘存制　　D. 不定期盘存制

14. 事业单位会计中，虽然单位价值不足固定资产标准，但耐用时间在一年以上的（　　）。
   A. 大批同类资产，也作为固定资产管理　　B. 资产，也作为固定资产管理
   C. 设备，也作为固定资产管理　　　　　　D. 图书，也作为固定资产管理

15. 固定资产是指使用期限超过1年（不含1年），单位价值在规定标准以上，并且在使用过程中基本（　　）。
   A. 可以利用的资产　　　　　　　　B. 使用原有物质形态的资产
   C. 可以使用的资产　　　　　　　　D. 保持原有物质形态的资产

16. 事业单位的固定资产一般不包括（　　）。
   A. 房屋和构筑物　　　　　　　　　B. 通用设备和专用设备
   C. 文物和陈列品　　　　　　　　　D. 包装物

17. 下列关于事业单位固定资产计价说法正确的是（　　）。
   A. 盘盈的固定资产，应按重置完全价值入账
   B. 接受捐赠的固定资产，应按捐赠方确认的价值入账
   C. 融资租入的固定资产，应按第一期交纳的租赁费入账
   D. 自行建造的固定资产的成本包括建造该项资产到交付使用前发生的全部必要支出

18. 事业单位在清理报废、毁损固定资产时发生的清理费用计入（　　）。
   A. 事业支出　　　　　　　　　　　B. 经营支出
   C. 成本费用　　　　　　　　　　　D. 待处置资产损溢——处置净收入

19. 事业单位转让固定资产所得变价收入应记入（　　）。
   A. 固定基金　　B. 其他收入　　C. 事业收入　　D. 待处置资产损溢

20. 某事业单位购入一台设备，买价为12 000元（不考虑增值税），运杂费100元，安装费150元，差旅费200元，则该台设备的入账价格为（　　）。
   A. 12 100元　　B. 12 150元　　C. 12 250元　　D. 12 450元

21. 某事业单位建造房屋一栋，部分基建资金向银行借入，贷款金额125万元，期限2年，每年须向银行支付的基建借款利息为10万元，在建造过程中，共发生各项基建支出1 000万元，2年后工程竣工并办理决算手续，则该栋房屋的入账价值为（　　）。
   A. 1 000万元　　B. 1 010万元　　C. 1 020万元　　D. 1 145万元

22. 在建工程是指行政事业单位已经发生必要支出，但（　　）。
   A. 正在建设的基建工程　　　　　　B. 正在建设的改造工程
   C. 正在安装的工程　　　　　　　　D. 尚未交付使用的建设工程

23. 下列不属于事业单位无形资产的是（　　）。
   A. 非专利权技术　　B. 著作权　　C. 专利权　　D. 土地所有权

24. 关于事业单位的无形资产的说法不正确的是(   )。
   A. 无形资产有物质形态   B. 能为事业单位带来未来利益
   C. 有效年限超过一年   D. 无形资产不计提折旧
25. 事业单位转让无形资产,在计算应交营业税时,应借记(   )。
   A. 事业支出   B. 经营支出   C. 其他支出   D. 待处置资产损溢
26. 事业单位向外转让已入账的无形资产的所有权,其转让收入应(   )。
   A. 贷记"事业收入"科目   B. 贷记"待处置资产损溢"科目
   C. 贷记"其他收入"科目   D. 借记"待处置资产损溢"科目
27. 开户单位不可以使用现金的情况有(   )。
   A. 职工工资   B. 个人劳动报酬
   C. 出差人员必须随身携带的差旅费 D. 向银行借款 10 万元
28. 以下说法错误的是(   )。
   A. 采用先进先出法,当物价上涨时,会高估当期结余和库存存货价值
   B. 采用先进先出法,当物价上涨时,会低估当期结余和库存存货价值
   C. 采用后进先出法,当物价下降时,会高估当期结余和库存存货价值
   D. 采用后进先出法,当物价上涨时,会低估当期结余和库存存货价值

二、多项选择题

1. 引起事业单位固定资产减少的因素有(   )。
   A. 出售   B. 报废   C. 毁损   D. 投资转出
2. 引起事业单位固定资产增加的因素有(   )。
   A. 购入   B. 融资租入   C. 临时租入   D. 接受捐赠
3. 计入购入固定资产价值的费用项目有(   )。
   A. 支付的买价   B. 税金   C. 运杂费   D. 安装费
4. 无形资产包括(   )。
   A. 专利权   B. 非专利技术   C. 商标权   D. 土地使用权
5. 事业单位的资产包括(   )。
   A. 流动资产   B. 固定资产和在建工程
   C. 无形资产   D. 长期投资
6. 事业单位购入的材料应按实际支付的含税价格计算的有(   )。
   A. 不从事经营活动的事业单位购入的材料
   B. 确认为小规模纳税人的事业单位购入的材料
   C. 确认为一般规模纳税人的事业单位用于经营用的材料
   D. 确认为一般规模纳税人的事业单位用于非经营用的材料
7. 事业单位可用于对外投资的资产有(   )。
   A. 货币资金   B. 材料   C. 固定资产   D. 无形资产
8. 事业单位固定资产的计价方法有(   )。
   A. 实际成本   B. 市场价值   C. 评估价值   D. 名义金额

9. 对于入账的固定资产,有可能变动其价值的情况有( )。
A. 原记录有错误 B. 改良装置
C. 市价变动 D. 以实际价调整原暂估价
10. 下列属于应收款项内容的有( )。
A. 应收票据 B. 预付账款 C. 其它应收款 D. 应收账款

三、判断题

1. 事业单位的资产是事业单位占有或者使用的能以货币计量的经济资源。 ( )
2. 事业单位的"存货"科目,可根据单位业务的特点,自行设置明细科目。 ( )
3. 事业单位预付给内部单位的备用金列为"预付账款"。 ( )
4. 事业单位预付给本单位职工的差旅费,记入"暂付款"科目。 ( )
5. 事业单位预付给本单位职工的差旅费,记入"其他应收款"科目。 ( )
6. 事业单位在与银行对账过程中,发现未达账项时,应编制"银行存款余额调节表"进行调节,并据此进行账面调整。 ( )
7. 事业单位从事经营活动并确认为小规模纳税人的,其购进材料的非经营用部分,按实际支付的不含税价格计算。 ( )
8. 行政事业单位以支付对价方式取得的资产,应当按照取得资产时支付的现金或者现金等价物的金额,以及所付出的非货币性资产的评估价值等金额计量。 ( )
9. 事业单位外购固定资产,支付的运杂费计入"固定资产"。 ( )
10. 事业单位对于材料已到,结算凭证未到,货款尚未支付的外购业务,月末按材料的暂估价格计价入账,并于下月初用红字做同样的记账凭证予以冲回。 ( )
11. 财政部门对事业单位的财政应返还额度采用先注销后恢复的管理办法。 ( )
12. 事业单位租入的固定资产,均在"固定资产"科目内核算。 ( )
13. 事业单位盘盈固定资产时,按账面价值,借记固定资产科目,贷记非流动资产基金科目。 ( )
14. 事业单位融资租入的固定资产,由于所有权不属于本单位,所以不列为"固定资产"进行管理和核算。 ( )
15. 根据有关规定,事业单位通用设备的单位价值应在1 000元以上,专用设备的单位价值应在1 500元以上。 ( )
16. 事业单位购置固定资产过程中发生的差旅费应计入固定资产价值。 ( )
17. 事业单位在清理报废、毁损固定资产时发生的残值变价收入列为"其他收入"。 ( )
18. 银行存款日记账应定期与银行对账单核对,至少每季核对一次。 ( )
19. 事业单位将无形资产摊销时,应一次摊销记入"非流动资产基金——无形资产"科目。 ( )
20. 某项商标权,法律规定的有效期限为10年,而合同中未规定受益期限,则应按法定有效期限10年平均摊销。 ( )
21. 某项非专利技术,法律未规定有效期限,而合同中规定该项技术受益年限为8年,则

该项无形资产应在规定的受益年限8年平均摊销。   （ ）
22. 票据转让后,原票据持有单位不再负有任何责任。   （ ）
23. 单位账面余额与银行对账单余额产生差额的原因是由于单位会计人员的记账错误所致。   （ ）
24. 对未达账项进行调节的方法是将本单位的"银行存款"余额和"银行对账单"余额,各自加进对方已付而本单位未付的未达账项,减去对方已收而本单位未收的未达账项,检查两余额是否相等。   （ ）
25. 现行《事业单位会计准则》、《事业单位财务规则》既要求事业单位提取修购基金,又要求事业单位提取折旧。   （ ）

四、填空题

1. 银行存款是指行政事业单位存在银行和_____的各种款项。
2. 事业单位的材料出库时,可以根据实际情况选择_____、加权平均法或个别计价法等确定其实际成本。
3. 财政零余额账户用于财政直接支付;单位零余额账户用于_____。
4. 事业单位盘盈的存货,借记"存货"科目,贷记_____。
5. 事业单位的无形资产主要包括专利权、非专利技术、著作权、商标权和_____。
6. 事业单位在原有基础上进行改建、扩建的固定资产,应按原固定资产账面价值加上改建、扩建发生的支出,再扣除固定资产拆除部分的_____后的金额确定。
7. 引起事业单位固定资产增加的因素有购入、调入、自制、接受投资、盘盈、改扩建后形成的以及_____。
8. 事业单位自行开发并按法律程序申请取得的无形资产,按照依法取得时发生的_____、聘请律师费等费用,借记"无形资产"科目。
9. 事业单位盘亏固定资产时,按固定资产的_____贷记"固定资产"科目。
10. 事业单位的固定资产是指使用年限在_____以上,单位价值在规定标准以上,并在使用过程中基本保持原来物质形态的资产。
11. 无形资产是指不具有实物形态但能为事业单位提供_____的资产。

五、名词解释

1. 事业单位的存货 2. 固定资产 3. 无形资产 4. 流动资产 5. 折旧

六、简答题

1. 简述事业单位库存现金的概念及管理要求。
2. 简述事业单位银行存款的概念及管理要求。
3. 简述"应收账款"总账科目的具体核算方法。
4. 简述事业单位固定资产的分类情况。
5. 简述现行事业单位会计制度为核算非流动资产业务设置了哪些总账科目。

七、会计处理题

根据某事业单位(简称甲单位)的经济业务编制会计分录。

该事业单位为小规模纳税人,增值税税率3%,经营活动中实行内部成本核算。

1. 甲单位使用事业经费给本单位职工发工资90 000元,款项通过财政零余额账户支付。
2. 单位零余额账户代理银行转来的财政授权支付到账通知书,反映该单位获得本月财政授权支付额度50 000元。
3. 开出现金支票,从单位零余额账户提取现金3 000元。
4. 用现金预支陈某差旅费1 000元。
5. 陈某出差回来,报销差旅费980元,退回现金20元。
6. 用现金支付专业业务活动零星支出130元。
7. 收到代理银行转来的财政直接支付入账通知书,通过财政零余额账户为本单位支付了业务经费82 000元。
8. 甲单位使用事业经费购买固定资产10 000元,款项通过财政零余额账户支付。本单位已收到固定资产。
9. 收到经营活动业务收入5 000元,存入银行(不考虑增值税)。
10. 用银行存款支付经营活动支出800元。
11. 开展经营活动向某企业销售产品一批,含税价103 000元,收到一张3个月的带息商业汇票,票面年利率10%。
12. 上述3个月的带息商业汇票到期,收到本息,存入银行。
13. 开展经营活动赊销产品一批,售价20 000元(未含税价)。
14. 收到上述赊销产品的货款,存入银行。
15. 向某公司订购货品一批,预付货款2900元,款项通过单位零余额账户支付。
16. 通过单位零余额账户支付购买专用材料一批的价款2 500元(含税价),材料已验收入库。
17. 本月事业活动发出甲材料共计8 000元,乙材料5 000元。
18. 本月经营活动中生产A产品发出乙材料共计3 000元。用现金给经营人员发工资4 000元。
19. 月末盘亏事业活动用甲材料100元,原因待查。
20. 上题中盘亏的事业活动用甲材料100元,经查属于正常损耗,经批准作核销处理。
21. 销售A产品10 000元(未含税价),增值税税率3%,款项已存入银行。
22. 用事业经费购入一台不需要安装的设备,价款20 000元,通过单位零余额账户支付,设备已验收入库。
23. 用融资租赁方式向某公司租入专用设备一台。该设备的协议价为600 000元,每年支付租金100 000元,分6年付清,设备已投入使用。
24. 用修购基金支付上述融资租赁专用设备第1年的租金100 000元,以银行存款支付。
25. 某项固定资产对外投资,该项固定资产账面原价为150 000元,已计提折旧60 000元,评估价为80 000元。
26. 将一台不需用的设备出售给其他单位,该设备账面原值为8 000元,已提折旧5 000元,售价为4 000元,收入已存入银行,并用银行存款支付了出售过程中发生的费用200元。

27. 用修购基金购入一台设备9 000元,安装调试费150元,通过单位零余额账户支付。

28. 经审批,将一台因磨损不能继续使用的设备报废,设备账面原值30 000,已提足折旧。通过银行存款支付清理费600元,收到残值变价收入2 000元存入银行,处置过程中所得净收入按规定上缴财政专户。

29. 接受捐赠固定资产一批,相关凭据注明其价值230 000元,该批固定资产市场价值250 000元。

30. 盘亏固定资产一件,账面余额100 000元,已提折旧90 000元。

31. 从技术市场上购买甲专利权,通过单位零余额账户支付价款180 000元以及相关手续费12 000元,该专利权用于事业业务活动。

32. 上题中购买的甲专利权,法律规定其有效期为10年,合同确定的受益期为8年,按有关规定计提当月摊销额。

33. 年终,本年度财政直接支付预算指标数为5 000 000元,实际财政直接支付数为4 980 000元;本年度财政授权支付预算指标数为2 400 000元,单位零余额账户代理银行收到零余额账户用款额度2 370 000元,本年度财政授权支付实际支付数为2 360 000元。注销未实现额度。

34. 下年初,收到代理银行提供的额度恢复到账通知书,恢复财政授权支付额度10 000元。

35. 下年初,收到财政部门同意恢复上年财政直接支付额度20 000元的通知书;使用财政部门恢复的上年度财政直接支付额度支付日常办公经费1 800元。

36. 使用代理银行恢复的财政授权支付额度支付单位水电费1 300元。

37. 使用财政部门恢复的上年度财政直接支付的剩余额度购买事业用材料,本单位已收到该批材料,并已验收入库。

第四章

事业单位负债的核算

 学习目的与要求

通过本章学习,了解并掌握:
1. 事业单位负债的概念与分类;
2. 事业单位负债的确认条件与计量方法;
3. 事业单位流动负债类科目的设置与账务处理;
4. 事业单位非流动负债类科目的设置与账务处理。

第一节 事业单位负债概述

▶▶ 一、负债的含义

负债,是指事业单位所承担的能以货币计量,需要以资产或者劳务偿还的债务。事业单位的负债包括借入款项、应付款项、暂存款项、应缴款项等。

事业单位的负债具有以下特征:
(1) 负债要求能够以货币形式可靠计量,以资产或劳务偿还。
(2) 负债是由过去的经济业务或者会计事项形成的现时义务,履行该义务预期会导致事业单位经济利益或服务潜力的流出。
(3) 针对不同性质的负债应分类管理,及时清理并按照规定办理结算,保证各项负债在规定期限内归还。

二、负债的内容与分类

事业单位的负债按照流动性(偿还期限),可以分为流动负债和非流动负债。如表4-1所示。

流动负债是指预计在1年内(含1年)偿还的负债。事业单位流动负债包括短期借款、应缴款项、应付及预收款项等。

非流动负债是指流动负债以外的负债。事业单位的非流动负债包括长期借款和长期应付款。

表4-1 事业单位负债类会计科目

序号	科目编号	会计科目名称	序号	科目编号	会计科目名称
		一、流动负债			二、非流动负债
1	2001	短期借款	10	2401	长期借款
2	2101	应缴税费	11	2402	长期应付款
3	2102	应缴国库款			
4	2103	应缴财政专户款			
5	2201	应付职工薪酬			
6	2301	应付票据			
7	2302	应付账款			
8	2303	预收账款			
9	2305	其他应付款			

三、负债的确认与计量

事业单位的负债包括从金融机构取得的借款以及在开展业务活动过程中发生的待结算债务款项。事业单位代行政府职能收取的纳入预算管理的款项以及按规定收取的纳入财政专户管理的款项,应当上缴国库或财政专户,在应缴未缴之前也形成一项负债。一般来说,负债只有在与该义务有关的经济利益或服务潜力很可能流出单位,且未来流出的经济利益或服务潜力的金额能够可靠地计量时才予以确认。

事业单位的负债应当按照合同金额或实际发生额进行计量。事业单位有些负债的金额是根据相关合同确定的,如采购货物的应付账款等;有些负债是根据实际发生的金额确定的,如各种应缴款项等。

第二节 事业单位流动负债的核算

事业单位的流动负债是指预计在 1 年内(含 1 年)偿还的负债。包括短期借款、应缴税费、应缴国库款、应缴财政专户款、应付职工薪酬、应付票据、应付账款、预收账款和其他应付款。

一、短期借款

借款是事业单位借入有偿使用的各种款项。短期借款,是指事业单位借入的期限在 1 年内(含 1 年)的各种借款。事业单位根据业务活动的需要,从银行或其他金融机构取得短期借款,以弥补事业经费的不足。短期借款是事业单位有偿使用的资金,需要按期偿还借款并支付借款利息。根据《事业单位财务规则》的规定,事业单位应当建立健全财务风险控制机制,规范和加强借入款项管理,严格执行审批程序,不得违反规定举借债务。

(一) 科目设置

事业单位设置"短期借款"科目,核算事业单位借入的期限在 1 年内(含 1 年)的各种借款。本科目应当按照贷款单位和贷款种类进行明细核算。本科目期末贷方余额,反映事业单位尚未偿还的短期借款本金。

(二) 账务处理

1. 取得短期借款

借入各种短期借款时,按照实际借入的金额,借记"银行存款"科目,贷记"短期借款"科目。银行承兑汇票到期,本单位无力支付票款的,按照银行承兑汇票的票面金额,借记"应付票据"科目,贷记"短期借款"科目。

2. 支付借款利息

支付短期借款利息时,借记"其他支出"科目,贷记"银行存款"科目。

3. 到期归还

归还短期借款时,借记"短期借款"科目,贷记"银行存款"科目。

【例 4-1】 某事业单位为满足业务发展的资金需要,从工商银行借入期限为 1 年的 600 000 元借款,款项已存入银行,年利率 6%,利息每月支付。

　　借:银行存款　　　　　　　　　　　　600 000
　　　　贷:短期借款　　　　　　　　　　　　600 000

【例 4-2】 该事业单位每月用银行存款支付利息 3 000 元。

　　借:其他支出　　　　　　　　　　　　3 000
　　　　贷:银行存款　　　　　　　　　　　　3 000

【例 4-3】 该事业单位到期归还上述借款,并支付最后一个月利息。

　　借:短期借款　　　　　　　　　　　　600 000

其他支出　　　　　　　　　　　　　　　　　　3 000
　　　贷：银行存款　　　　　　　　　　　　　　　　603 000

二、应缴税费

应缴税费，是事业单位在业务活动中按规定应缴纳的各种税费，包括营业税、增值税、城市维护建设税、教育费附加、车船税、房产税、城镇土地使用税、企业所得税等。事业单位作为一类社会组织，应当按照税法的规定履行纳税义务。但事业单位作为公益性社会组织，享受较多的免税、减税等优惠政策。

（一）科目设置

事业单位设置"应缴税费"科目，核算事业单位按照税法等规定计算应缴纳的各种税费，包括营业税、增值税、城市维护建设税、教育费附加、车船税、房产税、城镇土地使用税、企业所得税等。事业单位代扣代缴的个人所得税，也通过本科目核算。事业单位应缴纳的印花税不需要预提应缴税费，直接通过支出等有关科目核算，不在本科目核算。本科目应当按照应缴纳的税费种类进行明细核算。属于增值税一般纳税人的事业单位，其应缴增值税明细账中应设置"进项税额"、"已交税金"、"销项税额"、"进项税额转出"等专栏。本科目期末借方余额，反映事业单位多缴纳的税费金额；本科目期末贷方余额，反映事业单位应缴未缴的税费金额。

（二）账务处理

1. 增值税

增值税，是对销售货物的单位和个人，按其实现的增值额征收的一种税。增值税的纳税人按其经营规模大小以及会计核算是否健全划分为一般纳税人和小规模纳税人。按照《增值税暂行条例》规定，一般纳税人实行凭增值税专用发票扣税的计征方法，对小规模纳税人则实行按征收率计算应纳税额的简易办法，并不得抵扣进行税额。

（1）属于增值税一般纳税人的事业单位。

购入非自用材料时，按确定的成本（不含增值税进项税额），借记"存货"科目，按增值税专用发票上注明的增值税额，借记"应缴税费——应缴增值税（进项税额）"科目，按实际支付或应付的金额，贷记"银行存款"、"应付账款"等科目。所购进的非自用材料发生盘亏、毁损、报废、对外捐赠、无偿调出等税法规定不得从增值税销项税额中抵扣进项税额时，将所购进的非自用材料转入待处置资产时，按照材料的账面余额与相关增值税进项税额转出金额的合计金额，借记"待处置资产损溢"科目，按材料的账面余额，贷记"存货"科目，按转出的增值税进项税额，贷记"应缴税费——应缴增值税（进项税额转出）"科目。

销售应税产品或提供应税服务时，按包含增值税的价款总额，借记"银行存款"、"应收账款"、"应收票据"等科目，按扣除增值税销项税额后的价款金额，贷记"经营收入"等科目，按增值税专用发票上注明的增值税金额，贷记"应缴税费——应缴增值税（销项税额）"科目。

实际缴纳增值税时，借记"应缴税费——应缴增值税（已缴税金）"科目，贷记"银行存款"科目。

(2) 属于增值税小规模纳税人的事业单位。

销售应税产品或提供应税服务时,按实际收到或应收的价款,借记"银行存款"、"应收账款"、"应收票据"等科目,按实际收到或应收价款扣除增值税额后的金额,贷记"经营收入"等科目,按应缴增值税金额,贷记"应缴税费——应缴增值税"科目。

实际缴纳增值税时,借记"应缴税费——应缴增值税"科目,贷记"银行存款"科目。

2. 营业税、城市维护建设税、教育费附加

发生营业税、城市维护建设税、教育费附加纳税义务的,按税法规定计算的应缴税费金额,借记"待处置资产损溢——处置净收入"科目(出售不动产应缴的税费)或有关支出科目,贷记"应缴税费"科目。实际缴纳时,借记"应缴税费"科目,贷记"银行存款"科目。

3. 房产税、城镇土地使用税、车船税

发生房产税、城镇土地使用税、车船税纳税义务的,按税法规定计算的应缴税金数额,借记有关科目,贷记"应缴税费——应缴房产税"等科目。实际缴纳时,借记"应缴税费——应缴房产税"等科目,贷记"银行存款"科目。

4. 个人所得税

代扣代缴个人所得税的,按税法规定计算应代扣代缴的个人所得税金额,借记"应付职工薪酬"科目,贷记"应缴税费——应缴个人所得税"科目。实际缴纳时,借记"应缴税费——应缴个人所得税"科目,贷记"银行存款"科目。

5. 企业所得税

发生企业所得税纳税义务的,按税法规定计算的应缴税金额数,借记"非财政补助结余分配"科目,贷记"应缴税费——应缴企业所得税"科目。实际缴纳时,借记"应缴税费——应缴企业所得税"科目,贷记"银行存款"科目。

6. 其他纳税义务

发生其他纳税义务的,按照应缴纳的税费金额,借记有关科目,贷记"应缴税费"科目;实际缴纳时,借记"应缴税费"科目,贷记"银行存款"等科目。

【例4-4】 某事业单位购入自用A材料一批,通过单位零余额账户用财政资金支付价款23 400元(其中增值税进项税额3 400元),运杂费600元,材料已验收入库。

  借:存货——A材料   24 000
    贷:零余额账户用款额度   24 000

【例4-5】 某事业单位属于增值税一般纳税人,购入经营用甲材料一批,材料不含税价30 000元,增值税进项税额5 100元,货款共计35 100元,通过银行存款支付。

  借:存货——甲材料   30 000
    应缴税费——应缴增值税(进项税额) 5 100
    贷:银行存款   35 100

【例4-6】 某事业单位属于增值税一般纳税人,经营活动中销售商品50 000元,增值税销项税额8 500元,货款共计58 500元,尚未收到。

  借:应收账款   58 500
    贷:经营收入   50 000
      应缴税费——应缴增值税(销项税额) 8 500

【例 4-7】 某事业单位属于增值税一般纳税人,本月应缴纳增值税 3 400 元,通过银行存款支付。

借:应缴税费——应缴增值税(已缴税金)　　3 400
　　贷:银行存款　　　　　　　　　　　　　　　3 400

【例 4-8】 某事业单位为小规模纳税人,购入经营用材料一批,含税价 7 020 元,货款已通过银行存款支付。

借:存货　　　　　　　　　　　　　　　　　7 020
　　贷:银行存款　　　　　　　　　　　　　　　7 020

【例 4-9】 某事业单位为小规模纳税人,经营活动中销售商品 20 000 元(不含税价),价税均未收到。

借:应收账款　　　　　　　　　　　　　　20 600
　　贷:经营收入　　　　　　　　　　　　　　　20 000
　　　　应缴税费——应缴增值税　　　　　　　　600

【例 4-10】 某事业单位公务用车本年应缴纳车船税 1 500 元。

借:事业支出　　　　　　　　　　　　　　1 500
　　贷:应缴税费——应缴车船税　　　　　　　　1 500

【例 4-11】 某事业单位通过单位零余额账户缴纳上述车船税。

借:应缴税费——应缴车船税　　　　　　　1 500
　　贷:零余额账户用款额度　　　　　　　　　　1 500

三、应缴国库款

(一) 应缴国库款的内容

应缴国库款,是指事业单位在业务活动中按规定取得的应缴入国库的款项(应缴税费除外),主要包括纳入预算管理的政府性基金、行政事业性收费、罚没收入、国有资产处置净收入、出租收入等。

1. 政府性基金

政府性基金是指事业单位按照国家法律法规规定向公民、法人和其他组织征收的具有专项用途的财政资金,如政府住房基金收入。

2. 行政事业性收费

行政事业性收费是事业单位根据国家法律法规行使其管理职能,向公民、法人和其他组织收取的各项收费收入,包括管理性、资源性收费和证照性收费,如工本费、登记费等。

3. 罚没收入

罚没收入是事业单位依法收缴的罚款(罚金)、没收款、赃款、没收物资、赃物的变价收入。

4. 国有资产处置净收入

国有资产处置净收入是指事业单位国有资产产权的转移或核销所产生净的收入,包括国有资产在出售、出让、置换、报废、毁损等过程中取得的净收入。

5. 国有资产出租收入

国有资产出租收入是指事业单位在保证完成正常工作的前提下,经审批同意,出租、出借国有资产所取得的收入。

事业单位大都是由国家出资举办的,具有一些特殊的职能,在为社会提供各种公益性服务的同时,还需要办理政府交办的一些事务,代行政府职能。事业单位代行政府职能收取的纳入财政预算管理的款项,应当及时上缴国库。对于应缴国库款项,事业单位不得缓缴、截留、挪用或自行坐支,年终必须将当年的应缴国库款项全部清缴入库。

(二) 科目设置

事业单位设置"应缴国库款"科目,核算事业单位按规定应缴入国库的款项(应缴税费除外)。本科目应当按照应缴国库的各款项类别进行明细核算。本科目期末贷方余额,反映事业单位应缴入国库但尚未缴纳的款项。

(三) 账务处理

按照国库集中收缴制度的规定,事业单位应缴入国库的款项,根据具体情况分别采用直接缴库和集中汇缴两种方式。

1. 直接缴库

直接缴库方式下,缴款人应将应缴款项直接缴入国库账户,事业单位只负责征收管理,款项并不通过事业单位的过渡账户汇集。在这种情况下,应缴国库款的核算可以简化,根据开出的"非税收入缴款书",在"应缴国库款备查登记簿"中进行登记,或者同时借记和贷记"应缴国库款"科目,以反映预算资金的收缴情况。

2. 集中汇缴

集中汇缴方式下,应缴国库款的核算包括收取应上缴国库的款项和上缴款项两个业务环节。按规定计算确定或实际取得应缴国库的款项时,借记有关科目,贷记"应缴国库款"科目。上缴款项时,借记"应缴国库款"科目,贷记"银行存款"等科目。

事业单位处置资产取得的应上缴国库的处置净收入的账务处理,参见"待处置资产损溢"科目。

【例4-12】 某事业单位开出非税收入专用票据,征收政府性基金150 000元,款项已由缴款人缴入该事业单位的银行账户。

借:银行存款　　　　　　　　　　　　　150 000
　　贷:应缴国库款　　　　　　　　　　　　　150 000

【例4-13】 某事业单位经同级财政部门审批后进行资产出售。出售结束后,"待处置资产损溢——处置净收入"账户贷方余额为13 780元,将处置净收入上缴国库。

借:待处置资产损溢——处置净收入　　　　13 780
　　贷:应缴国库款　　　　　　　　　　　　　13 780
借:应缴国库款　　　　　　　　　　　　　13 780
　　贷:银行存款　　　　　　　　　　　　　　13 780

【例4-14】 某事业单位一项纳入财政预算管理的事业性收费,采用直接缴库方式收缴。事业单位开出"非税收入缴款书",款项5 000元由缴款单位直接缴入国库。

借：应缴国库款　　　　　　　　　　　　　　　5 000
　　贷：应缴国库款　　　　　　　　　　　　　　　　5 000

四、应缴财政专户款

应缴财政专户款,是指事业单位按规定取得的应缴入财政专户的款项。应缴入财政专户的款项主要是事业单位按规定收取的尚未纳入预算管理但实行财政专户管理的教育收费。事业单位取得的纳入财政专户管理的资金,由财政部门建立的财政专户统一管理,实行"收支两条线"管理方式。收到各项收费后,必须上缴财政专户统一管理;使用这些资金时,向财政部门申请,经过审批后通过财政专户返还给事业单位。

按照国库集中收缴制度的规定,事业单位应缴入财政专户的款项,根据具体情况分别采用直接缴库和集中汇缴两种方式。

（一）科目设置

事业单位设置"应缴财政专户款"科目,核算事业单位按规定应缴入财政专户的款项。本科目应当按照应缴财政专户的各款项类别进行明细核算。本科目期末贷方余额,反映事业单位应缴入财政专户但尚未缴纳的款项。

（二）账务处理

1. 直接缴库

直接缴库方式下,缴款人将应缴财政专户款直接缴入财政专户,款项不再通过事业单位的过渡账户汇集,事业单位只负责征收管理。在这种情况下,应缴财政专户款的核算可以简化,事业单位根据开出的"非税收入一般缴款书"在"应缴财政专户款备查登记簿"中进行登记,或者同时借记和贷记"应缴财政专户款"科目,以反映财政专户管理资金的收缴情况。

2. 集中汇缴

集中汇缴方式下,取得应缴财政专户款项时,借记"银行存款"等科目,贷记"应缴财政专户款"科目。上缴款项时,借记"应缴财政专户款"科目,贷记"银行存款"等科目。收到返还款项时,借记"银行存款""零余额账户用款额度"等科目,贷记"事业收入"科目。

3. 返还款项

收到财政专户返还的教育收费或其他款项时,按收到的金额确认事业收入,借记"银行存款"等科目,贷记"事业收入"科目。

【例4-15】　某事业单位开出非税收入一般缴款书,征收一项应缴入财政专户管理的资金150 000元,款项已由缴款人缴入该事业单位的银行账户。

借：银行存款　　　　　　　　　　　　　　　150 000
　　贷：应缴财政专户款　　　　　　　　　　　　　150 000

【例4-16】　某事业单位将汇集的应缴入财政专户管理的资金150 000元上缴财政专户。

借：应缴财政专户款　　　　　　　　　　　　　150 000
　　贷：银行存款　　　　　　　　　　　　　　　　150 000

【例4-17】　某事业单位收到代理银行转来的"财政授权支付到账通知书",财政部门通过授权支付方式核拨的财政专户管理的资金 30 000 元已经下达到单位零余额账户。

  借：零余额账户用款额度   30 000
    贷：事业收入   30 000

【例 4-18】 某事业单位一项纳入财政专户管理的资金，采用直接缴库方式收缴。事业单位开出"非税收入一般缴款书"，款项 5 000 元由缴款单位直接缴入财政专户。

  借：应缴财政专户款   5 000
    贷：应缴财政专户款   5 000

▶▶ 五、应付职工薪酬

（一）应付职工薪酬的内容

应付职工薪酬，是事业单位按有关规定应付给职工及为职工支付的各种薪酬，包括基本工资、绩效工资、国家统一规定的津贴补贴、社会保险费、住房公积金等。

（二）科目设置

事业单位设置"应付职工薪酬"科目，核算事业单位按有关规定应付给职工及为职工支付的各种薪酬。包括基本工资、绩效工资、国家统一规定的津贴补贴、社会保险费、住房公积金等。本科目应当根据国家有关规定按照"工资（离退休费）"、"地方（部门）津贴补贴"、"其他个人收入"以及"社会保险费"、"住房公积金"等进行明细核算。本科目期末贷方余额，反映事业单位应付未付的职工薪酬。

工资（离退休费），包括工资和离退休费。工资是事业单位按国家统一规定，应发放给在职人员的岗位工资、薪级工资、绩效工资，以及经国务院或人事部、财政部批准设立的津贴补贴。离退休费是指按国家统一规定，应发放给离退休人员的离休、退休费及经国务院或人事部、财政部批准设立的津贴补贴。

地方（部门）津贴补贴，是事业单位按照地方或部门出台的规定，发放给职工的津贴补贴。津贴是因职工特殊或额外劳动而给予的补助，补贴是为了保证职工工资水平不受物价影响而给予的补助。

其他个人收入，是按国家规定发放给个人除上述以外的其他收入，主要包括误餐费、夜餐费、伙食补助费、市内交通费等。

社会保险费，是指事业单位按规定为职工缴纳并缴存社会保险管理机构的基本养老、基本医疗、失业、工伤、生育等社会保险费。

住房公积金，是指事业单位按规定为职工缴纳并缴存住房公积金管理机构的长期住房公积金。

（三）账务处理

1. 计提职工薪酬

事业单位计提当期应付职工薪酬，借记"事业支出"、"经营支出"等科目，贷记"应付职工薪酬"科目。

2. 支付职工薪酬

事业单位向职工支付工资、津贴补贴等薪酬，借记"应付职工薪酬"科目，贷记"财政补助收入"、"零余额账户用款额度"、"银行存款"等科目。

3. 代扣代缴个人所得税

事业单位按税法规定代扣代缴个人所得税,借记"应付职工薪酬"科目,贷记"应缴税费——应缴个人所得税"科目。实际代缴时,借记"应缴税费——应缴个人所得税"科目,贷记"银行存款"等科目。

4. 缴纳社会保险费和住房公积金

事业单位按照国家有关规定缴纳职工社会保险费和住房公积金,借记"应付职工薪酬"科目,贷记"财政补助收入"、"零余额账户用款额度"、"银行存款"等科目。

5. 支付其他款项

事业单位从应付职工薪酬中支付其他款项,借记"应付职工薪酬"科目,贷记"财政补助收入"、"零余额账户用款额度"、"银行存款"等科目。

【例 4-19】 某事业单位计算出本月应付在职事业编制人员薪酬,基本工资 340 000 元,地方津贴补贴 190 000 元,其他个人收入 26 000 元,社会保险费 83 000 元(个人承担部分 23 000 元,单位承担部分 60 000 元),住房公积金 100 000 元(个人和单位各承担 50 000 元)。

借:事业支出　　　　　　　　　　　　　666 000
　　贷:应付职工薪酬——工资(离退休费)　340 000
　　　　　　　　　　——地方津贴补贴　　190 000
　　　　　　　　　　——其他个人收入　　 26 000
　　　　　　　　　　——社会保险费　　　 60 000
　　　　　　　　　　——住房公积金　　　 50 000

【例 4-20】 接上例,该事业单位通过单位零余额账户支付本月工资、津贴补贴等。按规定代扣代缴个人所得税 43 000 元,扣除个人所得税、社会保险费、住房公积金后,实际发放 440 000 元,转入职工工资卡中。

借:应付职工薪酬——工资(离退休费)　340 000
　　　　　　　　——地方津贴补贴　　　190 000
　　　　　　　　——其他个人收入　　　 26 000
　　贷:零余额账户用款额度　　　　　　440 000
　　　　应缴税费——应缴个人所得税　　 43 000
　　　　其他应付款——社会保险费　　　 23 000
　　　　　　　　——住房公积金　　　　 50 000

【例 4-21】 接上例,该事业单位通过单位零余额账户,将本月职工薪酬中由单位和个人承担的社会保险费转入社保机构账户,将由单位和个人承担的住房公积金转入公积金管理中心账户。

借:应付职工薪酬——社会保险费　　　　 60 000
　　　　　　　　——住房公积金　　　　 50 000
　　其他应付款——社会保险费　　　　　 23 000
　　　　　　　——住房公积金　　　　　 50 000
　　贷:零余额账户用款额度　　　　　　183 000

【例4-22】 接上例,该事业单位通过单位零余额账户,代缴本月职工个人所得税共计43 000元。

  借:应缴税费——应缴个人所得税 43 000
    贷:零余额账户用款额度   43 000

▶▶ 六、应付票据

应付票据,是事业单位因购买材料、物资等而开出、承兑的商业汇票,包括银行承兑汇票和商业承兑汇票。按是否带息,可以分为带息商业汇票和不带息商业汇票。事业单位在开展经营业务活动或其他业务活动时,可以开出商业汇票与货物供应商、劳务提供单位进行结算。

（一）科目设置

事业单位设置"应付票据"科目,核算事业单位因购买材料、物资等而开出、承兑的商业汇票。本科目应当按照债权单位进行明细核算。事业单位应当设置"应付票据备查簿",详细登记每一应付票据的种类、号数、出票日期、到期日、票面金额、交易合同号、收款人姓名或单位名称,以及付款日期和金额等资料。应付票据到期结清票款后,应当在备查簿内逐笔注销。本科目期末贷方余额,反映事业单位开出、承兑的尚未到期的商业汇票票面金额。

（二）账务处理

1. 开出、承兑商业汇票时,借记"存货"等科目,贷记"应付票据"科目。以承兑商业汇票抵付应付账款时,借记"应付账款"科目,贷记"应付票据"科目。支付银行承兑汇票的手续费时,借记"事业支出"、"经营支出"等科目,贷记"银行存款"等科目。

2. 商业汇票到期时,应当分别以下情况处理:

（1）收到银行支付到期票据的付款通知时,借记"应付票据"科目,贷记"银行存款"科目。

（2）银行承兑汇票到期,本单位无力支付票款的,按照汇票票面金额,借记"应付票据"科目,贷记"短期借款"科目。

（3）商业承兑汇票到期,本单位无力支付票款的,按照汇票票面金额,借记"应付票据"科目,贷记"应付账款"科目。

【例4-23】 某事业单位购买一批自用材料,开出一张期限为2个月的不带息商业承兑汇票,面额为6 000元(含税),材料已验收入库。

  借:存货   6 000
    贷:应付票据   6 000

【例4-24】 某事业单位上述商业承兑汇票到期,收到银行通知,兑付该票据6 000元。

  借:应付票据   6 000
    贷:银行存款   6 000

【例4-25】 某事业单位本期有两张商业汇票到期,需要偿付。一张为银行承兑汇票,金额50 000元,另一张为商业承兑汇票,金额30 000元。因事业单位目前资金周转存在问题,不能如期偿付。

```
借：应付票据                              80 000
    贷：短期借款                              50 000
        应付账款                              30 000
```

七、应付账款

应付账款,是事业单位因购买材料、物资或接受劳务供应等而应付给供应单位的款项。事业单位在业务活动中,可以先取得材料或享有服务,延迟一段时间后再付款。

(一) 科目设置

事业单位设置"应付账款"科目,核算事业单位因购买材料、物资等而应付的款项。本科目应当按照债权单位(或个人)进行明细核算。本科目期末贷方余额,反映事业单位尚未支付的应付账款。

事业单位以分期付款方式购买固定资产,如果偿付期限超过 1 年,不通过"应付账款"科目核算,而是通过"长期应付款"科目核算。

(二) 账务处理

1. 发生应付账款

购入材料、物资等已验收入库但货款尚未支付的,按照应付未付金额,借记"存货"等科目,贷记"应付账款"科目。

2. 偿付应付账款

偿付应付账款时,按照实际支付的款项金额,借记"应付账款"科目,贷记"银行存款"等科目。开出、承兑商业汇票抵付应付账款,借记"应付账款"科目,贷记"应付票据"科目。

3. 无法偿付或债权人豁免偿还

无法偿付或债权人豁免偿还的应付账款,借记"应付账款"科目,贷记"其他收入"科目。

【例 4-26】 某事业单位购入自用 A 材料一批,价款 23 400 元(含税),运杂费 600 元,材料已验收入库,价款未付。

```
借：存货——A 材料                        24 000
    贷：应付账款                             24 000
```

【例 4-27】 某事业单位以银行存款支付上述购买材料所欠款项 24 000 元。

```
借：应付账款                              24 000
    贷：银行存款                             24 000
```

【例 4-28】 某事业单位一项应付账款 2 100 元,因债权人豁免偿还,现予以核销。

```
借：应付账款                              2 100
    贷：其他收入                             2 100
```

八、预收账款

预收账款,是指事业单位按照合同规定向购货单位预收的款项。

(一) 科目设置

事业单位设置"预收账款"科目,核算事业单位按合同规定预收的款项。本科目应当按照债权单位(或个人)进行明细核算。本科目期末贷方余额,反映事业单位按合同规定预收但尚未实际结算的款项。

(二) 账务处理

1. 预收款项

从付款方预收款项时,按照实际预收的金额,借记"银行存款"等科目,贷记"预收账款"科目。

2. 确认收入

确认有关收入时,借记"预收账款"科目,按照应确认的收入金额,贷记"经营收入"等科目,按照付款方补付或退回付款方的金额,借记或贷记"银行存款"等科目。

3. 无法偿付或债权人豁免偿还

无法偿付或债权人豁免偿还的预收账款,借记"预收账款"科目,贷记"其他收入"科目。

【例4-29】 某事业单位按合同规定,预先向AC单位收取订购甲产品的货款50 000元,已存入银行。

借:银行存款　　　　　　　　　　　　　50 000
　　贷:预收账款　　　　　　　　　　　　50 000

【例4-30】 承【例4-29】 事业单位按合同规定,向上述AC单位提供了甲产品,共计货款200 000元(不考虑增值税),补付的货款已存入银行。

借:银行存款　　　　　　　　　　　　　150 000
　　预收账款　　　　　　　　　　　　　 50 000
　　贷:经营收入　　　　　　　　　　　　200 000

九、其他应付款

(一) 科目设置

事业单位设置"其他应付款"科目,核算事业单位除应缴税费、应缴国库款、应缴财政专户款、应付职工薪酬、应付票据、应付账款、预收账款之外的其他各项偿还期限在1年内(含1年)的应付及暂收款项,如存入保证金等。本科目应当按照其他应付款的类别以及债权单位(或个人)进行明细核算。本科目期末贷方余额,反映事业单位尚未支付的其他应付款。

(二) 账务处理

1. 发生其他各项应付及暂收款项

发生其他各项应付及暂收款项时,借记"银行存款"等科目,贷记"其他应付款"科目。

2. 支付其他应付款项

支付其他应付款项时,借记"其他应付款"科目,贷记"银行存款"等科目。

3. 无法偿付或债权人豁免偿还

无法偿付或债权人豁免偿还的其他应付款项,借记"其他应付款"科目,贷记"其他收入"科目。

【例4-31】 某事业单位收到ER公司业务保证金30 000元,已存入银行。

```
借：银行存款                              30 000
    贷：其他应付款                            30 000
```

【例 4-32】 某事业单位相关业务完成,退回原来向 ER 公司收取的业务保证金 30 000 元。

```
借：其他应付款                            30 000
    贷：银行存款                              30 000
```

第三节　事业单位非流动负债的核算

非流动负债是指流动负债以外的负债。事业单位的非流动负债包括长期借款、长期应付款。

一、长期借款

长期借款,是事业单位借入的偿还期限超过 1 年(不含 1 年)的各项借款。事业单位通过长期借款筹集到的资金,一般用于事业单位扩大事业发展规模、购建固定资产、开展工程项目等。

（一）科目设置

事业单位设置"长期借款"科目,核算事业单位借入的期限超过 1 年(不含 1 年)的各种借款。本科目应当按照贷款单位和贷款种类进行明细核算。对于基建项目借款,还应按具体项目进行明细核算。本科目期末贷方余额,反映事业单位尚未偿还的长期借款本金。

（二）账务处理

1. 取得长期借款

借入各项长期借款时,按照实际借入的金额,借记"银行存款"科目,贷记"长期借款"科目。

2. 长期借款利息

事业单位支付的长期借款的利息,需要区分不同的情况。

（1）为购建固定资产支付的专门借款利息,属于工程项目建设期间支付的,计入工程成本,按照支付的利息,借记"在建工程"科目,贷记"非流动资产基金——在建工程"科目;同时,借记"其他支出"科目,贷记"银行存款"科目。

（2）为购建固定资产支付的专门借款利息,属于工程项目完工交付使用后支付的,计入当期支出但不计入工程成本,按照支付的利息,借记"其他支出"科目,贷记"银行存款"科目。

（3）工程项目以外的其他长期借款利息,按照支付的利息金额,借记"其他支出"科目,贷记"银行存款"科目。

3. 归还长期借款

归还长期借款时,借记"长期借款"科目,贷记"银行存款"科目。

【例4-33】 某事业单位根据事业发展需要,拟建立网络信息中心。为此从建设银行借入期限为2年的1 000 000元借款,年利率7.2%,每月末支付利息。

借:银行存款　　　　　　　　　　　　1 000 000
　　贷:长期借款　　　　　　　　　　　　　　1 000 000

【例4-34】 某事业单位为上述借款支付第一个月利息6 000元。

借:在建工程　　　　　　　　　　　　　　6 000
　　贷:非流动资产基金——在建工程　　　　　　6 000
借:其他支出　　　　　　　　　　　　　　6 000
　　贷:银行存款　　　　　　　　　　　　　　　6 000

【例4-35】 某事业单位上述建设的网络信息中心于20个月后完工并已交付使用,工程成本1 120 000元。

借:固定资产　　　　　　　　　　　　1 120 000
　　贷:非流动资产基金——固定资产　　　　1 120 000
借:非流动资产基金——在建工程　　　1 120 000
　　贷:在建工程　　　　　　　　　　　　　1 120 000

【例4-36】 某事业单位的上述长期借款2年后到期,归还本金并支付最后一个月利息。

借:长期借款　　　　　　　　　　　　1 000 000
　　其他支出　　　　　　　　　　　　　　6 000
　　贷:银行存款　　　　　　　　　　　　　1 006 000

二、长期应付款

长期应付款,是指事业单位发生的偿还期限超过1年(不含1年)的应付款项,如以融资租赁租入固定资产的租赁费、跨年度分期付款购入固定资产的价款等。

(一) 科目设置

事业单位设置"长期应付款"科目,核算事业单位发生的偿还期限超过1年(不含1年)的应付款项。本科目应当按照长期应付款的类别以及债权单位(或个人)进行明细核算。本科目期末贷方余额,反映事业单位尚未支付的长期应付款。

(二) 账务处理

1. 发生长期应付款

发生长期应付款时,按照确定的成本借记"固定资产"、"在建工程"等科目,按照租赁协议或者购买合同确定的价款贷记"长期应付款"科目,按照两者贷记"非流动资产基金"科目。同时记录购入相关资产时所支付的运输费、途中保险费、安装调试费等所形成的支出。

2. 支付长期应付款

支付长期应付款时,借记"事业支出"、"经营支出"等科目,贷记"银行存款"等科目;同时,借记"长期应付款"科目,贷记"非流动资产基金"科目。

3. 无法偿付或债权人豁免偿还

无法偿付或债权人豁免偿还的长期应付款,借记"长期应付款"科目,贷记"其他收入"科目。

【例4-37】 某事业单位根据事业业务发展需要,以分期付款方式购入检测设备一台,其总价为200 000元(不考虑增值税),设备款分4年支付,每次通过单位零余额账户支付50 000元,该设备不需要安装,已交付使用,在取得该设备时通过单位零余额账户支付运输费1 000元。

① 取得固定资产时。

  借:固定资产   201 000
    贷:长期应付款   200 000
      非流动资产基金——固定资产 1 000
  借:事业支出   1 000
    贷:零余额账户用款额度   1 000

② 每年支付款项时。

  借:事业支出   50 000
    贷:零余额账户用款额度   50 000
  借:长期应付款   50 000
    贷:非流动资产基金——固定资产 50 000

【练习题】

一、单项选择题

1. 事业单位会计中负债类科目不包括(　　)。
 A. 暂存款　　　　B. 应缴国库款　　　C. 应付职工薪酬　　　D. 长期借款

2. 事业单位会计中负债类科目不包括(　　)。
 A. 短期借款　　　B. 应付账款　　　　C. 其他应付款　　　　D. 受托代理资产

3. 下列属于事业单位会计负债类科目的是(　　)。
 A. 拨入经费　　　B. 暂付款　　　　　C. 短期借款　　　　　D. 其他应收款

4. 下列不属于事业单位负债的是(　　)。
 A. 赊购货物1万元
 B. 借入银行存款30万元
 C. 正在筹划对慈善机构的捐款
 D. 收到应缴入国家预算的款项

5. 下列属于事业单位会计科目的是(　　)。
 A. 公共基础设施　B. 受托代理资产　　C. 政府储备物资　　　D. 应付账款

6. 事业单位的应付职工薪酬是指事业单位按照有关规定应付的职工工资、津贴补贴等。包括基本工资、绩效工资、国家统一规定的津贴补贴、社会保险费和(　　)。
 A. 基本建设经费等　B. 讲课金等　　　C. 差额补助费等　　　D. 住房公积金等

7. 事业单位融资租入固定资产,应付的租金列为(　　)。
 A. 长期应付款　　B. 应付票据　　　　C. 应付账款　　　　　D. 其他应付款

8. 事业单位会计中,一般不在"应缴税费"科目内核算的是( )。
   A. 印花税　　　　B. 营业税　　　　C. 资源税　　　　D. 教育费附加
9. 长期应付款是指行政事业单位发生的偿还期限超过( )。
   A. 1年的应付款项　　　　　　　　B. 1年(但不超过2年)的应付款项
   C. 1年(含1年)的应付款项　　　　D. 1年(不含1年)的应付款项
10. 不属于事业单位应缴国库款的有( )。
    A. 无主财物的变价收入　　　　　B. 固定资产的残值变价收入
    C. 行政事业性收费收入　　　　　D. 代收的纳入预算管理的政府性基金
11. 事业单位收到财政专户返还的非税收入列入( )。
    A. 事业收入　　　B. 其他收入　　　C. 经营收入　　　D. 其他应付款
12. 事业单位融资租入固定资产,应付的租金列为( )。
    A. 应付账款　　　B. 应付票据　　　C. 暂付款　　　　D. 长期应付款
13. 按国家有关规定事业单位取得罚没收入5万元,列入( )。
    A. 拨入经费　　　B. 应缴财政专户款　　C. 应缴国库款　　D. 其他收入
14. 下列不属于负债的是( )。
    A. 借入银行存款10 000元
    B. 收到全额上交财政专户的预算外资金8 000元
    C. 正在筹划对慈善机构的捐款50 000元
    D. 赊购货物300 000元
15. 必须以货币为偿还手段的负债不包括( )。
    A. 应付票据　　　B. 预收账款　　　C. 应付账款　　　D. 短期借款
16. 融资租入固定资产,应付的租金列为( )。
    A. 应付账款　　　B. 长期应付款　　C. 应付账款　　　D. 其他应付款
17. 事业单位取得赃款赃物的变价收入5 000元,列入( )。
    A. 事业收入　　　B. 其他收入　　　C. 应缴国库款　　D. 其他应付款

二、多项选择题

1. 事业单位的负债包括( )等。
   A. 短期借款　　　B. 应付账款　　　C. 其他应付款　　D. 预收账款
2. 事业单位支付借款利息不应列入( )。
   A. 事业支出　　　　　　　　　　　B. 经营支出
   C. 其他支出　　　　　　　　　　　D. 对附属单位补助支出
3. 属于应缴国库款的有( )。
   A. 代收的行政性收费　　　　　　　B. 罚没收入
   C. 应缴财政专户款　　　　　　　　D. 无主财物的变价收入
4. 事业单位其他应付款是指除了( )以外的应付、暂收其他单位或个人的款项。
   A. 应付票据　　　B. 应付账款　　　C. 预收账款　　　D. 预付账款

三、判断题

1. 如果事业单位有预收货款业务,可通过"预收账款"科目核算。　　　　　　( )

2. 事业单位如果不能如期支付到期商业承兑汇票,应将"应付票据"账面余额转入"应付账款"科目。（   ）

3. 应缴国库款是指事业单位按规定应缴国库的收入,即应缴财政专户款。（   ）

4. 如果事业单位的预收货款业务不多,也可不设置"预收账款"科目,而将预收的货款直接计入"应收账款"科目。（   ）

5. 事业单位记录借款的科目有"短期借款"和"长期借款"。（   ）

6. 事业单位正在筹划的对慈善机构的捐款,应确认为该单位的负债。（   ）

7. 应付账款应在事业单位收到货物验收入库后入账。（   ）

8. 总价法和净价法是应付账款入账金额核算的两种方法,在两种方法下得出的应付账款余额和销售收入都是一样的。（   ）

9. 无论票据是否带息,票据的到期值都是票据的面值。（   ）

10. 暂收其他单位或个人的款项以及存入保证金应记入"暂存款"账户中。（   ）

11. 事业单位如果不能如期支付到期银行承兑汇票,应将"应付票据"账面余额转入"短期借款"科目。（   ）

四、填空题

1. 事业单位的负债是指事业单位承担的能以货币计量的,需要以_____偿付的债务。

2. 应缴国库款是事业单位在业务活动中按规定取得的_____的各种款项。

3. 应付票据科目核算事业单位因购买材料、物资等而开出、承兑的商业汇票,包括银行承兑汇票和_____。

4. 其他应付款科目核算事业单位除应缴税费、应缴国库款、应缴财政专户款、应付职工薪酬、应付票据、应付账款、预收账款之外的其他各项偿还期限在_____的应付及暂收款项,如存入保证金等。

5. 长期应付款科目核算事业单位发生的偿还期限_____的应付款项,如以融资租赁租入固定资产的租赁费、跨年度分期付款购入固定资产的价款等。

6. 应付职工薪酬科目核算事业单位按有关规定应付给职工及为职工支付的各种薪酬。包括基本工资、绩效工资、国家统一规定的津贴补贴、_____和住房公积金等。

五、名词解释

1. 负债 2. 应缴国库款 3. 长期借款 4. 应缴财政专户款 5. 应付票据

6. 应付账款

六、简答题

1. 事业单位的负债包括哪些内容?

2. 什么是"短期借款"和"长期借款"? 各自应当如何核算?

3. 事业单位的应付及预收款项包括哪些内容? 各自应当如何核算?

4. 事业单位的应缴款项包括哪些内容? 各自应当如何核算?

七、会计处理题

根据某事业单位下列的经济业务编制会计分录。

1. 因经营活动需要,向银行借入20 000元,期限为6个月,利率12%,银行借款利息按季结算,季末一次支付当季利息。

2. 通过银行存款支付利息600元。

3. 归还借款20 000元和支付利息600元。

4. 购入一批经营用的材料(一般纳税人),材料价为2 000元,增值税额340元,开出一张无息商业承兑汇票,票面金额为2 340元,期限为30天,材料已验收入库。

5. 通过银行存款按期支付两个月前开出的不带息商业汇票20 000元。

6. 收到甲公司预付的A产品货款3 000元,款项存入银行。

7. 发出甲公司订购的A产品,经结算,货款10 000元,增值税1 700元,不足部分甲公司已用支票付讫。

8. 直接缴库方式下,收到代收的行政事业性收费收入2 000元,直接缴入国库。

9. 直接缴库方式下,收到非税收入30 000元,直接全部上缴财政专户。

10. 单位零余额账户内收到财政专户返还的非税收入10 000元额度。

11. 开展经营活动中预收某单位款项20 000元,款项已存入开户银行。

12. 完成预收款项合同中规定的部分经营活动业务内容,将上题中预收款项20 000元中的15 000元确认为经营收入(不考虑增值税)。

第五章

事业单位收入的核算

通过本章学习,了解并掌握:
1. 事业单位收入的概念与分类;
2. 事业单位收入的确认条件与计量方法;
3. 事业单位收入类科目的设置与账务处理。

第一节 事业单位收入概述

▶▶ 一、收入的含义

收入,是指事业单位为开展业务及其他活动依法取得的非偿还性资金。事业单位是社会公益性组织,在向社会提供服务时要有一定的收入作为保障,收入的来源渠道主要有财政提供的补助资金,事业单位本身的业务收费,还可能是社会捐赠等其他资金。收入是事业单位取得的、会导致本期净资产增加的经济利益或者服务潜力的总流入。

▶▶ 二、收入的内容与分类

事业单位核算收入的会计科目包括财政补助收入、上级补助收入、事业收入、经营收入、附属单位上缴收入和其他收入。

事业单位的收入可以按照不同标准进行分类。

（一）按照取得方式的不同，事业单位的收入可以分为补助收入、业务活动收入、其他活动收入

1. 补助收入

补助收入是财政部门、上级主管部门、其他政府机构给予事业单位的补助，包括财政补助收入和上级补助收入，不包括社会其他机构对事业单位的捐赠。补助收入是一项非交换交易收入，事业单位取得此项收入时不需要向对方支付现金及现金等价物，也不需要向对方提供商品或者服务，而是以向社会提供公益性服务或者其他成果作为回报。

2. 业务活动收入

业务活动收入是事业单位通过向社会提供商品、服务等而按规定收取的商品价款或服务费用，包括事业收入和经营收入。业务活动收入是一项交换交易收入，是事业单位按成本补偿或者等价交换的原则取得的收入。事业单位的专业业务活动具有公益属性，但为了补偿其耗费可以按国家规定的价格收取一定数额的费用。事业单位可以开展经营活动，提供的商品或服务可以按市场价格收费，以弥补其事业经费的不足。

3. 其他活动收入

其他活动收入是除补助收入、业务活动收入之外的收入，包括附属单位上缴收入和其他收入。事业单位除了从事事业业务活动、经营业务活动外，还存在一些非日常性的活动，取得一些其他类型的收入。

（二）按照资金性质，事业单位的收入可以分为财政性资金收入、非财政性资金收入

1. 财政性资金收入

财政性资金收入按照部门预算管理要求，可以分为基本支出补助和项目支出补助。

（1）基本支出补助。

这是事业单位为了保障其正常运转、完成日常工作任务而从同级财政部门取得的补助款项，包括人员经费和日常公用经费。

（2）项目支出补助。

这是事业单位为了完成特定工作任务和事业发展目标，在基本支出补助之外从同级财政部门取得的补助款项。事业单位从财政部门取得的项目支出补助必须专款专用、单独核算、专项结报。

2. 非财政性资金收入

非财政性资金收入按照使用要求不同，可以分为专项资金收入和非专项资金收入。

（1）专项资金收入。

这是事业单位为了完成特定工作任务取得的各项非财政资金收入。专项资金收入必须专款专用、单独核算、专项结报。

（2）非专项资金收入。

这是事业单位为了保障其正常运转、完成日常工作任务取得的各项非财政资金收入。非专项资金收入无限定性用途。

事业单位设置的收入类会计科目及其分类参见表5-1所示。

表 5-1　事业单位收入类会计科目及其分类表

取得方式	会计科目	资金性质	部门预算管理要求（使用要求）
补助收入	4001 财政补助收入	财政性资金	基本支出
			项目支出
	4201 上级补助收入		
业务活动收入	4101 事业收入	非财政性资金	专项资金 非专项资金
	4401 经营收入		
其他活动收入	4301 附属单位上缴收入		
	4501 其他收入		

另外，根据《政府收支分类科目》的规定，事业单位所有的收入需要按照财政预算支出的功能进行分类，设置类、款、项三级预算科目。

三、收入的确认与计量

一般来说，事业单位依法取得的各项资金不需要在未来偿还，即可确认为收入。事业单位会计的收入定义中的"非偿还性资金"，是在强调在取得时予以确认。

根据《事业单位会计制度》的规定，事业单位的收入实行"双会计核算基础"，一般以收付实现制为核算基础，特殊的经济业务或者事项采用权责发生制。

在收付实现制基础下，收入应当在收到款项时予以确认，并按照实际收到的金额进行计量。此时，经济利益或服务潜力已经流入事业单位，并导致事业单位资产增加或负债减少。事业单位的补助收入、专业业务收入、其他业务收入一般要求按收付实现制基础确认。

在权责发生制基础下，收入应当在发生时予以确认，并按照实际发生的数额计量。此时，经济利益或服务潜力能够流入事业单位，并导致事业单位资产增加或负债减少。事业单位的经营业务收入要求按权责发生制基础确认，即提供服务或发出存货、同时收讫价款或者取得索取价款的凭据时予以确认，并按照实际收到的金额或者有关凭据注明的金额计量。事业单位经营收入以外的各项收入如果采用权责发生制基础确认，应当符合《事业单位会计制度》的规定。

第二节　事业单位收入的核算

一、财政补助收入

（一）财政补助收入的内容

财政补助收入，是指事业单位从同级财政部门取得的各类财政拨款。财政补助收入来源于国家财政预算资金，是国家按预算安排给予事业单位的补助。财政补助收入用来弥补其事业经费的不足,促使事业单位更好地开展公益性服务活动。事业单位应当按照批准的年度部门预算和月度用款计划申请取得财政经费,并按部门预算的管理要求使用各类经费。

(二)科目设置

事业单位设置"财政补助收入"科目,核算事业单位从同级财政部门取得的各类财政拨款,包括基本支出补助和项目支出补助。本科目应当设置"基本支出"和"项目支出"两个明细科目;两个明细科目下按照《政府收支分类科目》中"支出功能分类"的相关科目进行明细核算;同时在"基本支出"明细科目下按照"人员经费"和"日常公用经费"进行明细核算,在"项目支出"明细科目下按照具体项目进行明细核算(见表5-2)。期末结账后,本科目应无余额。

表5-2 财政补助入明细科目设置表

一级科目(总账科目)	二级科目(明细科目)	三级科目(明细科目)	四级科目(明细科目)
财政补助收入	基本支出	人员经费	支出功能分类的相关科目
		日常公用经费	
	项目支出	具体项目	
		……	

(三)账务处理

实行国库集中支付制度的事业单位通过财政直接支付方式和财政授权支付方式获取财政补助收入;尚未实行国库集中支付制度的事业单位通过财政实拨资金方式获取财政补助收入。

财政补助收入的确认一般采用收付实现制,实行国库集中支付制度的事业单位的年终结余事项采用权责发生制。

1. 财政直接支付方式

财政直接支付方式下,事业单位根据财政国库支付执行机构委托代理银行转来的"财政直接支付入账通知书"及原始凭证,按照通知书中的直接支付入账金额,借记有关科目,贷记"财政补助收入"科目。如果财政直接支付款项后,形成的是非流动资产,则需同时核算相关资产及相应的"非流动资产基金"。

年度终了,根据本年度财政直接支付预算指标数与当年财政直接支付实际支出数的差额,借记"财政应返还额度——财政直接支付"科目,贷记"财政补助收入"科目。

因购货退回等发生国库直接支付款项退回的,属于以前年度支付的款项,按照退回金额,借记"财政应返还额度"科目,贷记"财政补助结转"、"财政补助结余"、"存货"等有关科目;属于本年度支付的款项,按照退回金额,借记"财政补助收入"科目,贷记"事业支出"、"存货"等有关科目。

2. 财政授权支付方式

财政授权支付方式下,事业单位根据代理银行转来的"授权支付到账通知书",按照通知书中的授权支付额度,借记"零余额账户用款额度"科目,贷记"财政补助收入"科目。

年度终了,事业单位本年度财政授权支付预算指标数大于零余额账户用款额度下达数的,根据未下达的用款额度,借记"财政应返还额度——财政授权支付"科目,贷记"财政补助收入"科目。

3. 财政实拨资金方式

财政实拨资金方式主要适用于未实行国库集中收付制度的事业单位以及一些特殊财政补助款项的拨付。财政实拨资金方式下,实际收到财政补助收入时,按照实际收到的金额,借记"银行存款"等科目,贷记"财政补助收入"科目。

4. 期末结转

期末,将本科目本期发生额转入财政补助结转,借记"财政补助收入"科目,贷记"财政补助结转"科目。

【例 5-1】 某事业单位收到国库集中支付执行机构委托代理银行转来的"财政直接支付入账通知书"及原始凭证,支付了新职工培训费 53 000 元。

借:事业支出 53 000
　　贷:财政补助收入 53 000

【例 5-2】 某事业单位为增值税小规模纳税人,收到国库集中支付执行机构委托代理银行转来的"财政直接支付入账通知书"及原始凭证,该事业单位购买的办公用品 5 700 元(含税价)已经完成支付,办公用品已经验收入库。

借:存货 5 700
　　贷:财政补助收入 5 700

【例 5-2】 某事业单位收到国库集中支付执行机构委托代理银行转来的"财政直接支付入账通知书"及原始凭证,该事业单位通过政府采购方式购入固定资产一批 90 000 元(不考虑增值税),固定资产无需安装,已交付使用。

借:事业支出 90 000
　　贷:财政补助收入 90 000
借:固定资产 90 000
　　贷:非流动资产基金——固定资产 90 000

【例 5-4】 某事业单位收到代理银行转来的"财政授权支付到账通知书",本月事业单位财政授权支付额度为 100 000 元,已经下达到代理银行。

借:零余额账户用款额度 100 000
　　贷:财政补助收入 100 000

【例 5-5】 某事业单位(未实行国库集中支付制度)收到开户银行转来的"财政资金到账通知书",财政部门拨入基本支出经费 200 000 元已经到账。

借:银行存款 200 000
　　贷:财政补助收入 200 000

【例 5-6】 期末,某事业单位将"财政补助收入"科目本期发生额 1 000 000 元进行结转,其中基本支出补助 700 000 元,项目支出补助 300 000 元。

借:财政补助收入——基本支出 700 000
　　　　　　　　　——项目支出 300 000
　　贷:财政补助结转——基本支出结转 700 000
　　　　　　　　　　——项目支出结转 300 000

二、上级补助收入

（一）上级补助收入的内容

上级补助收入，是事业单位收到主管部门或上级单位拨入的非财政补助收入。上级补助收入与财政补助收入不同，上级补助收入并非来源于财政部门，也不是财政部门安排的财政预算资金，而是上级单位利用自身的收入或者集中的收入，对所属事业单位给予的补助，属于非财政性资金。上级补助收入并不是事业单位的常规性收入，主管部门或者上级单位一般根据自身的资金情况和事业单位的需要进行补助。

上级补助收入是事业单位的非财政性资金，需要按照主管部门或者上级单位的要求来进行管理，按规定的用途安排使用。按照使用要求的不同，上级补助收入可以分为专项资金收入和非专项资金收入。

（二）科目设置

事业单位设置"上级补助收入"科目，核算事业单位从主管部门和上级单位取得的非财政补助收入。本科目应当按照发放补助单位、补助项目、《政府收支分类科目》中"支出功能分类"相关科目等进行明细核算。上级补助收入中如有专项资金收入，还应按具体项目进行明细核算。期末结账后，本科目应无余额。

（三）账务处理

上级补助收入以收付实现制作为核算基础，按照实际收到的数额计量。

1. **收到款项**

收到上级补助收入时，按照实际收到的金额，借记"银行存款"等科目，贷记"上级补助收入"科目。

2. **期末结转**

期末，将本科目本期发生额中的专项资金收入结转入非财政补助结转，借记"上级补助收入"科目下各专项资金收入明细科目，贷记"非财政补助结转"科目；将本科目本期发生额中的非专项资金收入结转入事业结余，借记"上级补助收入"科目下各非专项资金收入明细科目，贷记"事业结余"科目。

【例5-7】 某事业单位收到主管部门拨来的补助款180 000元，款项已到账，此款项是主管部门用其所集中的款项对附属单位进行的补助。

借：银行存款　　　　　　　　　　　　180 000
　　贷：上级补助收入　　　　　　　　　　　180 000

【例5-8】 期末，某事业单位将"上级补助收入"科目本期发生额中的专项资金收入500 000元，非专项资金收入300 000元进行结转。

借：上级补助收入——专项资金收入　　　500 000
　　　　　　　　——非专项资金收入　　300 000
　　贷：非财政补助结转　　　　　　　　　　500 000
　　　　事业结余　　　　　　　　　　　　　300 000

三、事业收入

（一）事业收入的内容

事业收入，是事业单位开展专业业务活动及其辅助活动所取得的收入。专业业务活动是事业单位的主要业务事项，是事业单位为了实现其宗旨所开展的业务活动。各类事业单位根据其性质开展不同的业务活动，例如学校的专业业务活动是教育活动，研究机构的专业业务活动是科研活动等。辅助活动是与专业业务活动相关的为专业业务提供支持的活动。

事业单位的业务活动具有公益属性，提供的公益性服务不以营利为目的，但在国家政策支持下可以通过事业收费来弥补其部分成本，因此，需要按成本补偿的原则制定价格，收取服务费用，取得事业收入。事业收入不同于各种补助收入，事业收入是一种有偿收入，以提供各项服务（或商品）为前提，是事业单位在业务活动中通过收费等方式取得的。事业单位应当严格按照国家批准的收费项目和收费标准进行收费，在国家政策允许的范围内依法取得事业收入。

（二）事业收入的分类

1. 按照管理方式的不同，事业收入可以分为财政专户返还收入和其他事业收入两类

（1）财政专户返还收入。

财政专户返还收入是指采用财政专户返还方式管理的事业收入。事业单位在国家政策允许范围内按政府指导价格收取事业收费，这些事业收费需要纳入财政专户管理。若某项事业收费纳入了财政专户管理，事业收入需要按"收支两条线"的方式管理，在该种方式下，事业单位取得的各项事业性收费不能立即安排支出，需要上缴同级财政部门设立的财政资金专户，支出时由同级财政部门按资金收支计划从财政专户中拨付。事业单位经过审批取得从财政专户核拨的款项时，才能确认事业收入。

（2）其他事业收入。

其他事业收入是指未采用财政专户返还方式管理的普通事业收入。事业单位提供的公益性服务不以营利为目的，但在国家政策支持下需要按成本补偿的原则制定并收取服务费用，其事业收费不需要纳入财政专户管理。例如提供服务或商品取得的收入不需要上缴财政专户，若某项事业收费没有纳入财政专户管理，事业单位在收到各项服务收费时即可确认事业收入。

需要注意的是，事业单位业务活动中的各项收费并非都属于事业收入。事业单位因代行政府职能而收取的款项需要上缴国库，形成政府的财政收入。事业单位收取的纳入财政专户管理的各项收入需要上缴财政专户管理，核拨后形成事业单位的财政专户返还的事业收入。事业单位应当根据预算管理的要求，正确区分一项事业收费是属于事业收入，还是应缴国库款或应缴财政专户款。

2. 按照使用要求不同，事业收入可以分为专项资金收入和非专项资金收入

专项资金收入是国家或有关部门下拨的具有专门指定用途或特殊用途的资金，如更新改造、技术创新、项目建设等。这种资金要求单独核算、专款专用。

非专项资金收入是指在事业单位各项收入中，除专项资金收入以外的收入。

(三) 科目设置

事业单位设置"事业收入"科目,核算事业单位开展专业业务活动及其辅助活动取得的收入。本科目应当按照事业收入类别、项目、《政府收支分类科目》中"支出功能分类"相关科目等进行明细核算。事业收入中如有专项资金收入,还应按具体项目进行明细核算。期末结账后,本科目应无余额。

(四) 账务处理

事业收入采用收付实现制作为核算基础,按实际收到的数额计量。

1. 采用财政专户返还方式管理的事业收入

(1) 收到应上缴财政专户的事业收入时,按照收到的款项金额,借记"银行存款"、"库存现金"等科目,贷记"应缴财政专户款"科目。

(2) 向财政专户上缴款项时,按照实际上缴的款项金额,借记"应缴财政专户款"科目,贷记"银行存款"等科目。

(3) 收到从财政专户返还的事业收入时,按照实际收到的返还金额,借记"银行存款"等科目,贷记"事业收入"科目。

2. 其他事业收入

收到其他事业收入时,按照收到的款项金额,借记"银行存款"、"库存现金"等科目,贷记"事业收入"科目。

事业单位的事业收入需要缴纳增值税的,属于增值税小规模纳税人的事业单位应当按照出售价款扣除增值税额后的金额确认事业收入,属于增值税一般规模纳税人的事业单位应当按照扣除增值税销项税额后的价款金额确认事业收入,

3. 期末结转

期末,将本科目本期发生额中的专项资金收入结转入非财政补助结转,借记"事业收入"科目下各专项资金收入明细科目,贷记"非财政补助结转"科目;将本科目本期发生额中的非专项资金收入结转入事业结余,借记"事业收入"科目下各非专项资金收入明细科目,贷记"事业结余"科目。

【例5-9】 某事业单位开展专业业务活动收到事业服务费7 000元,款项已存入银行。此款项纳入财政专户管理,按规定应全额上缴。

借:银行存款　　　　　　　　　　　　　　7 000
　　贷:应缴财政专户款　　　　　　　　　　　7 000

【例5-10】 某事业单位将本期收到的需要全额上缴财政专户管理的款项共计300 000元全部上缴。

借:应缴财政专户款　　　　　　　　　　　300 000
　　贷:银行存款　　　　　　　　　　　　　　300 000

【例5-11】 某事业单位收到从财政专户返还的学费收入20 000元,已下达到单位零余额账户。

借:零余额账户用款额度　　　　　　　　　20 000
　　贷:事业收入　　　　　　　　　　　　　　20 000

【例5-12】 某事业单位为培训中心,为某单位举办培训服务,收到培训费35 000元,已存入银行,此款项不纳入财政专户管理。

  借:银行存款   35 000
   贷:事业收入   35 000

【例5-13】 期末,某事业单位将"事业收入"科目本期发生额中的专项资金收入580 000元,非专项资金收入720 000元全部进行结转。

  借:事业收入——专项资金收入   580 000
     ——非专项资金收入   720 000
   贷:非财政补助结转   580 000
    事业结余   720 000

四、经营收入

(一)经营收入的内容

经营收入,是事业单位在专业业务活动及其辅助活动之外开展非独立核算经营活动取得的收入。经营收入是一种有偿收入,以提供各项服务或商品为前提,是事业单位在经营活动中通过收费等方式取得的。事业单位开展经营活动的目的是通过经营活动取得一定的收入来弥补事业经费的不足。

事业单位的经营收入通常同时具备两个特征:一是开展经营活动取得的收入;二是从事业单位中的非独立核算部门开展的经营活动中取得的收入。所谓非独立核算部门是指该部门从事业单位领取一定数额的物资、款项从事相关业务活动,不独立计算盈亏,需要把日常发生的经济业务资料报给事业单位进行会计核算。事业单位的经营收入一般包括非独立核算部门因销售商品、向社会提供经营服务等取得的收入。经营收入属于事业单位的非财政非专项资金收入。

(二)科目设置

事业单位设置"经营收入"科目,核算事业单位在专业业务活动及其辅助活动之外开展非独立核算经营活动取得的收入。本科目应当按照经营活动类别、项目、《政府收支分类科目》中"支出功能分类"相关科目等进行明细核算。期末结账后,本科目应无余额。

(三)账务处理

经营收入以权责发生制作为核算基础,应当在提供服务或者发出存货,同时收讫价款或者取得收款凭据时,按照收到或应收的金额予以确认。

1. 经营收入的实现

事业单位实现经营收入时,按照确定的收入金额,借记"银行存款"、"应收账款"、"应收票据"等科目,贷记"经营收入"科目。

属于增值税小规模纳税人的事业单位实现经营收入,按实际出售价款,借记"银行存款"、"应收账款"、"应收票据"等科目,按出售价款扣除增值税额后的金额,贷记"经营收入"科目,按应缴增值税金额,贷记"应缴税费——应缴增值税"科目。

属于增值税一般纳税人的事业单位实现经营收入,按包含增值税的价款总额,借记"银行存款"、"应收账款"、"应收票据"等科目,按扣除增值税销项税额后的价款金额,贷记"经营收入"科目,按增值税专用发票上注明的增值税金额,贷记"应缴税费——应缴增值税(销项税额)"科目。

2. **期末结转**

期末,将本科目本期发生额转入经营结余,借记"经营收入"科目,贷记"经营结余"科目。

【例5-14】 某事业单位下设复印服务部为客户服务(非独立核算),当天收到复印费收入300元,款项已存入银行。

  借：银行存款   300
    贷：经营收入   300

【例5-15】 某事业单位下设检测服务部向社会公众提供家庭装修污染检测服务(非独立核算),当天应收检测服务费4 000元,实际收到1 000元,已存入银行。

  借：银行存款   1 000
    应收账款   3 000
    贷：经营收入   4 000

【例5-16】 某事业单位对外销售一批产品,价款117 000元(含税),款项尚未收到,该事业单位为增值税一般纳税人,税率17%。

  借：应收账款   117 000
    贷：经营收入   100 000
      应缴税费——应缴增值税(销项税额) 17 000

【例5-17】 期末,某事业单位将经营收入贷方发生额500 000元进行结转。

  借：经营收入   500 000
    贷：经营结余   500 000

五、附属单位上缴收入

(一) 附属单位上缴收入的内容

附属单位上缴收入,是指事业单位附属的独立核算单位按规定标准或比例上缴的收入。附属单位,一般是指与该事业单位之间除资金联系之外,还存在其他联系的具有独立法人资格的单位,包括事业单位和企业。

按照使用要求不同,附属单位上缴收入分为专项资金收入和非专项资金收入。

(二) 科目设置

事业单位设置"附属单位上缴收入"科目,核算事业单位附属独立核算单位按照有关规定上缴的收入。本科目应当按照附属单位、缴款项目、《政府收支分类科目》中"支出功能分类"相关科目等进行明细核算。附属单位上缴收入中如有专项资金收入,还应按具体项目进行明细核算。期末结账后,本科目应无余额。

事业单位与附属单位之间的往来款项,不通过本科目核算,事业单位对外投资取得的投资收益也不通过本科目核算。

(三)账务处理

附属单位上缴收入以收付实现制作为核算基础,按实际收到的数额计量。

1. 收到上缴款项

收到附属单位缴来款项时,按照实际收到金额,借记"银行存款"等科目,贷记"附属单位上缴收入"科目。

2. 期末结转

期末,将本科目本期发生额中的专项资金收入结转入非财政补助结转,借记"附属单位上缴收入"科目下各专项资金收入明细科目,贷记"非财政补助结转"科目;将本科目本期发生额中的非专项资金收入结转入事业结余,借记"附属单位上缴收入"科目下各非专项资金收入明细科目,贷记"事业结余"科目。

【例5-18】 某事业单位下属的招待所为独立核算的附属单位。按事业单位与招待所签订的收入分配办法规定,招待所应缴纳2017年度分成款为200 000元,事业单位已收到该款项。

借:银行存款   200 000
　　贷:附属单位上缴收入   200 000

【例5-19】 期末,某事业单位将"附属单位上缴收入"科目中的专项资金100 000元,非专项资金200 000元进行结转。

借:附属单位上缴收入——专项资金收入   100 000
　　　　　　　　　　——非专项资金收入   200 000
　　贷:非财政补助结转   100 000
　　　　事业结余   200 000

六、其他收入

(一)其他收入的内容

其他收入,是指事业单位除财政补助收入、上级补助收入、事业收入、经营收入、附属单位上缴收入以外的各项收入。事业单位其他收入的内容主要包括投资收益、银行存款利息收入、租金收入、捐赠收入、现金盘盈收入、存货盘盈收入、收回已核销应收及预付款项、无法偿付的应付及预收款项等。

按照使用要求不同,其他收入分为专项资金收入和非专项资金收入。

(二)科目设置

事业单位设置"其他收入"科目,核算事业单位除财政补助收入、事业收入、上级补助收入、附属单位上缴收入、经营收入以外的各项收入。本科目应当按照其他收入的类别、《政府收支分类科目》中"支出功能分类"相关科目等进行明细核算。对于事业单位对外投资实现的投资净损益,应单设"投资收益"明细科目进行核算;其他收入中如有专项资金收入(如限定用途的捐赠收入),还应按具体项目进行明细核算。期末结账后,本科目应无余额。

（三）账务处理

其他收入以收付实现制作为核算基础，按实际收到的数额计量。

1. 投资收益

事业单位各项短期投资、长期投资取得的投资收益都通过"其他收入"科目核算。

（1）对外投资持有期间收到利息、利润等时，按实际收到的金额，借记"银行存款"等科目，贷记"其他收入——投资收益"科目。

（2）出售或到期收回国债投资本息，按照实际收到的金额，借记"银行存款"等科目，按照出售或收回国债投资的成本，贷记"短期投资"、"长期投资"科目，按其差额，贷记或借记"其他收入——投资收益"科目。

2. 银行存款利息收入、租金收入

收到银行存款利息、资产承租人支付的租金，按照实际收到的金额，借记"银行存款"等科目，贷记"其他收入——利息收入、租金收入"科目。

3. 捐赠收入

（1）接受捐赠现金资产，按照实际收到的金额，借记"银行存款"等科目，贷记"其他收入——捐赠收入"科目。

（2）接受捐赠的存货验收入库，按照确定的成本，借记"存货"科目，按照发生的相关税费、运输费等，贷记"银行存款"等科目，按照其差额，贷记"其他收入——捐赠收入"科目。接受捐赠固定资产、无形资产等非流动资产，不通过本科目核算。

4. 现金盘盈收入

每日现金账款核对中如发现现金溢余，属于无法查明原因的部分，借记"库存现金"科目，贷记"其他收入——现金盘盈收入"科目。

5. 存货盘盈收入

盘盈的存货，按照确定的入账价值，借记"存货"科目，贷记"其他收入——存货盘盈收入"科目。

6. 收回已核销应收及预付款项

已核销应收账款、预付账款、其他应收款在以后期间收回的，按照实际收回的金额，借记"银行存款"等科目，贷记"其他收入——收回已核销款项"科目。

7. 无法偿付的应付及预收款项

无法偿付或债权人豁免偿还的应付账款、预收账款、其他应付款及长期应付款，借记"应付账款"、"预收账款"、"其他应付款"、"长期应付款"等科目，贷记"其他收入——无法偿付的款项"科目。

8. 期末结转

期末，将本科目本期发生额中的专项资金收入结转入非财政补助结转，借记"其他收入"科目下各专项资金收入明细科目，贷记"非财政补助结转"科目；将本科目本期发生额中的非专项资金收入结转入事业结余，借记"其他收入"科目下各非专项资金收入明细科目，贷记"事业结余"科目。

【例5-20】 某事业单位的一项长期股权投资分配利润，共计58 000元，已存入单位银

行账户。

　　　　借：银行存款　　　　　　　　　　　　　58 000
　　　　　贷：其他收入——投资收益　　　　　　　　　58 000

【例 5-21】　某事业单位一项短期国债投资到期兑付，收回投资本金 100 000 元，利息 5 000 元，共计 105 000 元已入账。

　　　　借：银行存款　　　　　　　　　　　　　105 000
　　　　　贷：短期投资　　　　　　　　　　　　　　100 000
　　　　　　　其他收入——投资收益　　　　　　　　　5 000

【例 5-22】　某事业单位接受爱心人士捐赠共计 180 000 元，其中 100 000 元为现款，已划入该事业单位银行账号，其余 80 000 元为一批材料，已验收入库。

　　　　借：银行存款　　　　　　　　　　　　　100 000
　　　　　　存货　　　　　　　　　　　　　　　 80 000
　　　　　贷：其他收入——捐赠收入　　　　　　　　180 000

【例 5-23】　某事业单位在现金盘查中发现溢余现金 50 元，无法查明原因，经批准作其他收入处理。

　　　　借：库存现金　　　　　　　　　　　　　　　50
　　　　　贷：其他收入——现金盘盈收入　　　　　　　　50

【例 5-24】　某事业单位一在编职工由于自行离职出国 3 年，其所欠单位款项 10 000 元已核销。但是后来该职工又回国，经索要收回了全部所欠款项，已存入该事业单位银行账号。

　　　　借：银行存款　　　　　　　　　　　　　10 000
　　　　　贷：其他收入——收回已核销款项　　　　　　10 000

【例 5-25】　某事业单位经营业务活动中一笔应付款项 8 000 元，由于债权人长期消失，无法支付，现予以核销。

　　　　借：应付账款　　　　　　　　　　　　　 8 000
　　　　　贷：其他收入——无法偿付的款项　　　　　　 8 000

【例 5-26】　期末，某事业单位将"其他收入"科目发生额进行结转。其中专项资金收入 100 000 元，非专项资金收入 191 050 元。

　　　　借：其他收入——专项资金收入　　　　　　100 000
　　　　　　　　　　——非专项资金收入　　　　　　191 050
　　　　　贷：非财政补助结转　　　　　　　　　　　100 000
　　　　　　　事业结余　　　　　　　　　　　　　　191 050

【练习题】

一、单项选择题

1．事业单位收到单位零余额账户代理银行送来的财政授权支付到账通知书时，借记"零余额账户用款额度"科目，贷记（　　）。

　　A．"财政补助收入"科目　　　　　　　　B．"拨入经费"科目

C. "财政应返还额度"科目　　　　D. "财政授权支付额度"科目

2. 在未实行国库集中支付制度的事业单位,收到同级财政拨入的预算经费应列入(　　)。

　A. 财政补助收入　　B. 拨入经费　　C. 经费收入　　D. 事业收入

3. 事业单位短期投资持有期间取得的收益,计入(　　)。

　A. 事业收入　　B. 其他收入　　C. 经营收入　　D. 对外投资

4. 事业单位收入类科目不包括(　　)。

　A. 财政补助收入　　　　　　B. 事业收入

　C. 附属单位上缴收入　　　　D. 预算外资金收入

5. 上级补助收入是指事业单位从上级单位取得的(　　)。

　A. 非财政补助收入　B. 财政补助收入　C. 预算外收入　D. 返还收入

6. 事业单位收入类科目包括(　　)。

　A. 拨入经费　　　　　　　　B. 主营业务收入

　C. 预算外资金收入　　　　　D. 附属单位上缴收入

7. 下列不属于事业单位"其他收入"的是(　　)。

　A. 转让无形资产取得的收入　　B. 投资收益

　C. 利息收入　　　　　　　　　D. 外单位捐赠收入

8. 事业单位收入类科目不包括(　　)。

　A. 财政补助收入　　　　　　B. 其他业务收入

　C. 附属单位上缴收入　　　　D. 事业收入

9. 上级补助收入是指事业单位从上级单位取得的(　　)。

　A. 财政补助收入　　　　　　B. 非财政补助收入

　C. 返还收入　　　　　　　　D. 其他收入

10. 财政补助收入是指事业单位按核定的预算从同级财政部门取得的各类(　　)。

　A. 业务收入　　B. 返还收入　　C. 财政拨款　　D. 预算外收入

11. 上级补助收入是指事业单位从上级单位取得的(　　)。

　A. 财政补助收入　　　　　　B. 非财政补助收入

　C. 返还收入　　　　　　　　D. 其他收入

12. 事业单位盘点事业用材料时发现有正常的溢出,按实际成本作增加存货处理,同时(　　)。

　A. 减少经费支出　　B. 增加经营收入　　C. 减少事业支出　　D. 增加其他收入

13. 事业单位年末盘盈 1000 元材料,借记"存货"科目,贷记(　　)。

　A. 经费收入　　B. 经营收入　　C. 其他支出　　D. 其他收入

14. 财政通过零余额账户为本单位直接支付一款项,应列入(　　)。

　A. 事业收入　　B. 经营收入　　C. 财政补助收入　　D. 上级补助收入

15. 事业单位从财政专户核拨的非税收入计入(　　)。

　A. 其他收入　　B. 财政补助收入　　C. 事业收入　　D. 上级补助收入

16. 独立核算的校办工厂将纯收入的一部分上缴学校,学校应记作(　　)。

A. 经营收入 B. 事业收入
C. 附属单位上缴收入 D. 其他收入

17. 年终应转入"经营结余"的账户是( )。
A. 经营收入 B. 财政补助收入
C. 上级补助收入 D. 附属单位上缴收入

18. 事业单位向外转让已入账的无形资产的所有权,其转让收入应( )。
A. 借记"事业支出"科目
B. 贷记"事业收入"科目
C. 贷记"其他收入"科目
D. 贷记"待处置资产损溢(处置净收入)"科目

二、多项选择题

1. 事业单位只有在实际收到款项时才确认的收入有( )。
A. 财政补助收入 B. 上级补助收入
C. 附属单位上缴收入 D. 经营收入

2. 下列属于事业单位"其他收入"的是( )。
A. 外单位捐赠固定资产 B. 投资收益
C. 利息收入 D. 外单位捐赠存货

3. 下列属于事业单位收入的是( )。
A. 财政补助收入 B. 上级补助收入
C. 附属单位上缴收入 D. 经营收入

三、判断题

1. 高等学校的学费收入属于经营收入。( )
2. 对外投资收益属于其他收入。( )
3. 在社会主义市场经济条件下,事业单位收入来源形式和渠道呈多样化趋势,既有财政补助收入,也有上级补助收入、事业收入、经营收入、附属单位上缴收入、投资收益、利息收入、捐赠收入等。( )
4. 财政补助收入是指事业单位直接从财政部门取得的或通过主管部门从财政部门取得的各类事业经费。( )
5. 财政补助收入来源于国家预算资金和返还的财政专户款。( )
6. 事业单位可以自订章程确定收费项目和收费标准。( )
7. "财政补助收入"科目,年终转账后,一般无余额。( )
8. "其他收入"科目,年终转账后,一般无余额。( )

四、填空题

1. 实行国库集中支付制度的事业单位,在_____下,收到财政部门委托财政零余额账户的代理银行转来的财政直接支付通知书时,确认财政补助收入。

2. 事业收入是指事业单位开展_____及辅助活动所取得的收入。

3. 实行国库集中支付制度的事业单位,在财政授权支付方式下,收到代理银行转来的财政授权支付到账通知书时,确认＿＿＿＿＿＿＿＿＿＿＿＿。

4. 经营收入是指事业单位开展专业业务活动及辅助活动＿＿＿＿＿＿＿开展非独立核算经营活动取得的收入。

5. 事业单位取得的投资收益、利息收入、捐赠收入等应当作为＿＿＿＿＿＿＿处理。

6. 附属单位上缴收入是指事业单位＿＿＿＿＿＿单位按照有关规定上缴的收入。

7. 事业单位的收入是指事业单位为开展业务活动,依法取得的＿＿＿＿＿＿＿。

五、名词解释

1. 事业收入 2. 财政补助收入 3. 附属单位上缴收入 4. 经营收入 5. 其他收入

六、简答题

1. 简述事业单位收入的概念及种类。
2. 简述"事业收入"总账科目的具体核算方法。
3. 简述事业单位其他收入的概念及内容。
4. 什么是财政补助收入?
5. 什么是上级补助收入?它与财政补助收入有什么区别?
6. 什么是经营收入?它具有什么特征?
7. 什么是附属单位上缴收入?它与经营收入有什么区别?
8. 什么是其他收入?它包括哪些内容?

七、会计处理题

根据某事业单位下列经济业务编制会计分录。

1. 单位收到财政国库支付执行机构委托代理银行转来的财政直接支付入账通知书,财政零余额账户为该单位支付了基本工资 250 000 元。

2. 单位收到单位零余额账户代理银行转来的本月授权支付额度到账通知书,本月财政授权支付额度 200 000 元。

3. 开展专业活动取得非应税收入 20 000 元,款项已存入银行。该款项应缴入财政专户。

4. 非独立核算部门开展经营活动对外销售产品价款 10 000 元,增值税 1 700 元,收进支票。

5. 开展专业辅助活动取得收入 30 000 元,收进支票,该款项不采取财政专户返还方式管理。

6. 取得非税收入 10 000 元,直接缴库方式下直接缴入财政专户。

7. 收到财政专户返还的收入 5 000 元,款项已到单位零余额账户。

8. 非独立核算部门开展非专业业务活动,取得收入 6 000 元,款项存入银行(非独立核算,不涉及增值税)。

9. 非独立核算部门销售产品一批,售价为 40 000 元,已收到货款并存入银行(考虑增值税,假设事业单位为小规模纳税人,增值税率3%)。

10. 收到附属独立核算的甲公司上交利润 20 000 元,款项已存入银行。

11. 收到债券利息收入 60 000 元,款项已存入银行。

12. 收到被投资单位分来的利润 30 000 元,款项已存入银行。

第六章

事业单位支出的核算

学习目的与要求

通过本章学习,了解并掌握:
1. 事业单位支出的概念与分类;
2. 事业单位支出的确认条件与计量方法;
3. 事业单位支出类科目的设置与账务处理。

第一节 事业单位支出概述

一、支出的含义

支出,是指事业单位为开展业务及其他活动所发生的资金耗费和损失。事业单位的支出是事业单位为保障机构正常运转和完成工作任务所发生的资金耗费和损失。

二、支出的内容与分类

事业单位的支出包括事业支出、对附属单位补助支出、上缴上级支出、经营支出和其他支出。事业单位的支出应当分类管理,按不同类型进行会计核算。

(一)按支出发生环节的不同,事业单位的支出可以分为业务活动支出和其他活动支出

业务活动支出是事业单位开展专业业务活动、经营业务活动及其相关辅助活动时发生的支出,包括事业支出和经营支出。

其他活动支出是事业单位业务活动支出以外的各项支出,主要包括对附属单位补助支出、上缴上级支出和其他支出。

(二)按照资金性质,事业单位的支出可以分为财政补助支出和非财政补助支出

财政补助支出是事业单位用财政补助收入安排的各项支出,主要发生在事业单位的事业支出中。

非财政补助支出是事业单位用财政补助收入以外的资金安排的支出,包括用事业收入、上级补助收入、附属单位上缴收入、经营收入和其他收入等安排的支出。对附属单位补助支出、上缴上级支出、经营支出和其他支出属于非财政补助支出。

(三)按支出资金的限定性要求,事业单位的支出可以分为限定性支出和非限定性支出

限定性支出是用限定性收入安排的支出,非限定性支出是用非限定性收入安排的支出。财政补助支出一般区分为基本支出和项目支出,非财政补助支出一般区分为专项资金支出和非专项资金支出。

事业单位设置的支出类科目及分类见表6-1所示。

表6-1 事业单位支出类科目及分类表

类型	会计科目	性质	限定性划分
业务活动支出	5001 事业支出	财政补助支出	基本支出
			项目支出
		非财政补助支出	专项支出
			非专项支出
	5301 经营支出	非财政补助支出	非专项支出
其他活动支出	5201 对附属单位补助支出	非财政补助支出	非专项支出
	5101 上缴上级支出		
	5401 其他支出	非财政补助支出	专项支出
			非专项支出

三、支出的确认与计量

事业单位的支出可以表现为经济利益的流出或者服务潜力的总流出,导致本期净资产的减少。支出一般在经济利益或者服务潜力很可能流出从而导致事业单位资产减少或者负债增加,并且当经济利益或者服务潜力的流出额能够可靠计量时予以确认。

根据《事业单位会计制度》的规定,事业单位的支出实行"双会计核算基础",一般以收付实现制为核算基础,特殊的经济业务或者事项采用权责发生制。

在收付实现制基础下,事业单位的支出应当在其实际支付时予以确认,并按照实际支付金额计量。此时,经济利益或者服务潜力已经流出事业单位,并且导致事业单位资产减少或者负债增加。事业单位的事业业务支出、其他活动支出一般按收付实现制基础确认。

在权责发生制基础下,事业单位的支出应当在其发生时予以确认,按照实际发生额进行

计量。此时,经济利益或者服务潜力很可能流出事业单位,并且能够导致事业单位资产减少或者负债增加。事业单位的经营业务支出应当以权责发生制为确认基础,与经营收入相配比。事业单位的经营支出以外的各项支出如果采用权责发生制基础确认,应当符合会计制度的规定。

第二节 事业单位支出的核算

一、事业支出

(一)事业支出的内容

事业支出,是事业单位开展专业业务活动及其辅助活动发生的支出。事业支出是事业单位对包括财政补助收入、上级补助收入、事业收入、经营收入、附属单位上缴收入和其他收入等各种收入来源综合安排使用的结果,是事业单位支出的主要内容。

事业单位是提供各种社会服务的公益性组织,在提供专业业务活动及其辅助活动时,必然会发生一定的耗费,形成事业支出。事业单位活动的领域不同,事业支出的内容也不一样。事业单位应当在保证专业业务活动所需支出的前提下,尽可能减少事业支出,以提高资金使用效益。

(二)事业支出的分类

为加强事业支出的管理与核算,根据财政部门的要求,事业单位需要对事业支出进行适当的分类。

1. 按部门预算管理要求分类

按部门预算管理要求,事业支出可以分为基本支出和项目支出。

(1)基本支出。

基本支出是指事业单位为了保障其正常运转、完成日常工作任务而发生的支出,包括人员经费支出和日常公用经费支出。其中,人员经费支出是指为了开展专业活动的需要用于个人方面的开支,如基本工资、津贴补贴及奖金、社会保障缴费、离休费、退休费、助学金、医疗费、住房补贴等。日常公用经费支出是指为了完成事业活动,用于公共服务方面的开支,包括办公费、印刷费、咨询费、水电费、邮电费、物业管理费、差旅费等。

(2)项目支出。

项目支出是指事业单位为了完成特定工作任务和事业发展目标,在基本支出之外所发生的支出。项目支出具有专项性、独立性和完整性的特点。

2. 按资金类型分类

按资金类型,事业支出可分为财政补助支出、非财政专项资金支出和其他资金支出。

(1)财政补助支出,是事业单位使用财政补助收入安排的事业支出。

(2)非财政专项资金支出,是事业单位使用非财政补助收入安排的有指定项目和用途的专项资金支出。该支出应当专款专用、单独核算,并按照规定向财政部门或者主管部门报送专项资金使用情况。

(3) 其他资金支出,是事业单位使用除了财政补助收入和非财政专项资金以外的资金安排的事业支出。该支出为事业支出中的非财政非专项资金支出。

3. 按政府收支分类科目要求分类

根据《2016年政府收支分类科目》的要求,事业支出需要按照支出功能分类和按照支出经济用途分类。

(1) 事业支出的功能分类。

事业支出需要按财政预算支出的功能进行分类。支出功能分类主要反映政府的职能,设置类、款、项三级预算科目,事业支出需要按照其中的"项级"科目设置明细科目,进行明细核算。

(2) 事业支出的经济分类。

事业支出不但需要进行功能分类,还需要进行经济分类。支出的经济分类主要反映政府支出的经济性质和具体用途。经济分类设类、款两级预算科目,事业支出需要按照其中的"款级"科目进行明细核算。

(三) 科目设置

事业单位设置"事业支出"科目核算事业单位开展专业业务活动及其辅助活动发生的基本支出和项目支出。本科目应当按照"基本支出"和"项目支出","财政补助支出"、"非财政专项资金支出"和"其他资金支出"等层级进行明细核算,并按照《政府收支分类科目》中"支出功能分类"相关科目进行明细核算;"基本支出"和"项目支出"明细科目下应当按照《政府收支分类科目》中"支出经济分类"的款级科目进行明细核算;同时在"项目支出"明细科目下按照具体项目进行明细核算。按照部门预算管理的要求设置第一层次的明细科目,以下再接其他层次的明细科目,参见表6-2所示。按照事业支出的资金性质设置第一层次的明细科目,以下再接其他层次的明细科目,参见表6-3所示。事业单位应根据本单位事业支出的具体情况和相关要求选择明细科目的设置方式。

表6-2 事业支出明细科目表(一)

一级科目 (总账科目)	二级科目 (明细科目)	三级科目 (明细科目)	四级科目 (明细科目)	五级科目 (明细科目)
事业支出	基本支出	财政补助支出	人员经费	功能分类 经济分类
			日常公用经费	
		其他资金支出	项目名称	
			……	
	项目支出	财政补助支出	项目名称	
			……	
		非财政专项 资金支出	人员经费	
			日常公用经费	
		其他资金支出	项目名称	
			……	

表 6-3 事业支出明细科目表(二)

一级科目 (总账科目)	二级科目 (明细科目)	三级科目 (明细科目)	四级科目 (明细科目)	五级科目 (明细科目)
事业支出	财政补助支出	基本支出	人员经费	功能分类 经济分类
			日常公用经费	
		项目支出	项目名称	
			……	
	非财政专项资金支出	项目支出	项目名称	
			……	
	其他资金支出	基本支出	人员经费	
			日常公用经费	
		项目支出	项目名称	
			……	

(四)账务处理

事业支出以收付实现制作为核算基础,按实际发生的数额计量。

1. 日常事业支出业务

(1)计提应付薪酬。

为从事专业业务活动及其辅助活动人员计提的薪酬等,借记"事业支出"科目,贷记"应付职工薪酬"等科目。

(2)领用存货。

开展专业业务活动及其辅助活动领用的存货,按领用存货的实际成本,借记"事业支出"科目,贷记"存货"科目。

(3)其他支出。

开展专业业务活动及其辅助活动中发生的其他各项支出,借记"事业支出"科目,贷记"库存现金"、"银行存款"、"零余额账户用款额度"、"财政补助收入"等科目。

(4)购入固定资产等非流动资产时。

如果购入事业用固定资产、无形资产、在建工程(需要安装的设备等)等时,在购入并支付价款时确认事业支出,同时确认相关资产。借记"事业支出"科目,贷记"库存现金"、"银行存款"、"零余额账户用款额度"、"财政补助收入"等科目,同时借记"固定资产、无形资产、在建工程(需要安装)"等科目,贷记"非流动资产基金——固定资产、无形资产、在建工程"科目。

(5)计提修购基金。

从事业收入中计提修购基金,在计提时确认事业支出,借记"事业支出"科目,贷记"专用基金——修购基金"科目。

2. 期末结转

期末,将本科目(财政补助支出)本期发生额结转入"财政补助结转"科目,借记"财政补助结转——基本支出结转、项目支出结转"科目,贷记"事业支出"科目(财政补助支出——

基本支出、项目支出)或"事业支出"科目(基本支出——财政补助支出、项目支出——财政补助支出);将本科目(非财政专项资金支出)本期发生额结转入"非财政补助结转"科目,借记"非财政补助结转"科目,贷记"事业支出"科目(非财政专项资金支出)或"事业支出"科目(项目支出——非财政专项资金支出);将本科目(其他资金支出)本期发生额结转入"事业结余"科目,借记"事业结余"科目,贷记"事业支出"科目(其他资金支出)或"事业支出"科目(基本支出——其他资金支出、项目支出——其他资金支出)。

【例 6-1】 某事业单位计算出本月应付在职事业编制人员工资 340 000。

  借:事业支出   340 000
    贷:应付职工薪酬   340 000

【例 6-2】 某事业单位在事业业务中领用 A 材料 4 500 元。

  借:事业支出   4 500
    贷:存货——A 材料   4 500

【例 6-3】 某事业单位用事业收入支付一项公务接待费 2 500 元,款项用银行存款支付,所用款项非财政资金、非专项资金。

  借:事业支出——其他资金支出 2 500
    贷:银行存款   2 500

【例 6-4】 某事业单位用上级主管部门拨入的 M 课题研究经费(非财政专项资金),用银行转账方式支付该项目调研费 3 000 元。

  借:事业支出——非财政专项资金支出 3 000
    贷:银行存款   3 000

【例 6-5】 某事业单位通过财政直接支付方式,支付给某培训机构一项新员工培训费 20 000 元。

  借:事业支出——财政补助支出 20 000
    贷:财政补助收入   20 000

【例 6-6】 某事业单位通过财政零余额账户用政府采购方式购入一批不需要安装的办公设备,价值 50 000 元(不考虑增值税),已通过验收并已交付使用。

  借:固定资产   50 000
    贷:非流动资产基金——固定资产 50 000
  借:事业支出——财政补助支出 50 000
    贷:财政补助收入   50 000

【例 6-7】 期末,某事业单位结转"事业支出"科目,其中,财政补助支出 414 500 元,非财政专项资金支出 3 000 元,其他资金支出 2 500 元。

  借:财政补助结转   414 500
    非财政补助结转   3 000
    事业结余   2 500
    贷:事业支出——财政补助支出 414 500
       ——非财政专项资金支出 3 000
       ——其他资金支出 2 500

二、经营支出

（一）经营支出的内容

经营支出，是指事业单位在专业业务活动及辅助活动之外开展非独立核算经营活动发生的支出。事业单位的主要业务是专业业务活动及辅助活动，为弥补事业单位经费的不足，更好地开展公益性服务活动，事业单位也可以开展经营活动。事业单位的经营支出与经营收入应当配比。经营支出属于事业单位的非财政非专项资金支出。

事业单位虽然主要是提供公益性服务的单位，但也应该加强经济核算，可根据开展业务活动及其他活动的实际需要，实行内部成本核算。事业单位的经营业务，可以实行内部成本核算，也可以不实行内部成本核算，具体说来：

（1）对于不实行内部成本核算的经营业务，发生的所有业务支出都通过"经营支出"科目核算，包括材料费用、人工费用及相关税费。

（2）对于实行内部成本核算的经营业务，应当对发生的业务费用进行归集、分配，准确计算产品的生产成本，在结转已销存货实际成本时确认经营支出。即如果事业单位的生产、加工经营业务实行内部成本核算，则经营支出为已销产品的实际成本。

（二）科目设置

事业单位设置"经营支出"科目，核算事业单位在专业业务活动及其辅助活动之外开展非独立核算经营活动发生的支出。经营支出应当与经营收入配比，以便考核经营业务的经济效益。本科目应当按照经营活动类别、项目、《政府收支分类科目》中"支出功能分类"相关科目等进行明细核算。期末结账后，本科目应无余额。

（三）账务处理

经营支出以权责发生制作为核算基础，按实际支出数额或实际发生数额进行计量。

1. 不实行内部成本核算

如果事业单位的经营业务不实行内部成本核算，经营支出在发生时按实际发生数额确认。为在专业业务活动及其辅助活动之外开展非独立核算经营活动人员计提的薪酬等，借记"经营支出"科目，贷记"应付职工薪酬"等科目。经营活动领用、发出存货，按领用、发出存货的实际成本，借记"经营支出"科目，贷记"存货"科目。经营活动中发生的其他各项支出，借记"经营支出"科目，贷记"库存现金"、"银行存款"、"应缴税费"等科目。

2. 实行内部成本核算

如果事业单位的生产、加工经营业务实行内部成本核算，需要通过"存货——生产成本"等科目归集生产费用，计算产品生产成本，在结转已销存货实际成本时确认经营支出。

（1）生产成本的核算分两个环节。

第一步，成本费用的归集与分配，将发生的各项费用计入相应的成本对象中，借记"存货——生产成本"科目，贷记"存货——领用的某种材料"、"应付职工薪酬"、"库存现金"、"银行存款"等科目。如果经营活动中存在一个车间生产两种产品以上，发生的间接费用先要在"存货"科目下的相关明细科目中归集，然后再按有关标准进行分摊，以便正确计算各种产品的生产成本。

第二步,完工产品成本的结转,将成本费用转入相应的产品成本中。借记"存货——完工的某种产品"科目,贷记"存货——生产成本"科目。

(2) 结转已销产品的成本。

产品销售后,结转已销产品的成本,按照已销产品的实际生产成本,借记"经营支出"科目,贷记"存货——销售的某种产品"等科目。

3. 期末结转

期末,将本科目本期发生额转入经营结余,借记"经营结余"科目,贷记"经营支出"科目。

【例6-8】 某事业单位在经营业务活动中,发生水电费1 900元,用银行存款支付(没有实行内部成本核算)。

  借:经营支出   1 900
    贷:银行存款   1 900

【例6-9】 某事业单位开展一项技术产品生产经营活动,没有实行独立核算,但要求进行内部成本核算。生产甲产品领用A材料23 000元。

  借:存货——生产成本——甲产品   23 000
    贷:存货——A材料   23 000

【例6-10】 上述事业单位计算本月应付生产甲产品工人工资8 000元。

  借:存货——生产成本——甲产品   8 000
    贷:应付职工薪酬   8 000

【例6-11】 上述事业单位生产甲产品时发生制造费用1 000元,以银行存款支付。

  借:存货——生产成本——甲产品   1 000
    贷:银行存款   1 000

【例6-12】 期末,上述事业单位生产的甲产品160件全部完工,结转其生产成本。

  借:存货——甲产品   32 000
    贷:存货——生产成本——甲产品 32 000

【例6-13】 上述事业单位(小规模纳税人,税率3%),销售上述甲产品20件,售价共计10 000元(不含税),款项尚未收到。结转已销甲产品生产成本。

  借:应收账款   10 300
    贷:经营收入   10 000
      应缴税费——应缴增值税   300
  借:经营支出   4 000
    贷:存货——甲产品   4 000

【例6-14】 某事业单位期末结转"经营支出"科目借方发生额共计9 000元。

  借:经营结余   9 000
    贷:经营支出   9 000

三、上缴上级支出

（一）上缴上级支出的内容

上缴上级支出，是指事业单位按照财政部门和主管部门的规定上缴上级单位的支出。有上缴上级支出的事业单位是实行独立核算并附属于上级单位的事业单位。本单位的上缴上级支出和上级单位的附属单位上缴收入相对应。上缴上级支出属于事业单位的非财政非专项资金支出。

根据本单位与上级单位之间的体制安排，事业单位取得的各项收入应当按规定标准或比例上缴上级单位，形成事业单位的上缴上级支出，事业单位需要上缴上级单位的款项通常是事业单位的事业收入、经营收入和其他收入。

（二）科目设置

事业单位设置"上缴上级支出"科目，核算事业单位按照财政部门和主管部门的规定上缴上级单位的支出。本科目应当按照收缴款项单位、缴款项目、《政府收支分类科目》中"支出功能分类"相关科目等进行明细核算。期末结账后，本科目应无余额。

（三）账务处理

上缴上级支出以收付实现制作为核算基础，按实际上缴的数额计量。

1. 上缴款项

按规定将款项上缴上级单位的，按照实际上缴的金额，借记"上缴上级支出"科目，贷记"银行存款"等科目。

2. 期末结转

期末，将本科目本期发生额转入事业结余，借记"事业结余"科目，贷记"上缴上级支出"科目。

【例 6-15】 某事业单位根据体制安排和本年事业收入的实际数额，经计算本期应上缴上级单位 200 000 元，已通过银行存款支付。

　　借：上缴上级支出　　　　　　　　　　200 000
　　　　贷：银行存款　　　　　　　　　　　　200 000

【例 6-16】 某事业单位期末结转"上缴上级支出"科目借方发生额 200 000 元。

　　借：事业结余　　　　　　　　　　　　200 000
　　　　贷：上缴上级支出　　　　　　　　　　200 000

四、对附属单位补助支出

（一）对附属单位补助支出的内容

对附属单位补助支出，是指事业单位用财政补助收入之外的收入对附属单位补助所发生的支出。附属单位是指实行独立核算的下级单位。本单位的对附属单位补助支出与下级单位的上级补助收入相对应。对附属单位补助支出属于事业单位的非财政非专项资金支出。

事业单位作为上级单位,可以使用自有资金对下属单位进行各项补助,支持所属单位事业的发展。事业单位可以使用事业收入、经营收入和其他收入等非财政性资金对附属单位给予补助,不能用财政补助收入对附属单位进行补助。

(二)科目设置

事业单位设置"对附属单位补助支出"科目,核算事业单位用财政补助收入之外的收入对附属单位补助发生的支出。本科目应当按照接受补助单位、补助项目、《政府收支分类科目》中"支出功能分类"相关科目等进行明细核算。期末结账后,本科目应无余额。

(三)账务处理

对附属单位补助支出以收付实现制作为核算基础,按实际补助的数额计量。

1. **对附属单位补助支出**

发生对附属单位补助支出的,按照实际支出的金额,借记"对附属单位补助支出"科目,贷记"银行存款"等科目。

2. **期末结转**

期末,将本科目本期发生额转入事业结余,借记"事业结余"科目,贷记"对附属单位补助支出"科目。

【例6-17】 某事业单位用自有资金对所属独立核算的某下级单位进行补助,用银行存款支付100 000元。

  借:对附属单位补助支出   100 000
    贷:银行存款   100 000

【例6-18】 某事业单位期末结转"对附属单位补助支出"科目借方发生额100 000元。

  借:事业结余   100 000
    贷:对附属单位补助支出   100 000

五、其他支出

(一)其他支出的内容

其他支出,是指事业单位除事业支出、经营支出、上缴上级支出、对附属单位补助支出以外的各项支出。其他支出属于非财政性资金支出,主要包括利息支出、捐赠支出、现金盘亏损失、资产处置损失、接受捐赠(调入)非流动资产发生的税费支出等。

按照支出的使用要求,其他支出分为专项资金支出和非专项资金支出。专项资金支出是用其他收入中的专项资金收入安排的支出;非专项资金支出是用其他收入中的非专项资金收入安排的支出。

(二)科目设置

事业单位设置"其他支出"科目,核算事业单位除事业支出、上缴上级支出、对附属单位补助支出、经营支出以外的各项支出。本科目应当按照其他支出的类别、《政府收支分类科目》中"支出功能分类"相关科目等进行明细核算。其他支出中如有专项资金支出,还应按具体项目进行明细核算。期末结账后,本科目应无余额。

（三）账务处理

其他支出以收付实现制作为核算基础，按实际发生数额计量。

1. 利息支出

支付银行借款（包括短期借款和长期借款）利息时，借记"其他支出"科目，贷记"银行存款"科目。为购建固定资产（未完工时"在建工程"）、无形资产支付的专门借款利息，属于工程项目建设期间支付的，在确认利息支出的同时，还要将其计入工程成本，即利息资本化。

2. 捐赠支出

（1）对外捐赠现金资产，借记"其他支出"科目，贷记"银行存款"等科目。

（2）对外捐出存货，借记"其他支出"科目，贷记"待处置资产损溢"科目。

事业单位对外捐赠货币资金、存货等流动资产，都通过"其他支出"科目核算；对外捐赠固定资产、无形资产等非流动资产，不通过本科目核算，应当冲减其对应的非流动资产基金。

3. 现金盘亏损失

每日现金账款核对中如发现现金短缺，属于无法查明原因的部分，报经批准后，借记"其他支出"科目，贷记"库存现金"科目。

4. 资产处置损失

报经批准核销应收及预付款项、处置存货，借记"其他支出"科目，贷记"待处置资产损溢"科目。

5. 接受捐赠（调入）非流动资产发生的税费支出

接受捐赠、无偿调入非流动资产发生的相关税费、运输费等，借记"其他支出"科目，贷记"银行存款"等科目。

以固定资产、无形资产取得长期股权投资，所发生的相关税费计入本科目。具体账务处理参见"长期投资"科目。

6. 期末结转

期末，将本科目本期发生额中的专项资金支出结转入非财政补助结转，借记"非财政补助结转"科目，贷记"其他支出"科目下各专项资金支出明细科目；将本科目本期发生额中的非专项资金支出结转入事业结余，借记"事业结余"科目，贷记"其他支出"科目下各非专项资金支出明细科目。

【例6-19】 某事业单位因专业业务发展的需要，向银行借入一笔2年期的借款，按合同规定本期支付了6 000元利息。

借：其他支出——利息支出　　　　　　　6 000
　　贷：银行存款　　　　　　　　　　　　　　6 000

【例6-20】 某事业单位当日盘点现金发现短缺50元，无法查明原因，经批准予以核销。

借：其他支出——现金盘亏损失　　　　　　50
　　贷：库存现金　　　　　　　　　　　　　　　50

【例6-21】 某事业单位报经批准，核销待处置的坏账损失4 500元。

借：其他支出——资产处置损失　　　　　4 500
　　贷：待处置资产损溢　　　　　　　　　　　4 500

【例6-22】 某事业单位接受某单位捐赠一台设备,按规定应当缴纳税费2 950元。
　　借:其他支出——捐赠税费支出　　　　2 950
　　　贷:应缴税费　　　　　　　　　　　　　　2 950

【例6-23】 期末,某事业单位结转"其他支出"科目本期发生额250 000元,其中专项资金支出100 000元,非专项资金支出150 000元。
　　借:非财政补助结转　　　　　　　　100 000
　　　　事业结余　　　　　　　　　　　150 000
　　　贷:其他支出——专项资金支出　　　　　　　100 000
　　　　　　　　——非专项资金支出　　　　　　　150 000

【练习题】

一、单项选择题

1. 现行预算会计制度中,事业单位会计没有采用的支出类科目是(　　)。
　A. 经营支出　　B. 事业支出　　C. 其他支出　　D. 预算外支出
2. 工资福利支出明细科目反映行政事业单位开支的在职职工和编制外长期聘用人员的各类劳动报酬以及为上述人员缴纳的各项(　　)。
　A. 基本工资　　B. 社会保险费　　C. 绩效工资　　D. 伙食补助费
3. 事业单位支付事业活动中的借款利息列入(　　)。
　A. 事业支出　　B. 经费支出　　C. 其他支出　　D. 预提费用
4. 事业单位随买随用的办公用品可直接作为(　　)。
　A. 经费支出　　B. 事业支出　　C. 库存材料　　D. 材料
5. 事业单位收回当年度已列作事业支出的款项,应作(　　)。
　A. 增加上年结余处理　　　　　B. 冲减当年事业支出处理
　C. 增加其他收入处理　　　　　D. 增加当年经费支出处理
6. 事业单位发出材料的计价方法有加权平均法、个别计价法和(　　)。
　A. 先进先出法　　B. 后进后出法　　C. 毛估法　　D. 独立计价法
7. 实行成本核算的事业单位开设的"存货——生产成本"科目核算的内容不包括(　　)。
　A. 直接材料　　B. 直接人工　　C. 间接费用　　D. 增值税

二、多项选择题

1. 下列属于期间费用的是(　　)。
　A. 制造费用　　B. 管理费用　　C. 财务费用　　D. 销售费用
2. 事业单位的支出按支出对象分为(　　)。
　A. 人员支出　　B. 公用支出　　C. 事业类支出　　D. 经营类支出
3. 使用"财政补助收入"科目中的资金时,不记录在(　　)。
　A. "事业支出"科目下设的明细账中
　B. "经营支出"科目下设的明细账中

C. "其他支出"科目下设的明细账中
D. "对附属单位支出"科目下设的明细账中

三、判断题

1. 事业单位在开展经营活动时,经营支出应当与经营收入配比。（ ）
2. 事业单位可以根据开展业务活动及其他活动的实际需要,实行内部成本核算方法。（ ）
3. 年终事业单位将"其他支出(非专项资金)"科目的借方余额转入"事业结余"贷方。（ ）
4. 年终,应将经营支出的借方余额全数转入"经营结余"科目。（ ）
5. 所有的事业单位都需要进行成本核算。（ ）
6. 对附属单位补助支出是事业单位用非财政预算资金拨付给所属单位的补助款。（ ）
7. 对附属单位补助支出和上缴上级支出属于调剂性支出,不是单位开展业务及其他活动的开支。（ ）
8. 事业单位要注意保持支出结构的合理性,控制人员经费支出,相对增加公用经费支出,促进事业发展。（ ）
9. 年终,将"事业收入"科目的余额转入"事业结余"贷方。（ ）
10. 期末将专项资金的收支数,转入"非财政补助结转"科目。（ ）

四、填空题

1. 事业单位的项目支出是指事业单位为完成_____和事业发展目标,在基本支出之外所发生的支出。
2. 基本支出是指事业单位为保障_____和完成日常工作而发生的各项支出。
3. 上缴上级支出是指事业单位按规定的标准或_____上缴上级单位的支出。
4. 对附属单位补助支出是指事业单位用_____对附属单位补助发生的支出。
5. 经营支出是指事业单位在专业业务活动及其辅助活动_____开展非独立核算经营活动发生的支出。
6. 事业支出是指事业单位开展专业业务活动及其_____发生的支出。

五、名词解释

1. 上缴上级支出 2. 事业支出 3. 财政补助支出 4. 经营支出
5. 对附属单位补助支出 6. 其他支出

六、简答题

1. 简述按资金类型分类,事业支出可分为哪些支出并对各类支出进行解释。
2. 简述事业单位其他支出的概念及主要内容。
3. 事业单位的支出包括哪些内容？

4. 什么是经营支出？应当如何核算？

5. 什么是上缴上级支出？什么是对附属单位补助支出？各自应当如何核算？

七、会计处理题

根据某事业单位下列经济业务编制会计分录。

1. 通过单位零余额账户支付本月专业业务活动水电费 5 000 元。

2. 以现金 500 元购买办公用品，直接交给有关部门使用。

3. 开展专业业务活动，领用一批甲材料，价款 6 000 元。

4. 事业单位收到财政国库支付执行机构委托代理银行转来的财政直接支付入账通知书，通过财政零余额账户为该单位支付了事业编制人员的基本工资 58 000 元。

5. 用事业经费购入办公设备，价款 20 000 元，已验收并交付使用，款项通过财政零余额账户付讫（不考虑增值税）。

（第 6、7、8 题，需进行内部成本核算）

6. 开展经营活动，生产 A 产品，领用甲材料一批，价值 50 000 元。用银行存款支付经营人员工资 6 000 元。用现金支付车间发生的费用 300 元。

7. A 产品全部完工验收入库，成本为 56 300 元。

8. 将一部分 A 产品出售，价款 25 000 元，增值税 4 250 元，售出 A 产品成本为 12 000 元，收到款项存入银行。

9. 通过银行转账用非财政资金补助附属单位 20 000 元。

第七章

事业单位净资产的核算

 学习目的与要求

通过本章学习,了解并掌握:
1. 事业单位净资产的概念与分类;
2. 事业单位净资产的确认条件与计量方法;
3. 事业单位结转结余类净资产科目的设置与账务处理;
4. 事业单位基金类净资产科目的设置与账务处理。

第一节 事业单位净资产概述

一、净资产的内容与分类

净资产,是指事业单位资产扣除负债后的余额,体现事业单位实际占有或使用的资产净值。国家拥有事业单位净资产的所有权,事业单位实际占有或使用净资产,事业单位处置各项净资产应当符合国家有关规定,要报经财政部门、上级主管单位的批准。事业单位可以按规定使用净资产,用于未来的事业发展或特定的使用方向。事业单位的净资产包括基金类净资产和结转结余类净资产两大类。

（一）结转结余类净资产

事业单位用于核算结转结余类净资产的会计科目包括财政补助结转、财政补助结余、非财政补助结转、事业结余、经营结余和非财政补助结余分配。

结转结余,是指事业单位一定期间收入与支出相抵后的余额。事业单位在各项业务活动中会取得一定的收入,发生一定的支出,根据预算管理的要求,需要以预算收入的数额控制预算支出,达到一定期间的收支平衡。但收入与支出之间的平衡是相对的,事业单位的收入与支出会存在一定的差额,形成事业单位的结转结余。

按照后续使用要求不同,结转结余资金可分为结转资金和结余资金两大类。

结转资金是指当年预算已执行但未完成,或者因故未执行,下一年度需要按照原用途继续使用的资金。

结余资金是指当年预算工作目标已完成,或因故终止,当年剩余的资金。

事业单位的结转结余,按照资金性质或者资金来源的不同,可分为财政补助结转结余和非财政补助结转结余。

1. 财政补助结转结余

财政补助结转结余是指事业单位各项财政补助收入与其相关支出相抵后剩余滚存的、须按规定管理和使用的结转和结余资金,包括财政补助结转和财政补助结余。

财政补助结转,是指事业单位滚存的需要结转到下一年度按原用途继续使用的财政补助资金,包括基本支出结转和项目支出结转。

财政补助结余,是事业单位滚存的已完成项目剩余的财政补助资金,即事业单位已经完成项目的财政补助收入减去财政补助项目支出后的差额。

财政补助结转和财政补助结余的管理,应当按照同级财政部门的规定执行。

2. 非财政补助结转结余

非财政补助结转结余是指事业单位除财政补助收支以外的各项收入与各项支出相抵后的余额,包括非财政补助结转和非财政补助结余。

非财政补助结转,是指事业单位除财政补助收支以外的各专项资金收支相抵后剩余滚存的、须按规定用途使用的结转资金。非财政补助结转资金按照规定结转下一年度继续使用。

非财政补助结余,是指事业单位除财政补助收支以外的各非专项资金收支相抵后的余额,包括事业结余和经营结余。非财政补助结余可以按照国家有关规定缴纳企业所得税、提取职工福利基金,剩余部分作为事业基金用于弥补以后年度单位收支差额。

(二) 基金类净资产

事业单位用于核算基金类净资产的会计科目包括事业基金、非流动资产基金和专用基金。

基金,是指一组具有专门的来源及规定用途的财务资源。基金需要设立才能存在,如果要求保证某项活动的资金需要,可以采用设立基金的方法,这样既可以充分地组织资金来源,又能够限定资金的使用。

事业单位的基金,是指事业单位按规定设置的有专门用途的净资产,主要包括事业基金、非流动资产基金和专用基金。按照是否存在使用限制,事业单位的基金可分为限定性基金和非限定性基金两种。非限定性基金没有限定的用途,不限制基金的使用时间或使用方向;限定性基金只能在规定的时间内使用,或是限定用于规定的使用方向。其中,事业基金属于非限定性基金;非流动资产基金和专用基金属于限定性基金。

事业单位净资产类科目及分类参见表 7-1 所示。

表 7-1　事业单位净资产类科目及分类表

类型	序号	科目编号	会计科目	性质		用途
基金类	1	3001	事业基金	非限定性		调节收支平衡
	2	3101	非流动资产基金			非流动资产占用
	3	3201	专用基金	限定性		职工福利 固定资产修购
结转结余类	4	3301	财政补助结转	财政补助	结转资金	转入下期继续使用
	5	3302	财政补助结余		结转资金	上缴或注销
	6	3401	非财政补助结转	非财政补助	结转资金	转入下期继续使用
	7	3402	事业结余		结转资金	转入结余分配
	8	3403	经营结余		结转资金	转入结余分配
	9	3404	非财政补助结余分配		分配资金	职工福利 事业基金

二、净资产的确认与计量

净资产是事业单位某一时点的资产净额，净资产的确认依赖于资产、负债两个会计要素的确认。事业单位一般在会计期末进行收入、支出的结转，提取有关基金，确认本期所增加（或减少）的净资产。

事业单位期末净资产金额取决于资产和负债的计量结果。当含有经济利益或服务潜力的经济资源流入事业单位，使得事业单位的资产增加或负债减少，从而导致当期净资产的增加。相反，当含有经济利益或服务潜力的经济资源流出事业单位，使得事业单位的资产减少或负债增加，从而导致当期净资产的减少。因此，净资产的计量与本期收入、支出的数额密切相关。

第二节　事业单位净资产的核算

一、财政补助结转

（一）财政补助结转的内容

财政补助结转，是指事业单位滚存的需要结转到下一年度按原用途继续使用的财政补助资金，包括基本支出结转和项目支出结转。

基本支出结转，是指用于基本支出的财政补助收入减去财政补助基本支出后的差额，包括人员经费和日常公用经费。

项目支出结转,是指用于尚未完成项目的财政补助收入减去财政补助项目支出后的差额。项目支出结转主要包括:项目当年已执行但尚未完成而形成的结转资金;项目因故未执行,需要推迟到下年执行形成的结转资金;项目需要跨年度执行,但项目支出预算已一次性安排形成的结转资金。

基本支出结转和项目支出结转原则上均需结转至下年按原用途继续使用,相互之间不得挪用。事业单位形成的财政补助结转资金,应当按照财政部门的规定处理。

(二)科目设置

事业单位设置"财政补助结转"科目,核算事业单位滚存的财政补助结转资金。事业单位发生需要调整以前年度财政补助结转的事项,通过本科目核算。本科目应当设置"基本支出结转"、"项目支出结转"两个明细科目,并在"基本支出结转"明细科目下按照"人员经费"、"日常公用经费"进行明细核算,在"项目支出结转"明细科目下按照具体项目进行明细核算;本科目还应按照《政府收支分类科目》中"支出功能分类科目"的相关科目进行明细核算。本科目期末贷方余额,反映事业单位财政补助结转资金数额。

(三)账务处理

1. 期末,将财政补助收入本期发生额结转入本科目,借记"财政补助收入——基本支出、项目支出"科目,贷记"财政补助结转"科目(基本支出结转、项目支出结转);将事业支出(财政补助支出)本期发生额结转入本科目,借记"财政补助结转"科目(基本支出结转、项目支出结转),贷记"事业支出——财政补助支出(基本支出、项目支出)"或"事业支出——基本支出(财政补助支出)、项目支出(财政补助支出)"科目。

2. 年末,完成上述结转后,应当对财政补助各明细项目执行情况进行分析,按照有关规定将符合财政补助结余性质的项目余额转入财政补助结余,借记或贷记"财政补助结转"科目(项目支出结转——××项目),贷记或借记"财政补助结余"科目。

3. 按规定上缴财政补助结转资金或注销财政补助结转额度的,按照实际上缴资金数额或注销的资金额度数额,借记"财政补助结转"科目,贷记"财政应返还额度"、"零余额账户用款额度"、"银行存款"等科目。取得主管部门归集调入财政补助结转资金或额度的,做相反会计分录。

【例7-1】 月末,某事业单位"财政补助收入——基本支出"科目贷方发生额为850 000元,"事业支出——财政补助支出(基本支出)"科目借方发生额为830 000元,进行月末结转。

借:财政补助收入——基本支出　　　　　　850 000
　　贷:财政补助结转——基本支出结转　　　　　　850 000
借:财政补助结转——基本支出结转　　　　　　830 000
　　贷:事业支出——财政补助支出(基本支出)　　830 000

【例7-2】 月末,某事业单位"财政补助收入——项目支出"科目贷方发生额为570 000元,"事业支出——财政补助支出(项目支出)"科目借方发生额为560 000元,进行月末结转。

借:财政补助收入——项目支出　　　　　　570 000

　　　　贷：财政补助结转——项目支出结转　　　　570 000
　　　借：财政补助结转——项目支出结转　　　　560 000
　　　　贷：事业支出——财政补助支出（项目支出）　560 000

二、财政补助结余

（一）财政补助结余的内容

财政补助结余，是事业单位滚存的已完成项目剩余的财政补助资金，即事业单位已经完成项目的财政补助收入减去财政补助项目支出后的差额。主要包括：项目完成形成的结余；由于受政策变化、计划调整等因素影响，项目终止、撤销形成的结余；对某一预算年度安排的项目支出连续两年未使用、或者连续三年仍未使用完而形成的剩余资金等。财政补助结余资金无需结转到下年继续使用，应统筹用于编制以后年度部门预算，或按规定上缴或注销。

财政补助结余只在年末进行处理，平时不需要核算。年末，事业单位应当对财政补助项目执行情况进行分析，将已经完成预算工作目标或因故终止的项目当年剩余的资金，从"财政补助结转——项目支出结转"转到"财政补助结余"科目。

事业单位形成的财政补助结余资金，应当按照财政部门的规定处理。财政补助结余不参与事业单位的结余分配、不转入事业基金。年度结余的财政补助结余资金，或按规定上缴，或注销资金额度，或经批准转为其他用途。

（二）科目设置

事业单位设置"财政补助结余"科目，核算事业单位滚存的财政补助项目支出结余资金。事业单位发生需要调整以前年度财政补助结余的事项，通过本科目核算。本科目应当按照《政府收支分类科目》中"支出功能分类科目"的相关科目进行明细核算。本科目期末贷方余额，反映事业单位财政补助结余资金数额。

（三）账务处理

1. 年末，对财政补助各明细项目执行情况进行分析，按照有关规定将符合财政补助结余性质的项目余额转入财政补助结余，借记或贷记"财政补助结转——项目支出结转（××项目）"科目，贷记或借记"财政补助结余"科目。

2. 按规定上缴财政补助结余资金或注销财政补助结余额度的，按照实际上缴资金数额或注销的资金额度数额，借记"财政补助结余"科目，贷记"财政应返还额度"、"零余额账户用款额度"、"银行存款"等科目。取得主管部门归集调入财政补助结余资金或额度的，做相反会计分录。

【例7-3】　年末，某事业单位对财政补助项目执行情况进行分析，本年度财政补助的项目中，A项目已经完成，当年剩余资金为50 000元，B项目因故终止，当年剩余资金为20 000元，这两个项目都符合财政补助结余资金性质，进行年末财政补助结余的转账处理，其余项目都没有完成。

　　　借：财政补助结转——项目支出结转　　　　70 000
　　　　贷：财政补助结余　　　　　　　　　　　　70 000

【例 7-4】 年末,某事业单位根据项目管理的要求,对已经完工的 A 项目当年剩余资金 50 000 元予以注销,抵财政应返还额度中未支用的直接支付额度;因故终止的 B 项目的当年剩余资金 20 000 元上缴财政部门,已通过单位零余额账户上缴。

借:财政补助结余　　　　　　　　　　70 000
　　贷:财政应返还额度——财政直接支付　　50 000
　　　　零余额账户用款额度　　　　　　　　20 000

三、非财政补助结转

(一) 非财政补助结转的内容

非财政补助结转,是指事业单位除财政补助收支以外的各专项资金收支相抵后剩余滚存的、须按规定用途使用的结转资金。

非财政补助结转资金有两个特点:一是它属于非财政补助资金,二是它属于专项资金。非财政补助收入包括专项资金收入和非专项资金收入,专项资金收入必须按规定用途使用,用于专项事业支出和其他支出。各专项资金收入与其相关支出相抵后,形成的非财政补助结转资金按照规定应结转至下一年度按原项目原用途继续使用。

事业单位的非财政补助结转,应当在年末进行处理。年末,对每个项目的执行情况进行分析,区分已经完成项目和未完成项目。未完成项目的结转资金结转下年度继续使用;已完成项目的剩余资金按项目规定处理:或缴回原专项资金拨款单位,或转入事业基金留归本单位使用。

(二) 科目设置

事业单位设置"非财政补助结转"科目,核算事业单位除财政补助收支以外的各专项资金收入与其相关支出相抵后剩余滚存的、须按规定用途使用的结转资金。事业单位发生需要调整以前年度非财政补助结转的事项,通过本科目核算。本科目应当按照非财政专项资金的具体项目进行明细核算。本科目期末贷方余额,反映事业单位非财政补助专项结转资金数额。

(三) 账务处理

1. 期末,将事业收入、上级补助收入、附属单位上缴收入、其他收入本期发生额中的专项资金收入结转入"非财政补助结转"科目,借记"事业收入"、"上级补助收入"、"附属单位上缴收入"、"其他收入"科目下各专项资金收入明细科目,贷记"非财政补助结转"科目;将事业支出、其他支出本期发生额中的非财政专项资金支出结转入"非财政补助结转"科目,借记"非财政补助结转"科目,贷记"事业支出——非财政专项资金支出"或"事业支出——项目支出(非财政专项资金支出)"、"其他支出"科目下各专项资金支出明细科目。

2. 年末,完成上述结转后,应当对非财政补助专项结转资金各项目情况进行分析,将已完成项目的项目剩余资金区分以下情况处理:缴回原专项资金拨入单位的,借记"非财政补助结转"科目(××项目),贷记"银行存款"等科目;留归本单位使用的,借记"非财政补助结转"科目(××项目),贷记"事业基金"科目。

【例7-5】 月末,某事业单位本月各项收入的本期发生额中专项资金收入如下,"上级补助收入——专项资金收入"400 000元,"其他收入——专项资金收入"100 000元。各项支出的本期发生额中专项资金支出如下,"事业支出——非财政专项资金支出"270 000元,"其他支出——非专项资金支出"80 000元。其余收支类科目无专项资金,月末进行结转处理。

  借:上级补助收入——专项资金收入 400 000
    其他收入——专项资金收入   100 000
   贷:非财政补助结转   500 000
  借:非财政补助结转   350 000
   贷:事业支出——非财政专项资金支出 270 000
    其他支出——非专项资金支出   80 000

【例7-6】 年末,某事业单位将非财政补助的专项收支结转后,"非财政补助结转"贷方余额为150 000元,对各具体项目分析后,确认其中的A项目已完成,剩余资金为70 000元,根据项目资金管理的规定,A项目剩余资金的30%缴回原单位(已通过银行存款划转),其余留归本单位使用。

  借:非财政补助结转——A项目   70 000
   贷:银行存款   21 000
    事业基金   49 000

四、事业结余

(一)事业结余的内容

事业结余,是事业单位一定期间除财政补助收支、非财政专项资金收支和经营收支以外各项收支相抵后的余额,属于非财政补助结余。年末,应当将本年度累计形成的事业结余(或事业亏损)全部转入非财政补助结余分配。

(二)科目设置

事业单位设置"事业结余"科目,核算事业单位一定期间除财政补助收支、非财政专项资金收支和经营收支以外各项收支相抵后的余额。本科目期末如为贷方余额,反映事业单位自年初至报告期末累计实现的事业结余;如为借方余额,反映事业单位自年初至报告期末累计发生的事业亏损。年末结账后,本科目应无余额。

(三)账务处理

1. 期末,将事业收入、上级补助收入、附属单位上缴收入、其他收入本期发生额中的非专项资金收入结转入本科目,借记"事业收入"、"上级补助收入"、"附属单位上缴收入"、"其他收入"科目下各非专项资金收入明细科目,贷记"事业结余"科目;将事业支出、其他支出本期发生额中的非财政、非专项资金支出,以及对附属单位补助支出、上缴上级支出的本期发生额结转入本科目,借记"事业结余"科目,贷记"事业支出——其他资金支出"或"事业支出——基本支出(其他资金支出)、项目支出(其他资金支出)"科目、"其他支出"科目下各非专项资金支出明细科目、"对附属单位补助支出"、"上缴上级支出"科目。

2. 年末,完成上述结转后,将本科目余额结转入"非财政补助结余分配"科目,借记或贷记"事业结余"科目,贷记或借记"非财政补助结余分配"科目。

【例 7-7】 月末,某事业单位有关收支中非专项资金收支情况如下:"事业收入——非专项资金收入"600 000 元,"上级补助收入——非专项资金收入"200 000 元,"附属单位上缴收入——非专项资金收入"50 000 元,"其他收入——非专项资金收入"20 000 元;"事业支出——其他资金支出"580 000 元,"对附属单位补助支出"120 000 元,"上缴上级支出"60 000 元,"其他支出——非专项资金支出"40 000 元,进行期末结转处理。

借:事业收入——非专项资金收入　　　　600 000
　　上级补助收入——非专项资金收入　　200 000
　　附属单位上缴收入——非专项资金收入　50 000
　　其他收入——非专项资金收入　　　　 20 000
　　贷:事业结余　　　　　　　　　　　　　　870 000
借:事业结余　　　　　　　　　　　　　 800 000
　　贷:事业支出——其他资金支出　　　　　580 000
　　　　对附属单位补助支出　　　　　　　　120 000
　　　　上缴上级支出　　　　　　　　　　　 60 000
　　　　其他支出——非专项资金支出　　　　 40 000

【例 7-8】 年末,某事业单位将"事业结余"的贷方余额 70 000 元进行结转。

借:事业结余　　　　　　　　　　　　　　70 000
　　贷:非财政补助结余分配　　　　　　　　　70 000

五、经营结余

(一)经营结余的内容

经营结余,是事业单位一定期间各项经营收支相抵后余额弥补以前年度经营亏损后的余额,属于非财政补助结余。事业单位开展经营业务所取得的经营收入和发生的经营支出,应当转入经营结余中,以核算经营业务的成果。年末,经营业务的当年盈利在弥补以前年度亏损后,如有剩余盈利,应转入非财政补助结余分配。若经营业务为亏损,无需转入非财政补助结余分配,留待以后年度的经营盈利弥补。

(二)科目设置

事业单位设置"经营结余"科目,核算事业单位一定期间各项经营收支相抵后余额弥补以前年度经营亏损后的余额。本科目期末如为贷方余额,反映事业单位自年初至报告期末累计实现的经营结余弥补以前年度经营亏损后的经营结余;如为借方余额,反映事业单位截至报告期末累计发生的经营亏损。年末结账后,本科目一般无余额;如为借方结余,反映事业单位累计发生的经营亏损。

(三)账务处理

1. 期末,将经营收入本期发生额结转入本科目,借记"经营收入"科目,贷记"经营结余"

科目;将经营支出本期发生额结转入本科目,借记"经营结余"科目,贷记"经营支出"科目。

2. 年末,完成上述结转后,如本科目为贷方余额,将本科目余额结转入"非财政补助结余分配"科目,借记"经营结余"科目,贷记"非财政补助结余分配"科目;如本科目为借方余额,为经营亏损,不予结转。

【例7-9】 月末,某事业单位本月"经营收入"科目贷方发生额90 000元,"经营支出"科目借方发生额40 000元,进行期末结转。

  借:经营收入   90 000
    贷:经营结余   90 000
  借:经营结余   40 000
    贷:经营支出   40 000

【例7-10】 年末,某事业单位"经营结余"贷方余额为50 000元。

  借:经营结余   50 000
    贷:非财政补助结余分配   50 000

【例7-11】 年末,某事业单位"经营结余"借方余额为20 000元。

年末"经营结余"借方余额20 000元,即为经营亏损20 000元。根据会计制度规定,不予以结转,亏损数留在"经营结余"借方,留待以后年度经营活动的盈利来弥补。

六、非财政补助结余分配

(一)非财政补助结余分配的内容

非财政补助结余分配,是指按照规定将事业单位的非财政补助结余(包括事业结余和经营结余)在国家、单位、职工之间进行分配。

年末,事业单位的非财政补助结余应当转入"非财政补助结余分配"科目进行分配。可进行分配的非财政补助结余资金,包括事业单位的年度事业结余(或事业亏损,即"事业结余"科目的借方余额)和年度经营结余(不包括经营亏损,即"经营结余"科目的借方余额)。财政补助形成的结余资金不得转入"非财政补助结余分配"中,各项结转资金也不进行分配。

事业单位非财政补助结余的分配程序如下:

1. **缴纳企业所得税**

事业单位开展非独立核算经营活动形成的经营结余按照企业所得税法的规定需要缴纳企业所得税,如为经营亏损,则无需缴纳。一般而言,事业结余不需要缴纳企业所得税。

企业所得税计算公式如下:

$$企业所得税 = 年度经营结余 \times 所得税税率$$

2. **提取专用基金——职工福利基金**

年末,事业单位从税后的非财政补助结余中按照一定比例提取专门用于单位职工集体福利设施、集体福利待遇的职工福利基金。

职工福利基金计算公式如下:

$$职工福利基金 = 税后非财政补助结余 \times 计提比例$$

3. **结转未分配的非财政补助结余**

年末,事业单位将可分配非财政补助结余扣除前两项后的剩余资金按照规定转入事业基金,用于弥补以后年度单位收支差额。

(二) 科目设置

事业单位设置"非财政补助结余分配"科目,核算事业单位本年度非财政补助结余分配的情况和结果。年末结账后,本科目应无余额。

(三) 账务处理

1. 年末,将"事业结余"科目余额结转入本科目,借记或贷记"事业结余"科目,贷记或借记"非财政补助结余分配"科目;将"经营结余"科目贷方余额结转入本科目,借记"经营结余"科目,贷记"非财政补助结余分配"科目。

2. 有企业所得税缴纳义务的事业单位计算出应缴纳的企业所得税,借记"非财政补助结余分配"科目,贷记"应缴税费——应缴企业所得税"科目。

3. 按照有关规定提取职工福利基金的,按提取的金额,借记"非财政补助结余分配"科目,贷记"专用基金——职工福利基金"科目。

4. 年末,按规定完成上述处理后,将本科目余额结转入事业基金,借记或贷记"非财政补助结余分配"科目,贷记或借记"事业基金"科目。

【例7-12】 年末,某事业单位"事业结余"科目贷方余额60 000元,"经营结余"贷方余额100 000元,予以结转。

借:事业结余　　　　　　　　　　　　　　　60 000
　　经营结余　　　　　　　　　　　　　　　100 000
　　贷:非财政补助结余分配　　　　　　　　　160 000

【例7-13】 年末,某事业单位计算应缴企业所得税(税率25%)25 000元。

税额 = 100 000 × 25% = 25 000

借:非财政补助结余分配　　　　　　　　　　25 000
　　贷:应缴税费——应缴企业所得税　　　　　25 000

【例7-14】 年末,某事业单位按规定提取(提取比例为40%)职工福利基金54 000元。

职工福利基金 = (100 000 - 25 000) × 40% = 54 000

借:非财政补助结余分配　　　　　　　　　　54 000
　　贷:专用基金——职工福利基金　　　　　　54 000

【例7-15】 年末,上述事业单位将"非财政补助结余分配"科目的余额转入"事业基金"。

未分配非财政补助结余 = 100 000 - 25 000 - 54 000 = 81 000

借:非财政补助结余分配　　　　　　　　　　81 000
　　贷:事业基金　　　　　　　　　　　　　　81 000

七、事业基金

(一) 事业基金的内容

事业基金,是指事业单位拥有的非限定用途的净资产,其来源主要为非财政补助结余扣除结余分配后滚存的金额。具体而言,事业单位的事业基金来源有三:一是非财政补助结余扣除结余分配后滚存的金额;二是留归本单位使用的非财政补助专项(已完成项目)剩余资金;三是对外转让或到期收回长期债券投资的成本金额。事业基金一般对应于事业单位的流动资产,当事业单位用货币资金对外长期投资时,应将其转为非流动资产基金。收回货币资金的长期投资时,再将其转回到事业基金。

事业基金没有限定的用途,不直接安排各项支出,主要用于弥补以后年度事业单位的收支差额,调节年度之间的收支平衡。但是,事业单位应当加强事业基金的管理,遵循收支平衡的原则,统筹安排、合理使用,支出不得超出基金规模。

(二) 科目设置

事业单位设置"事业基金"科目,核算事业单位拥有的非限定用途的净资产,主要为非财政补助结余扣除结余分配后滚存的金额。事业单位发生需要调整以前年度非财政补助结余的事项,通过本科目核算。国家另有规定的,从其规定。本科目期末贷方余额,反映事业单位历年积存的非限定用途净资产的金额。

(三) 账务处理

1. 年末,将"非财政补助结余分配"科目余额转入事业基金,借记或贷记"非财政补助结余分配"科目,贷记或借记"事业基金"科目。

2. 年末,将留归本单位使用的非财政补助专项(项目已完成)剩余资金转入事业基金,借记"非财政补助结转——××项目"科目,贷记"事业基金"科目。

3. 以货币资金取得长期股权投资、长期债券投资,按照实际支付的全部价款(包括购买价款以及税金、手续费等相关税费)作为投资成本,借记"长期投资"科目,贷记"银行存款"等科目;同时,按照投资成本金额,借记"事业基金"科目,贷记"非流动资产基金——长期投资"科目。

4. 对外转让或到期收回长期债券投资本息,按照实际收到的金额,借记"银行存款"等科目,按照收回长期投资的成本,贷记"长期投资"科目,按照其差额,贷记或借记"其他收入——投资收益"科目;同时,按照收回长期投资对应的非流动资产基金,借记"非流动资产基金——长期投资"科目,贷记"事业基金"科目。

【例 7-16】 年末,某事业单位将"非财政补助结余分配"科目贷方余额 81 000 元转入"事业基金"。

借:非财政补助结余分配　　　　　　　　　　81 000
　　贷:事业基金　　　　　　　　　　　　　　　81 000

【例 7-17】 年末,某事业单位将非财政补助的专项收支结转后,"非财政补助结转"贷方余额为 150 000 元,对各具体项目分析后,确认已完成项目的剩余资金为 80 000 元,根据项目资金管理的规定,剩余资金的 30% 缴回原单位(已通过银行存款划转),其余留归本单位使用。

借:非财政补助结转　　　　　　　　　　　　80 000
　　贷:银行存款　　　　　　　　　　　　　　　24 000
　　　　事业基金　　　　　　　　　　　　　　　56 000

八、非流动资产基金

(一) 非流动资产基金的内容

非流动资产基金,是指事业单位非流动资产占用的金额。事业单位的非流动资产包括长期投资、固定资产、在建工程、无形资产等,非流动资产基金就是上述资产所对应的资产净额。非流动资产基金属于限定性基金,被各项非流动资产占用。

事业单位为了兼顾预算管理和财务管理对会计信息的需求,为每项非流动资产设置了基金项目,使得各项非流动资产与相应的非流动资产基金相对应,由此可以实现在取得各项非流动资产时,既确认资金的耗费,又反映非流动资产的投资情况。

事业单位在计提固定资产折旧、无形资产摊销时,应当按折旧、摊销的数额冲减其对应的非流动资产基金。即为"虚提"折旧和摊销,可以合理反映各项资产的价值。事业单位处置固定资产、无形资产、长期投资、无形资产,以及用固定资产、无形资产对外投资时,应当同时冲销或转出该项资产所对应的非流动资产基金。

(二) 科目设置

事业单位设置"非流动资产基金"科目,核算事业单位长期投资、固定资产、在建工程、无形资产等非流动资产占用的金额。本科目应当设置"长期投资"、"固定资产"、"在建工程"、"无形资产"等明细科目,进行明细核算。本科目期末贷方余额,反映事业单位非流动资产占用的金额。

(三) 账务处理

1. 非流动资产基金的取得

非流动资产基金应当在取得长期投资、固定资产、在建工程、无形资产等非流动资产或发生相关支出时予以确认。

取得相关资产或发生相关支出时,借记"长期投资"、"固定资产"、"在建工程"、"无形资产"等科目,贷记"非流动资产基金"科目等有关科目;同时或待以后发生相关支出时,借记"事业支出"等有关科目,贷记"财政补助收入"、"零余额账户用款额度"、"银行存款"等科目。

2. 非流动资产基金的冲减

计提固定资产折旧、无形资产摊销时,应当冲减非流动资产基金。计提固定资产折旧、无形资产摊销时,按照计提的折旧、摊销额,借记"非流动资产基金"科目(固定资产、无形资产),贷记"累计折旧"、"累计摊销"科目。

3. 非流动资产基金的冲销

处置长期投资、固定资产、无形资产,以及以固定资产、无形资产对外投资时,应当冲销该资产对应的非流动资产基金。

(1) 以固定资产、无形资产对外投资,按照评估价值加上相关税费作为投资成本,借记"长期投资"科目,贷记"非流动资产基金——长期投资"科目,按发生的相关税费,借记"其他支出"科目,贷记"银行存款"等科目;同时,按照投出固定资产、无形资产对应的非流动资产基金,借记本科目,按照投出资产已提折旧、摊销,借记"累计折旧"、"累计摊销"科目,按照投出资产的账面余额,贷记"固定资产"、"无形资产"科目。

(2)出售或以其他方式处置长期投资、固定资产、无形资产,转入待处置资产时,借记"待处置资产损溢"、"累计折旧"(处置固定资产)或"累计摊销"(处置无形资产)科目,贷记"长期投资"、"固定资产"、"无形资产"等科目。实际处置时,借记"非流动资产基金"科目(有关资产明细科目),贷记"待处置资产损溢"科目。

【例7-18】 某事业单位采用财政直接支付方式购置一批专业检测设备,价款300 000元,另付所附相关独立操作应用软件20 000元。检测设备和应用软件均已收到(不考虑增值税)。

```
借:固定资产                          300 000
   无形资产                           20 000
   贷:非流动资产基金——固定资产        300 000
               ——无形资产             20 000
借:事业支出——财政补助支出            320 000
   贷:财政补助收入                    320 000
```

【例7-19】 某事业单位根据相关规定,本月应计提固定资产折旧50 000元,需摊销无形资产20 000元。

```
借:非流动资产基金——固定资产          50 000
             ——无形资产              20 000
   贷:累计折旧                        50 000
      累计摊销                        20 000
```

【例7-20】 某事业单位报同级财政部门批准,将一台固定资产报废,该固定资产账面余额500 000元,已提折旧490 000元。

```
借:待处置资产损溢                     10 000
   累计折旧                          490 000
   贷:固定资产                       500 000
借:非流动资产基金——固定资产           10 000
   贷:待处置资产损溢                   10 000
```

九、专用基金

(一)专用基金的内容

专用基金,是指事业单位按规定提取或者设置的具有专门用途的资金,主要包括修购基金、职工福利基金、其他基金等。事业单位的部分业务活动需要有专门的资金来源渠道,并按规定的用途使用资金,为此事业单位设立了专用基金。专用基金属于限定性基金,要求按规定用途使用。事业单位应当根据业务发展的需要,设立专用基金项目。

1. 修购基金

修购基金是事业单位按照事业收入和经营收入的一定比例提取以及按照其他规定转

入,用于事业单位固定资产维修和购置的资金。

提取修购基金时,按提取数额确认本期事业支出、经营支出,并按照规定在相应的购置费和修缮费科目中各列50%,提取比例由财政部门或主管单位规定。事业单位也可以按规定,从其他渠道转入修购基金。事业收入和经营收入较少的事业单位可以不提取修购基金,实行固定资产折旧的事业单位不提取修购基金。

2. 职工福利基金

职工福利基金是事业单位按照非财政补助结余的一定比例提取以及按照其他规定提取转入,用于单位职工集体福利设施、集体福利待遇等的资金。

事业单位职工福利基金的提取比例,由财政部门或主管单位规定,一般不会超过单位年度非财政补助结余的40%。

3. 其他基金

其他基金是事业单位按照其他有关规定提取或者设置的专用资金。

(二) 专用基金的管理要求

事业单位专用基金的管理必须遵循"先提后用、收支平衡、专款专用、支出不得超出基金规模"的原则。

1. 先提后用

先提后用是指各项专用基金必须根据规定的来源渠道,在取得资金后,方能安排使用。

2. 收支平衡

收支平衡是指各项专用基金各自量入为出,各自组织收支平衡。

3. 专款专用

专款专用是指各项专用基金都要按照规定用途和范围使用,不得相互占用和挪用。

4. 支出不得超出基金规模

支出不得超出基金规模是指各项基金使用时其支出不得超出其收入规模。

(三) 科目设置

事业单位设置"专用基金"科目,核算事业单位按规定提取或者设置的具有专门用途的净资产,主要包括修购基金、职工福利基金等。本科目应当按照专用基金的类别进行明细核算。本科目期末贷方余额,反映事业单位专用基金余额。

(四) 账务处理

1. 提取或设置专用基金

(1) 提取修购基金。

按规定提取修购基金的,按照提取金额,借记"事业支出"、"经营支出"科目,贷记"专用基金——修购基金"科目。

(2) 提取职工福利基金。

年末,按规定从本年度非财政补助结余中提取职工福利基金的,按照提取金额,借记"非财政补助结余分配"科目,贷记"专用基金——职工福利基金"科目。

(3) 提取、设置其他专用基金。

若有按规定提取的其他专用基金,按照提取金额,借记有关支出科目或"非财政补助结余分配"等科目,贷记"专用基金"科目。

(4) 若有按规定设置的其他专用基金,按照实际收到的基金金额,借记"银行存款"等科目,贷记"专用基金"科目。

2. 使用专用基金

按规定使用专用基金时,借记"专用基金"科目,贷记"银行存款"等科目;使用专用基金形成固定资产的,还应借记"固定资产"科目,贷记"非流动资产基金——固定资产"科目。

【例7-21】 某事业单位没有建立固定资产折旧制度,主管部门规定按照事业收入的5%和经营收入的6%提取修购基金。本期事业收入500 000元,经营收入100 000元。

借:事业支出　　　　　　　　　　　　　　25 000
　　经营支出　　　　　　　　　　　　　　 6 000
　贷:专用基金——修购基金　　　　　　　31 000

【例7-22】 某事业单位用修购基金购买一台设备,价款20 000元(不考虑增值税),运输费等200元,已全部用银行存款支付。

借:专用基金——修购基金　　　　　　　20 200
　贷:银行存款　　　　　　　　　　　　　20 200
借:固定资产　　　　　　　　　　　　　　20 200
　贷:非流动资产基金——固定资产　　　　20 200

【练习题】

一、单项选择题

1. 事业单位非财政补助结余主要包括事业结余和(　　)。
   A. 收支结余　　　B. 结转　　　C. 结余　　　D. 经营结余
2. 事业单位的净资产包括财政补助结转、财政补助结余、非财政补助结转、事业结余、经营结余、非财政补助结余分配、事业基金、专用基金和(　　)。
   A. 修购基金　　　B. 非流动资产基金　　　C. 医疗基金　　　D. 住房基金
3. 年终应转入"事业结余"账户的是(　　)。
   A. 经营收入　　　B. 附属单位上缴收入　C. 经营支出　　　D. 财政补助收入
4. 年终应转入"事业结余"账户的是(　　)。
   A. 经营收入　　　B. 其他收入　　　C. 经费支出　　　D. 应缴税费
5. 年终不应转入"事业结余"账户的是(　　)。
   A. 财政补助收入　　　　　　　　　　B. 事业收入
   C. 上级补助收入　　　　　　　　　　D. 附属单位上缴收入
6. 年终有可能转入"事业结余"账户贷方的是(　　)。
   A. 事业收入　　　B. 经营收入　　　C. 事业支出　　　D. 经费支出
7. 年终应转入"事业结余"账户的是(　　)。
   A. 经营收入　　　B. 经营支出　　　C. 事业收入　　　D. 财政补助收入
8. 年终应转入"事业结余"账户的是(　　)。

A. 经营收入　　　　　　　　　　　B. 拨入专款
C. 经营支出　　　　　　　　　　　D. 附属单位上缴收入

9. 年终应转入"经营结余"借方的是（　　）。
A. 经营支出　　B. 经营收入　　C. 经费支出　　D. 其他收入

10. 某事业单位有关经营性收支科目的年终余额为：经营收入60万,经营支出50万元,则年末"经营结余"的余额为（　　）。
A. 98 000元　　B. 100 000元　　C. 102 000元　　D. 112 000元

11. 事业单位年终应转入"经营结余"账户的是（　　）。
A. 经营收入　　B. 财政补助收入　　C. 上级补助收入　　D. 附属单位缴款

12. 年终应转入"经营结余"贷方的是（　　）。
A. 经营收入　　B. 其他收入　　C. 经营支出　　D. 其他支出

13. 年终应转入"经营结余"账户的是（　　）。
A. 经营收入　　B. 上级补助收入　　C. 经费支出　　D. 其他支出

14. 年终结账后,事业单位应将未分配结余全数转入（　　）。
A. 事业基金　　B. 经营结余　　C. 专用基金　　D. 事业结余

15. 关于事业单位专用基金的说法错误的是（　　）。
A. 专用基金不得互相占用　　　　　B. 专用基金不得互相挪用
C. 专用基金可以循环周转使用　　　D. 专用基金的取得均有专门的规定

16. 事业单位根据当年非财政补助结余的规定比例计提的专用基金为（　　）。
A. 修购基金　　B. 职工福利基金　　C. 医疗基金　　D. 其他基金

17. 事业单位用货币资金取得的长期股权投资,按照实际支付的全部价款作为投资成本,借记"长期投资"科目,贷记"银行存款"等科目;同时,借记"事业基金"科目,贷记（　　）。
A. 非流动资产基金　　B. 专用基金　　C. 修购基金　　D. 投资基金

18. 期末,下列科目的余额不应转入"事业结余"的是（　　）。
A. 经营收入　　B. 事业收入　　C. 其他收入　　D. 上级补助收入

二、多项选择题

1. "非财政补助结余分配"是对当年实现的（　　）进行分配的过程。
A. 事业结余　　B. 经营结余　　C. 专款资金　　D. 滚存结余

2. "非财政补助结余分配"的夫向有（　　）。
A. 修购基金　　B. 所得税　　C. 职工福利基金　　D. 事业基金

3. 事业基金的来源一般包括（　　）。
A. 结余分配后的余额　　　　　B. 财政补助结余
C. 对外投资收益　　　　　　　D. 专项资金留归本单位

4. 事业单位净资产的会计科目包括（　　）等。
A. 经营结余　　B. 事业基金　　C. 专用基金　　D. 事业结余

三、判断题

1. 修购基金的支用仅限于固定资产的维修和购置,不得用于其他方面的开支。（　　）

2. 事业单位的结余具有营利性质,是收支相抵后的盈余。（　　）
3. 事业单位结余的确定只能采用权责发生制,不能采用收付实现制。（　　）
4. 事业单位的结余,一般不向出资者分配,除提取专用基金外,要转入事业基金,用于事业的发展,以便取得更大的社会效益。（　　）
5. 年度终了,单位应将实现的经营结余或亏损全数转入"非财政补助结余分配"科目,结转后本科目无余额。（　　）
6. 事业单位的非财政补助结余分配,在计算应纳所得税和计提专用基金后,未分配的结余全数转入"事业基金"。（　　）
7. 发生以前年度会计事项的调整或变更,涉及到以前年度结余的,如国家无特别规定的,不再通过"结余分配",而是直接转入"事业基金"科目。（　　）
8. 专用基金的管理要求专设账户,即要求在银行开设专户。（　　）

四、填空题

1. 事业单位的净资产是指事业单位的资产_____的差额。
2. 年度终了,从事经营活动的事业单位应将实现的经营结余全数转入"结余分配"科目,结转后,"经营结余"科目无余额;如为经营亏损,则_____。
3. 经营结余是指事业单位各项_____相抵后的余额。
4. 事业单位对其专用基金的管理原则中要求先提后用,专设账户和_____。
5. 事业基金是指事业单位拥有的非限定用途的_____。
6. 修购基金是指事业单位按事业收入和经营收入的一定比例提取以及由_____形成的,专门用于单位固定资产修理或购置的资金。
7. 职工福利基金是指按照_____的一定比例提取转入的,专门用于单位职工集体福利设施、集体福利待遇等的资金。

五、名词解释

1. 财政补助结转　2. 专用基金　3. 事业结余　4. 修购基金　5. 经营结余
6. 事业基金　7. 职工福利基金　8. 非财政补助结余　9. 非流动资产基金

六、简答题

1. 简述"经营结余"总账科目的具体核算方法。
2. 简述事业单位非财政补助结余的概念及其分配程序。
3. 简述事业单位专用基金的管理要求。
4. 事业单位的净资产包括哪些内容?
5. 什么是事业基金? 其主要来源有哪些?
6. 什么是事业结余? 什么是经营结余? 各自应当如何核算?

七、会计处理题

根据下列某事业单位发生的经济业务,编制会计分录。
1. 接受捐赠一批设备,价值 500 000 元。
2. 经批准报废交通工具一辆,原价 100 000 元,已提折旧 98 000 元。

3. 在清理报废上述交通工具过程中发生清理费用500元,已用现金支付;发生残值变价收入2 000元,已存入银行。

4. 上述交通工具清理完毕,结转相关科目。

5. 根据单位本月取得事业收入200 000元和经营收入250 000元,分别按4%和5%的提取比率提取修购基金。

6. 用修购基金购入业务用机器一台,计价20 000元,款项已通过单位零余额账户转出。

7. 将固定资产一台对外进行投资,账面原价30 000元,已提折旧20 000元,该固定资产评估价值为20 000元。

8. 年终,结转收支账户余额。[财政补助收入200万,上级补助收入(非专项资金)60万,事业收入(非专项资金)40万,附属单位上缴收入(非专项资金)2万,其他收入(非专项资金)20万,经营收入50万;事业支出230万(其中财政补助支出200万,其余为其他资金支出),上缴上级支出(非专项资金)14万,其他支出(非专项资金)16万,经营支出37万]

9. 对经营结余按25%交所得税,税后结余按40%计提职工福利基金。

第八章 事业单位财务报告

 学习目的与要求

通过本章学习,了解并掌握:
1. 事业单位财务报告的含义与构成;
2. 事业单位会计报表的分类;
3. 事业单位资产负债表的基本格式与填列方法;
4. 事业单位收入支出表的基本格式与填列方法;
5. 事业单位财政补助收入支出表的基本格式与填列方法;
6. 事业单位的财务分析。

第一节 事业单位财务报告概述

一、财务报告的构成

财务报告是反映事业单位某一特定日期财务状况和某一会计期间的事业成果、预算执行等会计信息的总结性书面文件。事业单位应当定期向主管部门和财政部门以及其他有关的报表使用者提供财务报告。向财务报告使用者提供与事业单位财务状况、事业成果、预算执行等有关的会计信息,反映事业单位受托责任的履行情况,有助于会计信息使用者进行社会管理、做出经济决策。

事业单位的财务报告是各级政府和上级部门了解事业单位预算执行情况的重要依据,也是事业单位内部管理的基础资料,是事业单位编制下年度单位财务收支计划的基础。财务报告所提供的会计信息,有助于加强事业单位的预算管理和财务管理,接受社会公众的监督,提高事业单位提供公益服务的水平。

事业单位的财务报告由财务报表和财务情况说明书构成。财务报表由会计报表和会计报表附注构成。因此,财务报告由会计报表、会计报表附注和财务情况说明书构成。

(一) 会计报表

会计报表是以表格形式反映事业单位的财务状况、收入支出情况和预算执行情况等的书面文件,是财务报告的重要组成部分。事业单位的会计报表主要包括资产负债表、收入支出表、财政补助收入支出表等。

事业单位除了编制上述主要会计报表外,还需要编制一系列明细表和附表,以全面反映各项收入、支出的构成。事业单位需要编制的明细表主要包括事业支出明细表、基本支出明细表、项目支出明细表等。这些报表需要根据《政府收支分类科目》的要求,按支出的经济分类列出各类款、项的具体数额。事业单位还需要编制资产情况表、机构人员情况表、基本数字表等附表,以反映事业单位的基本情况。

(二) 会计报表附注

会计报表附注是指对在会计报表中列示项目的文字描述或明细资料,以及对未能在会计报表中列示项目的说明等。《事业单位会计制度》要求,事业单位的会计报表附注至少应当披露下列内容:

(1) 遵循《事业单位会计准则》、《事业单位会计制度》的声明;
(2) 单位整体财务状况、业务活动情况的说明;
(3) 会计报表中列示的重要项目的进一步说明,包括其主要构成、增减变动情况等;
(4) 重要资产处置情况的说明;
(5) 重大投资、借款活动的说明;
(6) 以名义金额计量的资产名称、数量等情况,以及以名义金额计量理由的说明;
(7) 以前年度结转结余调整情况的说明;
(8) 有助于理解和分析会计报表需要说明的其他事项。

(三) 财务情况说明书

财务情况说明书是对事业单位财务状况、事业成果的变动情况及原因所做的文字阐述。在编制了会计报表后,财务人员需要撰写财务情况说明书,对事业单位年度预算执行情况进行分析,揭示重大影响的事项,总结经验与教训,进行绩效考核与评价,为下期会计工作奠定良好的基础。它是事业单位财务报告的重要组成部分。

根据《事业单位财务规则》的规定,财务情况说明书主要说明事业单位收入及其支出、结转、结余及其分配、资产负债变动、对外投资、资产出租出借、资产处置、固定资产投资、绩效考评的情况,对本期或者下期财务状况发生重大影响的事项,以及需要说明的其他事项。

二、会计报表的分类

事业单位的会计报表按照不同的标准,可分为不同种类。

1. 按反映的经济内容分类

事业单位的会计报表按反映的经济内容的不同可以分为资产负债表、收入支出表和财政补助收入支出表等。

（1）资产负债表是指反映事业单位在某一特定日期的财务状况的报表。

（2）收入支出表是指反映事业单位在某一会计期间的事业成果及其分配情况的报表。

（3）财政补助收入支出表是指反映事业单位在某一会计期间财政补助收入、支出、结转及结余情况的报表。

2. 按编报时间分类

事业单位的会计报表按编报时间的不同，可分为月报和年报。

月报，以反映事业单位截至报告月度财务状况、事业成果等情况的报表，月报要求编制资产负债表和收入支出表。

年报，以整个会计年度的会计事项为基础编制的报表，是全面反映事业单位年度财务状况、事业成果及其分配情况，财政补助收入支出、结转及结余情况的报表。年报要求编制资产负债表、收入支出表和财政补助收入支出表。

3. 按编报的层次分类

事业单位的会计报表按编报的层次的不同，可分为本级报表和汇总报表。

本级报表，是各级事业单位根据会计账簿记录和有关资料编制的反映本单位财务状况、事业成果及其分配情况，财政补助收入支出、结转及结余情况的会计报表。

汇总报表，是主管会计单位根据本级报表和经审查的所属单位会计报表汇总编制的会计报表。需要汇总编制的会计报表主要包括汇总资产负债表、汇总收入支出表和汇总财政补助收入支出表等。在编制汇总会计报表时，对于绝大多数报表项目，可以直接将本级报表的数字与所属下级单位会计报表数字相加，填列到汇总会计报表相应的项目中。但要注意的是，上下级单位之间发生的转拨款项、补助款项、上缴款项、债权债务等应当予以冲销，不填列在汇总会计报表中，以避免重复列报。

表8-1 事业单位的财务报表

编号	财务报表名称	编制期
会事业01表	资产负债表	月度、年度
会事业02表	收入支出表	月度、年度
会事业03表	财政补助收入支出表	年度
	附注	年度

三、财务报表的编报要求

《事业单位会计制度》规定，事业单位的财务报表应当按照月度和年度编制。事业单位应当根据本制度规定编制并对外提供真实、完整的财务报表。事业单位不得违反本制度规定，随意改变财务报表的编制基础、编制依据、编制原则和方法，不得随意改变本制度规定的财务报表有关数据的会计口径。事业单位财务报表应当根据登记完整、核对无误的账簿记录和其他有关资料编制，做到数字真实、计算准确、内容完整、报送及时。事业单位财务报表应当由单位负责人和主管会计工作的负责人、会计机构负责人（会计主管人员）签名并盖章。

第二节 事业单位资产负债表

一、资产负债表的含义

资产负债表是指反映事业单位在某一特定日期的财务状况的报表。它是事业单位的主要会计报表之一,属于静态报表。通过资产负债表,可以反映事业单位在某一特定日期的全部资产、负债和净资产的情况;可以提供在某一特定日期事业单位资产的总额及其结构,表明事业单位拥有或控制的资源及其分布情况;可以提供在某一日期事业单位的负债总额及其结构,表明事业单位未来需要用多少资产或劳务清偿债务以及清偿时间;可以提供某一日期事业单位净资产的总额及其结构,表明事业单位拥有各项基金及结转(余)的情况。

二、资产负债表的基本格式

事业单位的资产负债表由表首标题和报表主体构成。报表主体包括编报项目、栏目及金额。

（一）表首标题

资产负债表的表首标题包括报表名称、编号(会事业01表)、编制单位、编表时间和金额单位等内容。资产负债表反映事业单位在某一特定日期的财务状况,属于静态报表,需要注明某年某月某日。按编制时间的不同,资产负债表分为月报和年报。

（二）编报项目

资产负债表应当按照资产、负债和净资产分类列示。资产负债表的左侧列示资产,右侧列示负债和净资产,右侧上部列示负债,右侧下部列示净资产。按资产=负债+净资产的平衡公式左右列示。资产和负债应当分别流动资产和非流动资产、流动负债和非流动负债列示,净资产项目分别基金净资产、结转(余)净资产列示。参见表8-3所示。

（三）栏目及金额

资产负债表包括"年初余额"和"期末余额"两栏数字。以便信息使用者通过比较不同时间点的资产负债表数据,掌握事业单位财务状况的变动情况及发展趋势。"年初余额"栏内各项数字,根据上年年末资产负债表"期末余额"栏内数字填列。"期末余额"栏的数额根据本期各账户的期末余额直接填列,或经过分析、计算后填列。参见表8-3所示。

三、资产负债表的填列方法

资产负债表"年初余额"栏内各项数字,应当根据上年年末资产负债表"期末余额"栏内数字填列。如果本年度资产负债表规定的各个项目的名称和内容同上年度不相一致,应对上年年末资产负债表各项目的名称和数字按照本年度的规定进行调整,填入本表"年初余额"栏内。本表"期末余额"栏的数额根据本期各账户的期末余额直接填列,或经过分析、计算后填列。具体各项目的内容和填列方法如下:

（一）资产类项目"期末余额"的内容和填列方法

1．"货币资金"项目,反映事业单位期末库存现金、银行存款和零余额账户用款额度的合计数。本项目应当根据"库存现金"、"银行存款"、"零余额账户用款额度"科目的期末余额合计填列。

2．"短期投资"项目,反映事业单位期末持有的短期投资成本。本项目应当根据"短期投资"科目的期末余额填列。

3．"财政应返还额度"项目,反映事业单位期末财政应返还额度的金额。本项目应当根据"财政应返还额度"科目的期末余额填列。

4．"应收票据"项目,反映事业单位期末持有的应收票据的票面金额。本项目应当根据"应收票据"科目的期末余额填列。

5．"应收账款"项目,反映事业单位期末尚未收回的应收账款余额。本项目应当根据"应收账款"科目的期末余额填列。

6．"预付账款"项目,反映事业单位预付给商品或者劳务供应单位的款项。本项目应当根据"预付账款"科目的期末余额填列。

7．"其他应收款"项目,反映事业单位期末尚未收回的其他应收款余额。本项目应当根据"其他应收款"科目的期末余额填列。

8．"存货"项目,反映事业单位期末为开展业务活动及其他活动耗用而储存的各种材料、燃料、包装物、低值易耗品及达不到固定资产标准的用具、装具、动植物等的实际成本。本项目应当根据"存货"科目的期末余额填列。

9．"其他流动资产"项目,反映事业单位除上述各项之外的其他流动资产,如将在1年内(含1年)到期的长期债券投资。本项目应当根据"长期投资"等科目的期末余额分析填列。

10．"长期投资"项目,反映事业单位持有时间超过1年(不含1年)的股权和债权性质的投资。本项目应当根据"长期投资"科目期末余额减去其中将于1年内(含1年)到期的长期债券投资余额后的金额填列。

11．"固定资产"项目,反映事业单位期末各项固定资产的账面价值。本项目应当根据"固定资产"科目期末余额减去"累计折旧"科目期末余额后的金额填列。

"固定资产原价"项目,反映事业单位期末各项固定资产的原价。本项目应当根据"固定资产"科目的期末余额填列。

"累计折旧"项目,反映事业单位期末各项固定资产的累计折旧。本项目应当根据"累计折旧"科目的期末余额填列。

12．"在建工程"项目,反映事业单位期末尚未完工交付使用的在建工程发生的实际成本。本项目应当根据"在建工程"科目的期末余额填列。

13．"无形资产"项目,反映事业单位期末持有的各项无形资产的账面价值。本项目应当根据"无形资产"科目期末余额减去"累计摊销"科目期末余额后的金额填列。

"无形资产原价"项目,反映事业单位期末持有的各项无形资产的原价。本项目应当根据"无形资产"科目的期末余额填列。

"累计摊销"项目,反映事业单位期末各项无形资产的累计摊销。本项目应当根据"累计摊销"科目的期末余额填列。

14. "待处置资产损溢"项目,反映事业单位期末待处置资产的价值及处置损溢。本项目应当根据"待处置资产损溢"科目的期末借方余额填列;如"待处置资产损溢"科目期末为贷方余额,则以"-"号填列。

15. "非流动资产合计"项目,按照"长期投资"、"固定资产"、"在建工程"、"无形资产"、"待处置资产损溢"项目金额的合计数填列。

(二) 负债类项目"期末余额"的内容和填列方法

1. "短期借款"项目,反映事业单位借入的期限在1年内(含1年)的各种借款。本项目应当根据"短期借款"科目的期末余额填列。

2. "应缴税费"项目,反映事业单位应交未交的各种税费。本项目应当根据"应缴税费"科目的期末贷方余额填列;如"应缴税费"科目期末为借方余额,则以"-"号填列。

3. "应缴国库款"项目,反映事业单位按规定应缴入国库的款项(应缴税费除外)。本项目应当根据"应缴国库款"科目的期末余额填列。

4. "应缴财政专户款"项目,反映事业单位按规定应缴入财政专户的款项。本项目应当根据"应缴财政专户款"科目的期末余额填列。

5. "应付职工薪酬"项目,反映事业单位按有关规定应付给职工及为职工支付的各种薪酬。本项目应当根据"应付职工薪酬"科目的期末余额填列。

6. "应付票据"项目,反映事业单位期末应付票据的金额。本项目应当根据"应付票据"科目的期末余额填列。

7. "应付账款"项目,反映事业单位期末尚未支付的应付账款的金额。本项目应当根据"应付账款"科目的期末余额填列。

8. "预收账款"项目,反映事业单位期末按合同规定预收但尚未实际结算的款项。本项目应当根据"预收账款"科目的期末余额填列。

9. "其他应付款"项目,反映事业单位期末应付未付的其他各项应付及暂收款项。本项目应当根据"其他应付款"科目的期末余额填列。

10. "其他流动负债"项目,反映事业单位除上述各项之外的其他流动负债,如承担的将于1年内(含1年)偿还的长期负债。本项目应当根据"长期借款"、"长期应付款"等科目的期末余额分析填列。

11. "长期借款"项目,反映事业单位借入的期限超过1年(不含1年)的各项借款本金。本项目应当根据"长期借款"科目的期末余额减去其中将于1年内(含1年)到期的长期借款余额后的金额填列。

12. "长期应付款"项目,反映事业单位发生的偿还期限超过1年(不含1年)的各种应付款项。本项目应当根据"长期应付款"科目的期末余额减去其中将于1年内(含1年)到期的长期应付款余额后的金额填列。

（三）净资产类项目"期末余额"的内容和填列方法

1. "事业基金"项目，反映事业单位期末拥有的非限定用途的净资产。本项目应当根据"事业基金"科目的期末余额填列。

2. "非流动资产基金"项目，反映事业单位期末非流动资产占用的金额。本项目应当根据"非流动资产基金"科目的期末余额填列。

3. "专用基金"项目，反映事业单位按规定设置或提取的具有专门用途的净资产。本项目应当根据"专用基金"科目的期末余额填列。

4. "财政补助结转"项目，反映事业单位滚存的财政补助结转资金。本项目应当根据"财政补助结转"科目的期末余额填列。

5. "财政补助结余"项目，反映事业单位滚存的财政补助项目支出结余资金。本项目应当根据"财政补助结余"科目的期末余额填列。

6. "非财政补助结转"项目，反映事业单位滚存的非财政补助专项结转资金。本项目应当根据"非财政补助结转"科目的期末余额填列。

7. "非财政补助结余"项目，反映事业单位自年初至报告期末累计实现的非财政补助结余弥补以前年度经营亏损后的余额。本项目应当根据"事业结余"、"经营结余"科目的期末余额合计填列；如"事业结余"、"经营结余"科目的期末余额合计为亏损数，则以"－"号填列。在编制年度资产负债表时，本项目金额一般应为"0"；若不为"0"，本项目金额应为"经营结余"科目的期末借方余额（"－"号填列）。

8. "事业结余"项目，反映事业单位自年初至报告期末累计实现的事业结余。本项目应当根据"事业结余"科目的期末余额填列；如"事业结余"科目的期末余额为亏损数，则以"－"号填列。在编制年度资产负债表时，本项目金额应为"0"。

9. "经营结余"项目，反映事业单位自年初至报告期末累计实现的经营结余弥补以前年度经营亏损后的余额。本项目应当根据"经营结余"科目的期末余额填列；如"经营结余"科目的期末余额为亏损数，则以"－"号填列。在编制年度资产负债表时，本项目金额一般应为"0"；若不为"0"，本项目金额应为"经营结余"科目的期末借方余额（"－"号填列）。

【例8-1】 某事业单位2017年12月31日结账后各资产、负债和净资产类会计科目余额见表8-2所示。

表8-2 会计科目余额表   单位：元

资产	借方余额	负债和净资产	贷方余额
库存现金	5 400	短期借款	144 000
银行存款	193 800	应缴税费	0
零余额账户用款额度	0	应缴国库款	0
短期投资	27 000	应缴财政专户款	0
财政应返还额度	43 200	应付职工薪酬	0
应收票据	14 400	应付票据	0
应收账款	48 000	应付账款	9 600

续表

资产	借方余额	负债和净资产	贷方余额
预付账款	15 600	预收账款	1 400
其他应收款	5 400	其他应付款	1 000
存货	397 200	长期借款	384 000
长期投资	193 200	长期应付款	0
固定资产	2 349 000	事业基金	120 000
累计折旧	-609 000	非流动资产基金	2 292 000
在建工程	103 200	专用基金	72 000
无形资产	319 200	财政补助结转	33 600
累计摊销	-63 600	财政补助结余	14 400
待处置资产损溢	60 000	非财政补助结转	30 000
		事业结余	0
		经营结余	0
合计	3 102 000	合计	3 102 000

补充资料：长期投资中将于1年内到期的长期债券投资为48 000元，长期借款中将于1年内到期的长期借款102 000元。

根据以上资料编制该事业单位2017年的资产负债表。见表8-3所示。

表8-3　资产负债表　　　　　　　　　　会事业01表

编制单位：　　　　　　　　　2017年12月31日　　　　　　　　　　单位：元

资产	期末余额	年初余额	负债和净资产	期末余额	年初余额
流动资产：			流动负债：		
货币资金	199 200	170 400	短期借款	144 000	120 000
短期投资	27 000	23 100	应缴税费	0	0
财政应返还额度	43 200	25 500	应缴国库款	0	0
应收票据	14 400	12 000	应缴财政专户款	0	0
应收账款	48 000	72 000	应付职工薪酬	0	0
预付账款	15 600	7 200	应付票据	0	1 200
其他应收款	5 400	3 600	应付账款	9 600	6 000
存货	397 200	388 200	预收账款	1 400	0
其他流动资产	48 000	0	其他应付款	1 000	3 600
流动资产合计	798 000	702 000	其他流动负债	102 000	0
非流动资产：			流动负债合计	258 000	130 800
长期投资	145 200	120 000	非流动负债：		

续表

资产	期末余额	年初余额	负债和净资产	期末余额	年初余额
固定资产	1 740 000	1 344 000	长期借款	282 000	324 000
固定资产原价	2 349 000	1 814 400	长期应付款	0	0
减:累计折旧	609 000	470 400	非流动负债合计	282 000	324 000
在建工程	103 200	180 000	负债合计	540 000	454 800
无形资产	255 600	270 000	净资产:		
无形资产原价	319 200	345 000	事业基金	120 000	96 000
减:累计摊销	63 600	69 000	非流动资产基金	2 292 000	1 920 000
待处置资产损溢	60 000	0	专用基金	72 000	60 000
非流动资产合计	2 304 000	1 920 000	财政补助结转	33 600	50 400
			财政补助结余	14 400	21 600
			非财政补助结转	30 000	19 200
			非财政补助结余	0	0
			1. 事业结余	0	0
			2. 经营结余	0	0
			净资产合计	2 562 000	2 167 200
资产总计	3 102 000	2 622 000	负债和净资产总计	3 102 000	2 622 000

第三节 事业单位收入支出表

一、收入支出表的含义

收入支出表是反映事业单位在某一会计期间的事业成果及其分配情况的报表。它是事业单位的主要会计报表之一,属于动态报表。通过收入支出表,可以提供事业单位在某一会计期间内的收入总额及构成情况、支出总额及构成情况,以及各项结转结余的数额及其分配情况的会计信息。事业单位应当编制收入支出表,披露事业单位在一定会计期间的运营情况。

二、收入支出表的基本格式

事业单位的收入支出表由表首标题和报表主体构成。报表主体包括编报项目、栏目及金额。

(一) 表首标题

收入支出表的表首标题包括报表名称、编号(会事业02表)、编制单位、编表时间和金额单位等内容。由于收入支出表反映事业单位在某一时期的事业成果,属于动态报表,因此,需要注明所属的会计期间,如某年某月或某年。收入支出表按编制时间的不同,分为月报和年报。

(二) 编报项目

收入支出表应当按照收入、支出的构成和非财政补助结余分配情况分项列示,按本期财政补助结转结余、本期事业结转结余、本期经营结余、弥补以前年度亏损后的经营结余、本年非财政补助结转结余、本年非财政补助结余、转入事业基金这七大项分层次排列。

(三) 栏目及金额

月度收入支出表由"本月数"和"本年累计数"两栏组成,年度收入支出表由"上年数"和"本年数"两栏组成。收入支出表的各栏数额,应当根据相关收支账户的"本月合计数"和"本年累计数"的发生额填列,或经过计算、分析后填列。

三、收入支出表的填列方法

收入支出表"本月数"栏反映各项目的本月实际发生数。在编制年度收入支出表时,应当将本栏改为"上年数"栏,反映上年度各项目的实际发生数;如果本年度收入支出表规定的各个项目的名称和内容同上年度不一致,应对上年度收入支出表各项目的名称和数字按照本年度的规定进行调整,填入本年度收入支出表的"上年数"栏。本表"本年累计数"栏反映各项目自年初起至报告期末止的累计实际发生数。编制年度收入支出表时,应当将本栏改为"本年数"。

收入支出表表"本月数"栏各项目的内容和填列方法:

(一) 本期财政补助结转结余

1. "本期财政补助结转结余"项目,反映事业单位本期财政补助收入与财政补助支出相抵后的余额。本项目应当按照本表中"财政补助收入"项目金额减去"事业支出(财政补助支出)"项目金额后的余额填列。

2. "财政补助收入"项目,反映事业单位本期从同级财政部门取得的各类财政拨款。本项目应当根据"财政补助收入"科目的本期发生额填列。

3. "事业支出(财政补助支出)"项目,反映事业单位本期使用财政补助发生的各项事业支出。本项目应当根据"事业支出——财政补助支出"科目的本期发生额填列,或者根据"事业支出——基本支出(财政补助支出)"、"事业支出——项目支出(财政补助支出)"科目的本期发生额合计填列。

(二) 本期事业结转结余

"本期事业结转结余"项目,反映事业单位本期除财政补助收支、经营收支以外的各项收支相抵后的余额。本项目应当按照本表中"事业类收入"项目金额减去"事业类支出"项目金额后的余额填列;如为负数,以"-"号填列。

"事业类收入"项目,反映事业单位本期事业收入、上级补助收入、附属单位上缴收入、其他收入的合计数。本项目应当按照本表中"事业收入"、"上级补助收入"、"附属单位上缴收入"、"其他收入"项目金额的合计数填列。

"事业收入"项目,反映事业单位开展专业业务活动及其辅助活动取得的收入。本项目应当根据"事业收入"科目的本期发生额填列。

"上级补助收入"项目,反映事业单位从主管部门和上级单位取得的非财政补助收入。本项目应当根据"上级补助收入"科目的本期发生额填列。

"附属单位上缴收入"项目,反映事业单位附属独立核算单位按照有关规定上缴的收入。本项目应当根据"附属单位上缴收入"科目的本期发生额填列。

"其他收入"项目,反映事业单位除财政补助收入、事业收入、上级补助收入、附属单位上缴收入、经营收入以外的其他收入。本项目应当根据"其他收入"科目的本期发生额填列。

"捐赠收入"项目,反映事业单位接受现金、存货捐赠取得的收入。本项目应当根据"其他收入"科目所属相关明细科目的本期发生额填列。

"事业类支出"项目,反映事业单位本期事业支出(非财政补助支出)、上缴上级支出、对附属单位补助支出、其他支出的合计数。本项目应当按照本表中"事业支出(非财政补助支出)"、"上缴上级支出"、"对附属单位补助支出"、"其他支出"项目金额的合计数填列。

"事业支出(非财政补助支出)"项目,反映事业单位使用财政补助以外的资金发生的各项事业支出。本项目应当根据"事业支出——非财政专项资金支出"、"事业支出——其他资金支出"科目的本期发生额合计填列,或者根据"事业支出——基本支出(其他资金支出)"、"事业支出——项目支出(非财政专项资金支出、其他资金支出)"科目的本期发生额合计填列。

"上缴上级支出"项目,反映事业单位按照财政部门和主管部门的规定上缴上级单位的支出。本项目应当根据"上缴上级支出"科目的本期发生额填列。

"对附属单位补助支出"项目,反映事业单位用财政补助收入之外的收入对附属单位补助发生的支出。本项目应当根据"对附属单位补助支出"科目的本期发生额填列。

"其他支出"项目,反映事业单位除事业支出、上缴上级支出、对附属单位补助支出、经营支出以外的其他支出。本项目应当根据"其他支出"科目的本期发生额填列。

(三)本期经营结余

"本期经营结余"项目,反映事业单位本期经营收支相抵后的余额。本项目应当按照本表中"经营收入"项目金额减去"经营支出"项目金额后的余额填列;如为负数,以"-"号填列。

"经营收入"项目,反映事业单位在专业业务活动及其辅助活动之外开展非独立核算经营活动取得的收入。本项目应当根据"经营收入"科目的本期发生额填列。

"经营支出"项目,反映事业单位在专业业务活动及其辅助活动之外开展非独立核算经营活动发生的支出。本项目应当根据"经营支出"科目的本期发生额填列。

(四)弥补以前年度亏损后的经营结余

"弥补以前年度亏损后的经营结余"项目,反映事业单位本年度实现的经营结余扣除本年初未弥补经营亏损后的余额。本项目应当根据"经营结余"科目年末转入"非财政补助结余分配"科目前的余额填列;如该年末余额为借方余额,以"-"号填列。

(五) 本年非财政补助结转结余

"本年非财政补助结转结余"项目,反映事业单位本年除财政补助结转结余之外的结转结余金额。如本表中"弥补以前年度亏损后的经营结余"项目为正数,本项目应当按照本表中"本期事业结转结余"、"弥补以前年度亏损后的经营结余"项目金额的合计数填列;如为负数,以"-"号填列。如本表中"弥补以前年度亏损后的经营结余"项目为负数,本项目应当按照本表中"本期事业结转结余"项目金额填列;如为负数,以"-"号填列。

"非财政补助结转"项目,反映事业单位本年除财政补助收支外的各专项资金收入减去各专项资金支出后的余额。本项目应当根据"非财政补助结转"科目本年贷方发生额中专项资金收入转入金额合计数减去本年借方发生额中专项资金支出转入金额合计数后的余额填列。

(六) 本年非财政补助结余

"本年非财政补助结余"项目,反映事业单位本年除财政补助之外的其他结余金额。本项目应当按照本表中"本年非财政补助结转结余"项目金额减去"非财政补助结转"项目金额后的金额填列;如为负数,以"-"号填列。

"应缴企业所得税"项目,反映事业单位按照税法规定应缴纳的企业所得税金额。本项目应当根据"非财政补助结余分配"科目的本年发生额分析填列。

"提取专用基金"项目,反映事业单位本年按规定提取的专用基金金额。本项目应当根据"非财政补助结余分配"科目的本年发生额分析填列。

(七) 转入事业基金

"转入事业基金"项目,反映事业单位本年按规定转入事业基金的非财政补助结余资金。本项目应当按照本表中"本年非财政补助结余"项目金额减去"应缴企业所得税"、"提取专用基金"项目金额后的余额填列;如为负数,以"-"号填列。

上述(10)至(16)项目,只有在编制年度收入支出表时才填列;编制月度收入支出表时,可以不设置此7个项目。

【例8-2】 某事业单位2017年收入、支出类科目发生额见表8-4所示。

表8-4 2017年收入、支出类科目发生额表　　　　　　　　　　单位:元

支出类	本年累计数	收入类	本年累计数
事业支出	18 000 000	财政补助收入	12 000 000
其中:财政补助支出—基本支出	9 624 000	其中:基本支出	10 200 000
—项目支出	1 656 000	项目支出	1 800 000
非财政专项资金支出	336 000	事业收入	7 416 000
其他资金支出	6 384 000	上级补助收入	2 188 800
对附属单位补助支出	1 814 400	附属单位上缴收入	360 000

续表

支出类	本年累计数	收入类	本年累计数
上缴上级支出	1 166 400	经营收入	302 400
经营支出	187 200	其他收入	172 800
其他支出	72 000	其中:捐赠收入	90 000
其中:非财政专项资金支出	15 600		
其他资金支出	56 400		
支出合计	21 240 000	收入合计	22 440 000

其他相关资料：

（1）该事业单位"非财政补助结转"科目本年贷方发生额中专项资金收入转入金额合计数为 382 800 元，本期借方发生额中专项资金支出转入金额合计数为 351 600 元。

（2）该事业单位企业所得税税率为 25%，提取职工福利基金的比例为 40%。

根据以上资料编制该事业单位 2017 年度收入支出表。见表 8-5 所示。

编制该事业单位 2017 年度的收入支出表时，此处省略了"上年数"一栏数字。"本年数"一栏的主要项目的计算说明如下。

① 本期财政补助结转结余。

本期财政补助结转结余 = 12 000 000 − (9 624 000 + 1 656 000) = 720 000

② 本期事业结转结余。

本期事业类收入 = 7 416 000 + 2 188 800 + 360 000 + 172 800 = 10 137 600

本期事业类支出 = 336 000 + 6 384 000 + 1 814 400 + 1 166 400 + 7 200
　　　　　　　 = 9 772 800

本期事业结转结余 = 10 137 600 − 9 772 800 = 364 800

③ 本期经营结余。

本期经营结余 = 302 400 − 187 200 = 115 200

④ 弥补以前年度亏损后的经营结余。

该事业单位前期经营活动无亏损，不需要弥补亏损。

弥补以前年度亏损后的经营结余 = 115 200

⑤ 本年非财政补助结转结余。

本年非财政补助结转结余 = 364 800 + 115 200 = 480 000

非财政补助结转 = 382 800 − 351 600 = 31 200

⑥ 本年非财政补助结余。

本年非财政补助结余 = 480 000 − 31 200 = 448 800

应缴企业所得税 = (302 400 − 187 200) × 25% = 28 800

提取专用基金 = (448 800 − 28 800) × 40% = 168 000

⑦ 转入事业基金。

转入事业基金 = 448 800 − 28 800 − 168 000 = 252 000

表 8-5　收入支出表　　　　　　　　　　会事业 02 表

编制单位：　　　　　　　　　2017 年　　　　　　　　　　单位：元

项目	上年数（略）	本年数
一、本期财政补助结转结余		720 000
财政补助收入		12 000 000
减：事业支出（财政补助支出）		11 280 000
二、本期事业结转结余		364 800
（一）事业类收入		10 137 600
1. 事业收入		7 416 000
2. 上级补助收入		2 188 800
3. 附属单位上缴收入		360 000
4. 其他收入		172 000
其中：捐赠收入		90 000
减：（二）事业类支出		9 772 800
1. 事业支出（非财政补助支出）		6 720 000
2. 上缴上级支出		1 166 000
3. 对附属单位补助支出		1 814 400
4. 其他支出		72 000
三、本期经营结余		115 200
经营收入		302 400
减：经营支出		187 200
四、弥补以前年度亏损后的经营结余		115 200
五、本年非财政补助结转结余		480 000
减：非财政补助结转		31 200
六、本年非财政补助结余		448 800
减：应缴企业所得税		28 800
减：提取专用基金		168 000
七、转入事业基金		252 000

第四节 事业单位财政补助收入支出表

一、财政补助收入支出表的含义

财政补助收入支出表是反映事业单位在某一会计期间财政补助收入、支出、结转及结余情况的报表。它是事业单位的主要报表之一,属于动态报表。事业单位有一定数额的资金来源于财政补助,这些资金的取得和使用应当符合部门预算管理的要求。事业单位应定期编制财政补助收入支出表,向财政部门报告财政补助收入、支出和结转(余)的情况。通过财政补助收入支出表,可以提供事业单位某一会计期间财政补助收入、支出的规模及结构情况;可以提供事业单位某一会计期间财政补助结转(余)的规模及构成情况。

二、财政补助收入支出表的基本格式

事业单位的财政补助收入支出表由表首标题和报表主体构成。报表主体包括编报项目、栏目及金额。

（一）表首标题

财政补助收入支出表的表首标题包括报表名称、编号(会事业03表)、编制单位、编表时间和金额单位等内容。由于财政补助收入支出表按年编制,月末不需要编制,报表上应注明报表所属年度。

（二）编报项目

财政补助收入支出表包括"年初财政补助结转结余"、"调整年初财政补助结转结余""本年归集调入财政补助结转结余"、"本年上缴财政补助结转结余"、"本年财政补助收入"、"本年财政补助支出"、"年末财政补助结转结余"7个大项,每项中再分基本支出和项目支出列示。参见表8-6所示。

（三）栏目及金额

财政补助收入支出表由"本年数"和"上年数"两栏组成,"本年数"一栏根据相应账户或报表的数额填列。"上年数"一栏根据上年报表的"上年数"栏数额填列。

三、财政补助收入支出表的填列方法

财政补助收入支出表"上年数"栏内各项数字,应当根据上年度财政补助收入支出表"本年数"栏内数字填列。

本表"本年数"栏各项目的内容和填列方法如下:

1. "年初财政补助结转结余"项目及其所属各明细项目,反映事业单位本年初财政补助结转和结余余额。各项目应当根据上年度财政补助收入支出表中"年末财政补助结转结余"

项目及其所属各明细项目"本年数"栏的数字填列。

2."调整年初财政补助结转结余"项目及其所属各明细项目,反映事业单位因本年发生需要调整以前年度财政补助结转结余的事项,而对年初财政补助结转结余的调整金额。各项目应当根据"财政补助结转"、"财政补助结余"科目及其所属明细科目的本年发生额分析填列。如调整减少年初财政补助结转结余,以"-"号填列。

3."本年归集调入财政补助结转结余"项目及其所属各明细项目,反映事业单位本年度取得主管部门归集调入的财政补助结转结余资金或额度金额。各项目应当根据"财政补助结转"、"财政补助结余"科目及其所属明细科目的本年发生额分析填列。

4."本年上缴财政补助结转结余"项目及其所属各明细项目,反映事业单位本年度按规定实际上缴的财政补助结转结余资金或额度金额。各项目应当根据"财政补助结转"、"财政补助结余"科目及其所属明细科目的本年发生额分析填列。

5."本年财政补助收入"项目及其所属各明细项目,反映事业单位本年度从同级财政部门取得的各类财政拨款金额。各项目应当根据"财政补助收入"科目及其所属明细科目的本年发生额填列。

6."本年财政补助支出"项目及其所属各明细项目,反映事业单位本年度发生的财政补助支出金额。各项目应当根据"事业支出"科目所属明细科目本年发生额中的财政补助支出数填列。

7."年末财政补助结转结余"项目及其所属各明细项目,反映事业单位截至本年末的财政补助结转和结余余额。各项目应当根据"财政补助结转"、"财政补助结余"科目及其所属明细科目的年末余额填列。

表8-6　财政补助收入支出表　　　　　　　　　会事业03表

编制单位：　　　　　　　　　年度　　　　　　　　　单位：元

项目	本年数	上年数
一、年初财政补助结转结余		
（一）基本支出结转		
1. 人员经费		
2. 日常公用经费		
（二）项目支出结转		
××项目		
（三）项目支出结余		
二、调整年初财政补助结转结余		
（一）基本支出结转		
1. 人员经费		
2. 日常公用经费		
（二）项目支出结转		
××项目		

续表

项目	本年数	上年数
（三）项目支出结余		
三、本年归集调入财政补助结转结余		
（一）基本支出结转		
1. 人员经费		
2. 日常公用经费		
（二）项目支出结转		
××项目		
（三）项目支出结余		
四、本年上缴财政补助结转结余		
（一）基本支出结转		
1. 人员经费		
2. 日常公用经费		
（二）项目支出结转		
××项目		
（三）项目支出结余		
五、本年财政补助收入		
（一）基本支出		
1. 人员经费		
2. 日常公用经费		
（二）项目支出		
××项目		
六、本年财政补助支出		
（一）基本支出		
1. 人员经费		
2. 日常公用经费		
（二）项目支出		
××项目		
七、年末财政补助结转结余		
（一）基本支出结转		
1. 人员经费		
2. 日常公用经费		
（二）项目支出结转		
××项目		
（三）项目支出结余		

第五节 事业单位会计报表的审核、汇总与财务分析

一、会计报表的审核

事业单位会计报表编制后,为了保证会计报表的质量,各事业单位还应对会计报表进行认真的审核。会计报表审核包括政策性审核和技术性审核两项内容。政策性审核的重点是审查各项经济业务活动是否符合国家有关的法律、法规和财务制度的规定,如审核编制方法是否符合国家统一的财务会计制度,是否符合事业单位会计决算报告的编制要求,是否有虚报和瞒报等弄虚作假的现象等。技术性审核是利用会计技术手段审查会计核算的正确性,如审核编制范围是否全面,是否有漏报、重复编报的现象;审核编制内容是否真实、完整、准确,审核单位账簿与报表是否相符,金额单位是否正确;审核报表中的相关数据是否衔接一致,包括表间数据之间、分户数据与汇总数据之间、报表数据与计算机录入数据之间是否衔接一致;将报表与上年度数据资料进行核对,审核数据变动是否合理;等等。

二、会计报表的汇总

事业单位的会计报表经过审核后,主管会计单位应根据本级报表和审核后的所属单位报表,编制汇总报表。事业单位会计报表逐级汇总,由主管部门上报财政部门。汇总报表种类、内容、格式与各事业单位会计编制的报表相同。

主管会计单位编制的汇总报表主要由汇总资产负债表、汇总收入支出表和汇总财政补助收入支出表。编制的一般方法是:主管会计单位应先帮助本单位的资产负债表、收入支出表和财政补助收入支出表,然后与经审核无误的所属单位的资产负债表、收入支出表和财政补助收入支出表汇总编制成本部门的汇总资产负债表、汇总收入支出表和汇总财政补助收入支出表。在汇总编制过程中,为了避免上下级重复列报的情况,应将上下级单位之间对应科目的数字予以冲销。例如,本单位的"对附属单位补助支出"与所属单位的"上级补助收入";本单位的"附属单位上缴收入"与所属单位的"上缴上级支出";上下级单位之间发生的转拨款项、债权债务等应当予以冲销。除上下级单位冲销项目之外的其他各项目的数字应将本单位报表和所属单位报表中的相同项目数字相加后直接填列汇总报表上相应项目。

三、财务分析

(一)财务分析的含义

财务分析是以财务报表及其他相关资料为依据,采用一系列专门的分析技术和方法,对事业单位的预算执行情况、资产使用情况和收入支出情况进行剖析与评价的过程。编制财务决算报表后,事业单位应当对财务活动进行分析,揭示财务管理中存在的问题,分析问题

产生的原因,总结经验与教训,撰写财务分析报告。

事业单位的财务分析报告是财政部门、上级主管部门、事业单位管理者及其他报告使用者了解事业发展情况的重要依据,是编制下年度部门预算和财务计划的基础,对于加强事业单位的预算管理、财务管理具有重要的意义。

(二)财务分析的内容

事业单位财务分析的内容,主要包括预算编制与执行、资产使用、收入支出状况等。

(1)预算编制与执行情况分析,是将事业单位实际完成的预算指标与财政部门下达的预算指标进行比较,分析事业单位实际收支与预算安排之间的差异及其差异产生的原因,考核事业单位的预算编制的质量和预算实际执行的情况。

(2)资产使用情况分析,是将事业单位的资产数额与其产生的事业成果进行比较,分析事业单位固定资产、无形资产、存货等资产是否得到充分有效的运用,是否有不需用的、未使用的资产;在用资产利用程度如何,是否有闲置浪费的现象;在用资产维护保养工作任何,是否有乱用、滥用、丢失、毁损和非正常报废现象;固定资产、无形资产、存货等资产的增加、减少是否合理,手续是否完备。通过资产使用情况的分析,考核事业单位资产的利用效率和利益效果。

(3)收入支出状况情况分析,对事业单位的收入、支出的变动及构成情况进行分析,分析各项收入的来源渠道是否符合相关法律、法规等规定,各项收入的规模、结构是否合理;各项支出尤其是财政补助资金是否按规定用途使用,是否符合费用开支标准,是否符合费用开支定额,有无超标准开支等。对各项收支进行全面的分析,考核事业单位收入、支出的合理性。

(三)财务分析的指标

根据《事业单位财务规则》,事业单位的财务分析主要采用财务比率法,主要分析指标如下:

1. 预算收入和支出完成率

预算收入和支出完成率是衡量事业单位收入和支出总预算及分项预算完成的程度的财务指标,包括预算收入完成率和预算支出完成率。

(1)预算收入完成率 = 年终执行数 ÷ (年初预算数 ± 年中预算调整数) × 100%

上述(1)式中,年终执行数是年度实际取得的预算收入的数额,不含上年结转和结余收入的数额;年初预算数是财政部门年初下达的预算收入的数额;年中预算调整数是预算执行过程中报经财政部门批准的预算收入调增或调减的数额。

(2)预算支出完成率 = 年终执行数 ÷ (年初预算数 ± 年中预算调整数) × 100%

上述(2)式中,年终执行数是年度实际发生的预算支出的数额,不含上年结转和结余支出的数额;年初预算数是财政部门年初批准预算支出的控制数额;年中预算调整数是预算执行过程中报经财政部门批准的预算支出调增或调减的数额。

2. 人员支出、公用支出分别占事业支出的比率

人员支出、公用支出占事业支出的比率是衡量事业单位事业支出结构的财务指标,包括人员支出比率和公用支出比率。

(1) 人员支出比率 = 人员支出 ÷ 事业支出 × 100%

上述(1)式中,人员支出是事业支出中人员经费支出的数额,根据部门决算报表中"事业支出"中"人员经费支出"的数额确定;事业支出是事业单位年度事业支出的总额,根据部门决算报表中"事业支出"的数额确定。

(2) 公用支出比率 = 公用支出 ÷ 事业支出 × 100%

上述(2)式中,公用支出是事业支出中日常公用经费支出的数额,根据部门决算报表中"事业支出"中"日常公用经费支出"的数额确定。

3. 人均基本支出

人均基本支出是衡量事业单位按照实际在编人数平均的基本支出水平的财务指标。

人均基本支出 = (基本支出 − 离退休人员支出) ÷ 实际在编人数

上式中,基本支出是事业支出中用于完成日常工作任务而发生的支出,根据部门决算报表中"事业支出"中"基本支出"的数额确定;离退休人员支出是发放给离退休人员的离休费、退休费及其他方面支出;实际在编人数是事业单位在编人数的平均数。

4. 资产负债率

资产负债率是衡量事业单位利用债权人提供的资金开展业务活动的能力,以及反映债权人提供资金的安全保障程度的财务指标。

资产负债率 = 负债总额 ÷ 资产总额 × 100%

上式中,资产总额是事业单位年末资产的总额,负债总额是事业单位年末负债的总额。

主管部门和事业单位可以根据本单位的业务特点增加财务分析指标。

【练习题】

一、单项选择题

1. 现行制度规定,事业单位的资产负债表的左方列示(　　)。
   A. 资产　　　　　B. 资产和支出　　　C. 资产和成本　　　D. 资产和费用
2. 会计报表是反映事业单位某一特定日期的财务状况和某一会计期间的事业成果(　　)。
   A. 收入费用情况的书面文件　　　　B. 收支情况的书面文件
   C. 资产负债状况的书面文件　　　　D. 预算执行等会计信息的书面文件
3. 现行制度规定,事业单位的资产负债表的右方列示(　　)。
   A. 负债、净资产和收入　　　　　　B. 资产和支出
   C. 净资产、收入和费用　　　　　　D. 负债和净资产
4. 事业单位特殊事项的说明应在会计报表的(　　)。
   A. 主表列示　　　　　　　　　　　B. 附注列示
   C. 附表列示　　　　　　　　　　　D. 财务情况说明书列示
5. 收入支出表属于(　　)。
   A. 静态报表　　　　　　　　　　　B. 动态报表
   C. 会计报表附表　　　　　　　　　D. 财务情况说明书

6. 事业单位资产负债表设计的理论依据是(　　)。
A. 复式记账原理　　　　　　　　B. 资金来源－资金运用＝资金结存
C. 资产＝负债＋净资产　　　　　D. 资产＝负债＋所有者权益

二、多项选择题

1. 事业单位会计报表按编制时间分为(　　)。
A. 旬报　　　　B. 月报　　　　C. 季报　　　　D. 年报
2. 年终,将(　　)转入"事业结余"的借方。
A. 事业支出　　　　　　　　　　B. 上缴上级支出
C. 应交税金　　　　　　　　　　D. 对附属单位补助支出
3. 事业单位财务报告的组成有(　　)。
A. 会计报表主表　　　　　　　　B. 现金流量表
C. 财务报表　　　　　　　　　　D. 财务情况说明书

三、判断题

1. 固定资产和材料的盘点如有差异,在年终前应查明原因,并按规定做出处理,做到账账、账实相符。　　　　　　　　　　　　　　　　　　　　　　　　　　(　　)
2. 经营收支的年终转账工作与事业收支基本相同。　　　　　　　　(　　)
3. 对外会计报表是报送给事业单位外部有关方面,满足外部会计信息使用者需要的会计报表,其功能仅限于事业单位外部使用。　　　　　　　　　　　　　(　　)
4. "固定资产"期末余额与"非流动资产基金—固定资产"期末余额总是一致的。
　　　　　　　　　　　　　　　　　　　　　　　　　　　　　　　(　　)
5. 年末,"经营支出"余额全数转入"经营结余"借方。　　　　　　　(　　)
6. "应缴国库款"与"应缴财政专户款"科目,年末应无余额。　　　　(　　)

四、填空题

1. 事业单位的资产负债表是反映事业单位在＿＿＿＿＿＿＿＿＿＿＿的财务状况的报表。
2. 事业单位的收入支出表是反映事业单位在一定期间的事业成果及其＿＿＿＿＿＿。

五、名词解释

1. 会计报表　2. 资产负债表　3. 收入支出表

六、简答题

1. 什么是事业单位的会计报表? 它主要包括哪些种类?
2. 什么是资产负债表? 事业单位资产负债表的基本格式是怎样的?
3. 什么是收入支出表? 事业单位收入支出表的基本格式是怎样的?

七、会计处理题

1. 某事业单位2017年12月31日结账后各资产、负债和净资产类会计科目余额见练习题表1。据此编制该事业单位2017年的资产负债表。

练习题表 1　会计科目余额表　　　　　　　　　　　　　　　　　　　单位:元

资产	借方余额	负债和净资产	贷方余额
库存现金	7 020	短期借款	187 200
银行存款	251 940	应缴税费	0
零余额账户用款额度	0	应缴国库款	0
短期投资	35 100	应缴财政专户款	0
财政应返还额度	56 160	应付职工薪酬	0
应收票据	18 720	应付票据	0
应收账款	62 400	应付账款	12 480
预付账款	20 280	预收账款	1 820
其他应收款	7 020	其他应付款	1 300
存货	516 360	长期借款	499 200
长期投资	251 160	长期应付款	0
固定资产	3 053 700	事业基金	156 000
累计折旧	−791 700	非流动资产基金	2 979 600
在建工程	134 160	专用基金	93 600
无形资产	414 960	财政补助结转	43 680
累计摊销	−82 680	财政补助结余	18 720
待处置资产损溢	78 000	非财政补助结转	39 000
		事业结余	0
		经营结余	0
合计	4 032 600	合计	4 032 600

补充资料:长期投资中将于 1 年内到期的长期债券投资为 62 400 元,长期借款中将于 1 年内到期的长期借款 132 600 元。

2. 某事业单位 2017 年收入、支出类科目发生额见练习题表 2 所示。根据以下资料编制该事业单位 2017 年度收入支出表。

练习题表 2　收入、支出类科目发生额表
2017 年　　　　　　　　　　　　　　　　　　　　　　　　　　　　　　　单位:元

支出类	本年累计数	收入类	本年累计数
事业支出	16 200 000	财政补助收入	10 800 000
其中:财政补助支出—基本支出	8 661 600	其中:基本支出	918 000
—项目支出	1 490 400	项目支出	1 620 000
非财政专项资金支出	302 400	事业收入	6 674 400
其他资金支出	5 745 600	上级补助收入	1 969 920
对附属单位补助支出	1 632 960	附属单位上缴收入	324 000

续表

支出类	本年累计数	收入类	本年累计数
上缴上级支出	1 049 760	经营收入	272 160
经营支出	168 480	其他收入	155 520
其他支出	64 800	其中:捐赠收入	81 000
其中:非财政专项资金支出	14 040		
其他资金支出	50 760		
支出合计	19 116 000	收入合计	20 196 000

其他相关资料:

(1) 该事业单位"非财政补助结转"科目本年贷方发生额中专项资金收入转入金额合计数为 344 520 元,本期借方发生额中专项资金支出转入金额合计数为 316 440 元。

(2) 该事业单位应缴企业所得税税率为 25%,提取职工福利基金的比例为 40%。

第三篇

行政单位会计

第九章 行政单位会计概述

学习目的与要求

通过本章学习,了解并掌握:
1. 行政单位会计的概念和组织系统;
2. 行政单位现行的预算管理办法;
3. 行政单位的会计科目设置与使用要求。

第一节 行政单位会计的概念和组织系统

一、行政单位会计的概念

行政单位,是指以社会的公共利益为目的,行使国家权力,依法管理国家事务、组织经济文化建设、维护社会公共秩序的国家机关及其派出机构。在我国,行政单位是政府的办事机构,是政府职能的具体实施者。行政单位主要包括国家权力(立法)机关、国家行政机关、司法机关和监察机关等。此外,经费来源主要为国家财政拨款的政党组织、人民团体等,也可视同为行政单位。

行政单位会计,是各级各类行政单位核算和监督本单位财务状况及预算执行情况的专业会计,是政府会计的重要组成部分。行政单位会计的会计主体是行政单位,包括各级国家权力机关、政府机关、司法机关、检察机关以及政党组织、接受预算拨款的人民团体等。

二、行政单位会计的组织系统

根据机构建制和经费领报关系,行政单位会计的组织系统可分为主管会计单位、二级会计单位和基层会计单位三级。

主管会计单位,向同级财政部门领报经费,并发生预算管理关系,下面有所属会计单位。

二级会计单位,向主管会计单位或上级会计单位领报经费,并发生预算管理关系,下面有所属会计单位。

基层会计单位,向上级会计单位领报经费,并发生预算管理关系,下面没有所属会计单位。向同级财政部门领报经费,并发生预算管理关系,下面没有所属会计单位,视同基层会计单位。

主管会计单位、二级会计单位和基层会计单位实行独立会计核算,负责组织管理本部门、本单位的全部会计工作。不具备独立核算条件的行政单位,实行单据报账制度,作为"报销单位"管理。

三、行政单位的预算管理办法

根据《行政单位财务规则》规定,财政部门对行政单位实行收支统一管理,定额、定项拨款,超支不补,结转和结余按规定预算的使用办法管理。

(一)收支统一管理

行政单位预算由收入预算和支出预算组成。在预算编制、核定和实施等方面统一进行管理。行政单位应当将全部收入和全部支出统一编入单位预算,报请财政部门或上级预算单位核定。财政部门根据预算政策、行政单位的工作目标和计划、资产状况等情况,核定行政单位的年度收支预算。行政单位按照财政部门或上级预算单位核定的预算,统一组织收支的实施。

(二)定额、定项拨款

行政单位的预算拨款包括基本支出拨款和项目支出拨款,基本支出拨款是财政部门拨给行政单位用于维持正常运行和完成日常工作任务所需要的款项;项目支出拨款是财政部门拨给行政单位用于基本支出之外完成特定任务所需要的款项。基本支出拨款实行定额拨款的办法,按照拨款标准核定拨款的数额;项目支出拨款实行定项拨款的办法,根据项目的具体情况核定拨款的数额。

(三)超支不补,结转和结余按规定使用

行政单位的预算核定后,除特殊因素外,超过预算发生的支出,财政部门或者主管预算单位不再追加预算。如果当期形成结转或结余资金,应当按照同级财政部门的有关规定执行。对结转和结余资金的管理,各级财政部门的做法不尽相同。结转资金原则上按原来用途使用,确实需要改变用途的,应报经批准。结余资金应当实行不同的管理办法,原则上统筹用于编制以后年度的单位预算。

《行政单位财务规则》规定,行政单位编制预算应当综合考虑以下因素:年度工作计划和相应支出需求;以前年度预算执行情况;以前年度结转和结余情况;资产占有和使用情况;其他因素。行政单位的预算依照规定程序编报和审批。行政单位应当严格执行预算,按照收支平衡的原则,合理安排各项资金,不得超预算安排支出。预算在执行中原则上不予调整。

因特殊情况确需调整预算的,行政单位应当按照规定程序报送审批。

第二节 行政单位会计的会计科目

一、行政单位会计科目及核算内容

2013年12月财政部颁布了新修订的《行政单位会计制度》(以下简称"新制度"),新制度设置的会计科目及其核算内容如表9-1所示。

表9-1 行政单位会计科目及核算内容

序号	科目编号	会计科目名称	核算内容
一、资产类			
1	1 001	库存现金	核算行政单位的库存现金。
2	1 002	银行存款	核算行政单位存入银行或者其他金融机构的各种存款。
3	1 011	零余额账户用款额度	核算实行国库集中支付的行政单位根据财政部门批复的用款计划收到和支用的零余额账户用款额度。
4	1 021	财政应返还额度	核算实行国库集中支付的行政单位应收财政返还的资金额度。
5	1 212	应收账款	核算行政单位出租资产、出售物资等应当收取的款项。行政单位收到的商业汇票,也通过本科目核算。
6	1 213	预付账款	核算行政单位按照购货、服务合同规定预付给供应单位(或个人)的款项。
7	1 215	其他应收款	核算行政单位除应收账款、预付账款以外的其他各项应收及暂付款项。
8	1 301	存货	核算行政单位在开展业务活动及其他活动中为耗用而储存的各种物资,包括材料、燃料、包装物和低值易耗品及未达到固定资产标准的家具、用具、装具等的实际成本。
9	1 501	固定资产	核算行政单位各类固定资产的原价。
10	1 502	累计折旧	核算行政单位固定资产、公共基础设施计提的累计折旧。
11	1 511	在建工程	核算行政单位已经发生必要支出,但尚未完工交付使用的各种建筑(包括新建、改建、扩建、修缮等)、设备安装工程和信息系统建设工程的实际成本。
12	1 601	无形资产	核算行政单位各项无形资产的原价。
13	1 602	累计摊销	核算行政单位无形资产计提的累计摊销。
14	1 701	待处理财产损溢	核算行政单位待处理财产的价值及财产处理损溢。
15	1 801	政府储备物资	核算行政单位直接储存管理的各项政府应急或救灾储备物资等。

续表

序号	科目编号	会计科目名称	核算内容
16	1 802	公共基础设施	核算由行政单位占有并直接负责维护管理、供社会公众使用的工程性公共基础设施资产。
17	1 901	受托代理资产	核算行政单位接受委托方委托管理的各项资产,包括受托指定转赠的物资、受托储存管理的物资等。
二、负债类			
18	2 001	应缴财政款	核算行政单位取得的按规定应当上缴财政的款项。
19	2 101	应缴税费	核算行政单位按照税法等规定应当缴纳的各种税费。
20	2 201	应付职工薪酬	核算行政单位按照有关规定应付给职工及为职工支付的各种薪酬。
21	2 301	应付账款	核算行政单位因购买物资或服务、工程建设等而应付的偿还期限在1年以内(含1年)的款项。
22	2 302	应付政府补贴款	核算负责发放政府补贴的行政单位,按照规定应当支付给政府补贴接受者的各种政府补贴款。
23	2 305	其他应付款	核算行政单位除应缴财政款、应缴税费、应付职工薪酬、应付政府补贴款、应付账款以外的其他各项偿还期在1年以内(含1年)的应付及暂存款项。
24	2 401	长期应付款	核算行政单位发生的偿还期限超过1年(不含1年)的应付款项。
25	2 901	受托代理负债	核算行政单位接受委托,取得受托管理资产时形成的负债。
三、净资产类			
26	3 001	财政拨款结转	核算行政单位滚存的财政拨款结转资金,包括基本支出结转、项目支出结转。
27	3 002	财政拨款结余	核算行政单位滚存的财政拨款项目支出结余资金。
28	3 101	其他资金结转结余	核算行政单位除财政拨款收支以外的其他各项收支相抵后剩余的滚存资金。
29	3 501	资产基金	核算行政单位的预付账款、存货、固定资产、在建工程、无形资产、政府储备物资、公共基础设施等非货币性资产在净资产中占用的金额。
30	3 502	待偿债净资产	核算行政单位因发生应付账款和长期应付款而相应需在净资产中冲减的金额。
四、收入类			
31	4 001	财政拨款收入	核算行政单位从同级财政部门取得的财政预算资金。
32	4011	其他收入	核算行政单位取得的除财政拨款收入以外的其他各项收入。
五、支出类			
33	5 001	经费支出	核算行政单位在开展业务活动中发生的各项支出。
34	5 101	拨出经费	核算行政单位向所属单位拨出的纳入单位预算管理的非同级财政拨款资金。

二、行政单位会计科目的使用要求

新制度规定,行政单位应当按照下列规定运用会计科目:

(1) 行政单位应当对有关法律、法规允许进行的经济活动,按照新制度的规定使用会计科目进行核算;行政单位不得以新制度规定的会计科目及使用说明作为进行有关法律、法规禁止的经济活动的依据。

(2) 行政单位对基本建设投资的会计核算在执行新制度的同时,还应当按照国家有关基本建设会计核算的规定单独建账、单独核算。

(3) 行政单位应当按照新制度的规定设置和使用会计科目,因没有相关业务不需要使用的总账科目可以不设;在不影响会计处理和编报财务报表的前提下,行政单位可以根据实际情况自行增设新制度规定以外的明细科目,或者自行减少、合并新制度规定的明细科目。

(4) 按照财政部规定对固定资产和公共基础设施计提折旧的,相关折旧的账务处理应当按照新制度规定执行;按照财政部规定不对固定资产和公共基础设施计提折旧的,不设置新制度规定的"累计折旧"科目,在进行账务处理时不考虑新制度其他科目说明中涉及的"累计折旧"科目。

(5) 新制度统一规定会计科目的编号,以便于填制会计凭证、登记账簿、查阅账目、实行会计信息化管理。行政单位不得随意打乱重编新制度规定的会计科目编号。

【练习题】

一、单项选择题

1. 现行制度规定行政单位会计采用的记账方法是( )。
   A. 资金收付记账法   B. 增减记账法   C. 现金收付记账法   D. 借贷记账法
2. 行政单位会计信息使用者包括人民代表大会、政府及其有关部门、行政单位自身和( )。
   A. 投资者   B. 银行
   C. 信托机构   D. 其他会计信息使用者
3. 行政单位会计的具体适用组织包括行政机关、国家权力机关、审判机关、检察机关( )。
   A. 以及民主党派等   B. 以及政党组织等
   C. 以及附属单位等   D. 以及非营利组织等
4. 行政单位会计的会计要素是( )。
   A. 资产、负债、收入、支出、净资产   B. 资产、负债、收入、费用、净资产
   C. 资产、负债、收入、支出、基金   D. 资产、负债、收入、支出、所有者权益
5. 根据有关规定,下列业务不可能在行政单位发生的是( )。
   A. 发放职工工资   B. 向银行借款10万元
   C. 发放个人劳动报酬   D. 出差人员预借差旅费
6. 行政单位应当以实际发生的经济业务或者事项为依据进行会计核算,如实反映各项

会计要素的情况和结果,保证会计信息( )。

　　A. 真实可靠　　　　B. 诚实可靠　　　　C. 确实可靠　　　　D. 真实明白

7. 行政单位会计核算一般采用收付实现制,特殊经济业务和事项应当按照《行政单位会计制度》的规定采用( )。

　　A. 收付实现制核算　　　　　　　　B. 权责发生制核算
　　C. 先进先出法核算　　　　　　　　D. 个别计价法核算

8. 不同行政单位发生的相同或者相似的经济业务或者事项,应当采用统一的会计政策,确保不同行政单位会计信息口径一致、( )。

　　A. 相互可比　　　　B. 清晰明了　　　　C. 一致性　　　　D. 客观公正

9. 行政单位会计的核算对象是( )。

　　A. 资金运动　　　　B. 管理活动　　　　C. 部门预算资金　　　　D. 经济业务

10. 关于行政单位会计信息质量要求,下列说法错误的是( )。

　　A. 行政单位提供的会计信息应当清晰明了,便于会计信息使用者理解使用
　　B. 行政单位提供的会计信息应当具有相关性,有助于使用者做出预测评价
　　C. 行政单位对于已经发生的经济业务或者事项,可以根据业绩需要提前或延后进行会计核算,并在附注中予以说明
　　D. 同一行政单位不同时期发生的相同或相似的经济业务或事项,应当采用统一的会计政策,不得随意变更。确需变更的,应将详细情况在附注中予以说明。

11. 国家对行政单位实行的预算管理办法是超支不补,结转和结余按规定使用以及( )。

　　A. 核定收支,定额定项补助　　　　　B. 收支统一管理,定额定项补助
　　C. 核定收支,定额定项拨款　　　　　D. 收支统一管理,定额定项拨款

二、多项选择题

1. 行政单位会计系统根据国家机构建制和预算管理权限关系,分为( )。

　　A. 主管会计单位　　　　　　　　B. 二级会计单位
　　C. 基层会计单位　　　　　　　　D. 省级会计单位

2. 对于行政单位会计信息质量的要求包括( )。

　　A. 可靠性　　　　B. 及时性　　　　C. 可比性　　　　D. 谨慎性

3. 行政单位会计的基本假设包括( )。

　　A. 会计主体　　　　B. 会计计量　　　　C. 会计分期　　　　D. 货币计量

4. 《行政单位财务规则》规定,财政部门对行政单位实行的预算管理办法包括( )。

　　A. 定额定项拨款　　　　　　　　B. 超支不补
　　C. 收支统一管理　　　　　　　　D. 结转和结余按规定使用

5. 关于行政单位会计科目的使用要求,下列说法正确的是( )。

　　A. 对基本建设投资的会计核算,还应当按照国家有关规定单独建账、单独核算
　　B. 总账科目和明细科目均是按照会计制度的规定设置的
　　C. 所有行政单位需对固定资产和公共基础设施计提折旧,并设置"累计折旧"科目

D. 行政单位若无相关业务,可以不设置不需要的总账科目

三、判断题

1. 行政单位会计的核算基础原则上是收付实现制。（　　）
2. 行政单位进行业务活动是以营利为目的的。（　　）
3. 新修订的《行政单位会计制度》兼顾了行政单位预算管理和财务管理的双重需求。（　　）
4. 行政单位对基本建设投资的会计核算在执行新制度的同时,还应当按照国家有关基本建设会计核算的规定单独建账、单独核算。（　　）

四、填空题

1. 行政单位会计的会计主体是_____。
2. 根据机构建制和_____关系,行政单位会计组织系统分为主管会计单位、二级会计单位和基层会计单位。
3. 财政部门对行政单位实行_____,定额定项拨款,超支不补,结转和结余按规定使用的预算管理办法。
4. 行政单位对基本建设投资的会计核算在执行《行政单位会计制度》的同时,还应当按照国家有关基本建设会计核算的规定单独建账、_____。

五、名词解释

1. 行政单位　　2. 行政单位会计

六、简答题

1. 什么是行政单位会计？具有哪些特点？
2. 简述行政单位会计的组成体系。
3. 行政单位的会计科目分几类？各类包括哪些会计科目？
4. 简述行政单位会计核算的目标。

第十章

行政单位资产的核算

 学习目的与要求

通过本章学习,了解并掌握:
1. 行政单位资产的概念与分类;
2. 行政单位资产的确认条件与计量方法;
3. 行政单位流动资产类科目的设置与账务处理;
4. 行政单位非流动资产类科目的设置与账务处理;
5. 行政单位公共服务与受托资产类科目的设置与账务处理。

第一节 行政单位资产的概述

一、资产的含义及内容

(一)资产的含义

《行政单位会计制度》规定,资产是指行政单位占有或者使用的,能以货币计量的经济资源。

行政单位的资产具有以下特征:

1. **资产是行政单位的一项经济资源**

资产是行政单位开展业务活动的物质基础,可以为行政单位正常运行和完成日常工作任务、特定任务提供或创造条件,预期能为行政单位带来经济利益或者服务潜力。如果一项经济资源不能为行政单位带来利益,就不能确认其为资产。

2. 资产能够用货币计量

只有能够用货币计量的各种经济资源,才能确认为资产。如果一项经济资源不能确定其价值,就不能确认其为资产。

3. 资产为行政单位占有或使用

行政单位必须拥有经济资源法律上的占用权或者使用权,才能被确认为资产。行政单位并不拥有资产的所有权,其所有权归国家。行政单位在工作中占有或者使用的物资、用品、房屋构筑物、设备等都属于行政单位核算的资产。定义中所称占有,是指行政单位对经济资源拥有法律上的占有权。由行政单位直接支配,供社会公众使用的政府储备物资、公共基础设施等,也属于行政单位核算的资产。如果一项经济资源并非由行政单位占用或者使用,就不能确认其为资产。

(二) 资产的内容

行政单位的资产包括流动资产、非流动资产和公共服务与受托资产。如表10-1所示。流动资产、非流动资产是行政单位的自用资产,公共服务与受托资产是行政单位的非自用资产。

流动资产是指可以在1年以内(含1年)变现或者耗用的资产,包括库存现金、银行存款、零余额账户用款额度、财政应返还额度、应收及预付款项、存货等。

非流动资产是指流动资产以外的资产,包括固定资产、在建工程、无形资产等。

公共服务与受托资产是指行政单位直接负责管理的为社会提供公共服务的资产和接受委托方委托代为管理的资产,包括政府储备物资、公共基础设施和受托代理资产。

行政单位资产类会计科目如表10-1所示。

表10-1 行政单位资产类会计科目

序号	科目编号	会计科目名称	序号	科目编号	会计科目名称
一、流动资产			二、非流动资产		
1	1 001	库存现金	9	1 501	固定资产
2	1 002	银行存款	10	1 502	累计折旧
3	1 011	零余额账户用款额度	11	1 511	在建工程
4	1 021	财政应返还额度	12	1 601	无形资产
			13	1 602	累计摊销
			14	1 701	待处理财产损溢
			三、公共服务与受托资产		
5	1 212	应收账款	15	1 801	政府储备物资
6	1 213	预付账款	16	1 802	公共基础设施
7	1 215	其他应收款	17	1 901	受托代理资产
8	1 301	存货			

二、资产的确认与计量

(一) 资产的确认

行政单位对符合资产定义的经济资源,应当在取得对其相关的权利并且能够可靠地进行货币计量时确认,符合资产定义并确认的资产项目,应当列入资产负债表。

行政单位的资产应当符合资产的定义。行政单位的资产是指行政单位占有或者使用的,能以货币计量的经济资源,强调资产预期能够为行政单位带来经济利益或者服务潜力,能够用货币来计量其价值,并被行政单位占有或者使用。

行政单位的资产应当在取得对其相关的权利并且能够可靠地进行货币计量时确认。在符合资产定义的前提下,行政单位资产的确认应当同时满足以下两个条件:第一,资产应当在取得对其相关的权利时确认,相关权利包括占用权、使用权等,此时与该经济资源有关的经济利益或者服务潜力很可能流入行政单位;第二,资产应当在能够可靠计量时确认,可计量性是会计要素确认的重要前提,相关经济资源的成本或者价值能够可靠计量时才能确认为资产。

(二) 资产的计量

行政单位资产的计量主要以历史成本计量,适当引入了历史成本以外的计量属性,强调资产计量的可靠性。行政单位资产的计量包括初始计量和后续计量。

1. 资产的初始计量

初始计量是资产取得时入账的计量方式。《行政单位会计制度》规定,行政单位的资产应当按照取得时的实际成本进行计量。除国家另有规定外,行政单位不得自行调整其账面价值。

行政单位取得资产的实际成本,应当区分支付对价和未支付对价两种方式。

(1) 支付对价方式取得资产,是指行政单位在取得一项资产时,支付了相应的现金或者现金等价物。例如用银行存款支付,或者付出了存货、固定资产等非货币性资产。以支付对价方式取得资产的价值,应当以所支付对价的金额计量。如果取得资产时支付的是现金或者现金等价物,应当按照支付的现金或者现金等价物的金额计量;如果取得资产时付出的是非货币性资产,应当按照所付出的非货币性资产的评估价值等金额计量。

(2) 未支付对价方式取得资产,是指行政单位在取得一项资产时,没有支付现金或者现金等价物,或者没有付出非货币性资产,但可能需要支付相关税费、运输费等。以未支付对价方式取得资产,应当以取得资产的价值加上相关税费、运输费等计量。具体有四种情况:第一,取得了证明资产价值的相关凭据的,其计量金额应当按照有关凭据注明的金额加上相关税费、运输费等确定;第二,没有相关凭据但依法经过资产评估的,其计量金额应当按照评估价值加上相关税费、运输费等确定;第三,没有相关凭据也未经评估的,其计量金额比照同类或类似资产的市场价格加上相关税费、运输费等确定;第四,没有相关凭据也未经评估,其同类或类似资产的市场价格无法可靠取得,所取得的资产应当按照名义金额(即人民币1元,下同)入账。

2. 资产的后续计量

后续计量是在会计期末对资产价值的重新计量,反映资产价值的后续变化情况。《行政单位会计制度》规定,行政单位资产的后续计量包括无形资产的摊销、固定资产和公共基础设施的折旧和应收及预付款项的核销。

(1) 无形资产的摊销,是指在无形资产使用寿命内,按照确定的方法对应摊销金额进行系统分摊。行政单位应当按照《行政单位会计制度》的规定对无形资产进行摊销;对无形资产计提摊销的金额,应当根据无形资产原价和摊销年限确定。

(2) 固定资产的折旧①,是指在固定资产、公共基础设施的使用寿命内,按照确定的方法对应折旧金额进行系统分摊。按照规定对固定资产、公共基础设施计提折旧的,折旧金额应当根据固定资产、公共基础设施原价和折旧年限确定。

(3) 应收及预付款项的核销,是指逾期3年或以上、有确凿证据表明确实无法收回的应收账款、其他应收款和预付账款,按规定报经批准后予以核销。核销的应收账款、其他应收款和预付账款应在备查簿中保留登记。

第二节 行政单位流动资产的核算

流动资产是指可以在1年以内(含1年)变现或者耗用的资产。行政单位的流动资产包括库存现金、银行存款、零余额账户用款额度、财政应返还额度、应收及预付款项、其他应收款、存货等。

▶▶ 一、库存现金

(一) 科目设置

库存现金是指行政单位留存在单位的现金。行政单位应设置"库存现金"科目,核算库存现金的收付及结存情况。"库存现金"科目的期末借方余额,反映行政单位实际持有的库存现金。

行政单位应当严格按照国家有关现金管理的规定收支现金,按照会计制度的规定核算现金的各项收支业务,并应当设置"库存现金日记账",由出纳人员根据收付款凭证,按照业务的发生顺序逐笔登记。每日终了,应计算当日的现金收入合计数、现金支出合计数和结余数,并将结余数和实际库存数核对,做到账款相符。账目应当日清月结。行政单位有外币现金的,应当分别按照人民币、外币种类设置"库存现金日记账"进行明细核算。

---

① 《行政单位会计制度》只是对固定资产、公共基础设施折旧的核算方法进行了规范,行政单位对固定资产、公共基础设施是否计提折旧由财政部另行规定。

(二) 账务处理

1. 提取现金

从银行等金融机构提取现金,按照实际提取的金额,借记"库存现金"科目,贷记"银行存款"、"零余额账户用款额度"等科目;将现金存入银行等金融机构,借记"银行存款",贷记"库存现金"科目;将现金退回单位零余额账户,借记"零余额账户用款额度"科目,贷记"库存现金"科目。

2. 借出现金

因支付内部职工出差等原因所借的现金,借记"其他应收款"科目,贷记"库存现金"科目;出差人员报销差旅费时,按照应报销的金额,借记有关科目,按照实际借出的现金金额,贷记"其他应收款"科目,按照其差额,借记或贷记"库存现金"科目。

3. 现金收支业务

因开展业务或其他事项收到现金,借记本科目,贷记有关科目;因购买服务、商品或者其他事项支出现金,借记有关科目,贷记"库存现金"科目。

4. 受托代理业务

收到受托代理的现金时,借记"库存现金"科目,贷记"受托代理负债"科目;支付受托代理的现金时,借记"受托代理负债"科目,贷记"库存现金"科目。

5. 现金盘点

每日终了结算现金收支,核对库存现金时发现有待查明原因的现金短缺或溢余,应通过"待处理财产损溢"科目核算。属于现金短缺,应当按照实际短缺的金额,借记"待处理财产损溢"科目,贷记"库存现金"科目;属于现金溢余,应当按照实际溢余的金额,借记"库存现金"科目,贷记"待处理财产损溢"科目。待查明原因后作如下处理:

(1) 查明原因。如为现金短缺,属于应由责任人赔偿或向有关人员追回的部分,借记"其他应收款"科目,贷记"待处理财产损溢"科目。如为现金溢余,属于应支付给有关人员或单位的,借记"待处理财产损溢"科目,贷记"其他应付款"科目。

(2) 无法查明原因。属于无法查明原因的现金短缺,报经批准核销的,借记"经费支出"科目,贷记"待处理财产损溢"科目。属于无法查明原因的现金溢余,报经批准后,借记"待处理财产损溢"科目,贷记"其他收入"科目。

【例10-1】 某行政单位从单位零余额账户中提取现金6 000元备用。

借:库存现金　　　　　　　　　　　　　　　6 000
　　贷:零余额账户用款额度　　　　　　　　　　　6 000

【例10-2】 某行政单位用现金支付工作人员王某因公外出预借差旅费3 000元。

借:其他应收款　　　　　　　　　　　　　　3 000
　　贷:库存现金　　　　　　　　　　　　　　　3 000

【例10-3】 某行政单位向社会提供复印服务,当日收到现金80元。

借:库存现金　　　　　　　　　　　　　　　　80
　　贷:其他收入　　　　　　　　　　　　　　　　80

【例10-4】 某行政单位进行当日现金的盘点,发现短缺现金60元,原因待查。

借：待处理财产损溢 60
　　贷：库存现金 60

【例10-5】 王某出差归来，报销差旅费3 100元，补足其现金。
借：经费支出 100
　　贷：库存现金 100
　　　　其他应收款 3 000

【例10-6】 之前由出纳员工作失误造成的短缺60元现金，经过调查无法查明具体的原因，报经批准后核销。
借：经费支出 60
　　贷：待处理财产损溢 60

二、银行存款

（一）科目设置

银行存款是指行政单位存入银行或者其他金融机构的各种存款。行政单位应当设置"银行存款"科目，核算银行存款的收支及结存情况。"银行存款"科目期末借方余额，反映行政单位实际存放在银行或其他金融机构的款项。

行政单位应当严格按照国家有关支付结算办法的规定办理银行存款收支业务，并按照本制度规定核算银行存款的各项收支业务。行政单位应当按开户银行或其他金融机构、存款种类及币种等，分别设置"银行存款日记账"，由出纳人员根据收付款凭证，按照业务的发生顺序逐笔登记，每日终了应结出余额。"银行存款日记账"应定期与"银行对账单"核对，至少每月核对一次。月度终了，行政单位账面余额与银行对账单余额之间如有差额，必须逐笔查明原因并进行处理，按月编制"银行存款余额调节表"，调节相符。

（二）账务处理

1. 款项的存入与提取

将款项存入银行或者其他金融机构，借记"银行存款"科目，贷记"库存现金"、"其他收入"等有关科目。提取和支出存款时，借记有关科目，贷记"银行存款"科目。

2. 存款利息与手续费

收到银行存款利息，借记"银行存款"科目，贷记"其他收入"等科目；支付银行手续费或银行扣收罚金等时，借记"经费支出"科目，贷记"银行存款"科目。

3. 受托代理业务

收到受托代理的银行存款时，借记"银行存款"科目，贷记"受托代理负债"科目；支付受托代理的存款时，借记"受托代理负债"科目，贷记"银行存款"科目。

4. 外币业务

行政单位发生外币业务的，应当按照业务发生当日或当期期初的即期汇率，将外币金额折算为人民币金额记账，并登记外币金额和汇率。期末，各种外币账户的期末余额，应当按照期末的即期汇率折算为人民币，作为外币账户期末人民币余额。调整后的各种外币账户人民币余额与原账面余额的差额，作为汇兑损溢计入当期支出。

(1) 以外币购买物资、劳务等,按照购入当日或当期期初的即期汇率将支付的外币或应支付的外币折算为人民币金额,借记有关科目,贷记"银行存款"科目、"应付账款"等科目的外币账户。

(2) 以外币收取相关款项等,按照收入确认当日或当期期初的即期汇率将收取的外币或应收取的外币折算为人民币金额,借记"银行存款"科目、"应收账款"等科目的外币账户,贷记有关科目。

(3) 期末,根据各外币账户按期末汇率调整后的人民币余额与原账面人民币余额的差额,作为汇兑损溢,借记或贷记"银行存款"、"应收账款"、"应付账款"等科目,贷记或借记"经费支出"等科目。

【例10-7】 某行政单位通过银行存款账户支付本单位的水费2 000元。
　　借:经费支出　　　　　　　　　　　　　　2 000
　　　贷:银行存款　　　　　　　　　　　　　　　2 000

【例10-8】 某行政单位收到开户银行转来的入账通知,本月银行存款利息收入650元。
　　借:银行存款　　　　　　　　　　　　　　650
　　　贷:其他收入　　　　　　　　　　　　　　　650

【例10-9】 某行政单位收到受托转赠资金150 000元,已存入银行。
　　借:银行存款　　　　　　　　　　　　　　150 000
　　　贷:受托代理负债　　　　　　　　　　　　　150 000

【例10-10】 将上述受托转赠资金150 000元转赠给委托人指定的第三方。
　　借:受托代理负债　　　　　　　　　　　　150 000
　　　贷:银行存款　　　　　　　　　　　　　　　150 000

【例10-11】 某行政单位月初有欧元存款10 000欧元,人民币余额为84 042元,资金为非财政拨款资金(项目经费)。某日报销单位职工因公出国费用6 800欧元,当日欧元兑换人民币的汇率为1 欧元=8.390 0元。期末,账面上外币余额为3 200元,人民币余额为26 990元,月末欧元兑换人民币的汇率为1 欧元=8.400 0元。
　　借:经费支出　　　　　　　　　　　　　　57 052
　　　贷:银行存款——欧元户　　　　　　　　　57 052
月末汇兑损溢=3 200×8.4000－26 990=－110
　　借:经费支出　　　　　　　　　　　　　　110
　　　贷:银行存款——欧元户　　　　　　　　　110

三、零余额账户用款额度

(一)零余额账户用款额度的内容

零余额账户用款额度,是行政单位在国库集中收付制度下的一个财政授权支付额度。国库集中收付制度下,行政单位经财政部门审批,在国库集中支付代理银行开设单位零余额账户,用于财政授权支付的结算。财政部门根据预算安排和资金使用计划,定期向行政单位的零余额账户下达财政授权支付额度。行政单位可以在下达的额度内自行签发授权支付指令,通知代理银行办理资金支付业务。

零余额账户用款额度在年度内可累加使用。代理银行在用款额度累计余额内,根据行政单位支付指令,及时、准确地办理资金支付等业务,并在规定的时间内与中国人民银行清算。

(二) 科目设置

行政单位设置"零余额账户用款额度"科目,核算实行国库集中支付的行政单位根据财政部门批复的用款计划收到和支用的零余额账户用款额度。"零余额账户用款额度"科目期末借方余额,反映行政单位尚未支用的零余额账户用款额度。年度终了注销单位零余额账户用款额度后,本科目应无余额。

(三) 账务处理

1. 下达授权支付额度

在财政授权支付方式下,行政单位收到"财政授权支付额度到账通知书"时,根据通知书所列数额,借记"零余额账户用款额度"科目,贷记"财政拨款收入"科目。

2. 支用和提取现金

按规定支用额度时,借记"经费支出"等科目,贷记"零余额账户用款额度"科目。从零余额账户提取现金时,借记"库存现金"科目,贷记"零余额账户用款额度"科目。

3. 年终注销和下年初恢复

年末,根据代理银行提供的对账单作银行注销额度的相关账务处理,借记"财政应返还额度——财政授权支付"科目,贷记"零余额账户用款额度"科目。如单位本年度财政授权支付预算指标数大于财政授权支付额度下达数,根据两者间的差额,借记"财政应返还额度——财政授权支付"科目,贷记"财政拨款收入"科目。

下年度年初,行政单位根据代理银行提供的额度恢复到账通知书作恢复额度的相关账务处理,借记"零余额账户用款额度"科目,贷记"财政应返还额度——财政授权支付"科目。行政单位收到财政部门批复的上年未下达零余额账户用款额度时,借记"零余额账户用款额度"科目,贷记"财政应返还额度——财政授权支付"科目。

【例 10-12】 某行政单位收到代理银行"财政授权支付额度到账通知书",列明本月授权支付额度为 100 000 元。

  借:零余额账户用款额度   100 000
   贷:财政拨款收入   100 000

【例 10-13】 某行政单位通过单位零余额账户支付本单位的电费 5 000 元。

  借:经费支出   5 000
   贷:零余额账户用款额度   5 000

【例 10-14】 某行政单位通过单位零余额账户,购买一台计算机,价款 8 000 元,计算机直接交付使用。

  借:经费支出   8 000
   贷:零余额账户用款额度   8 000
  借:固定资产   8 000

　　　　贷：资产基金——固定资产　　　　　　　　　　　　　　8 000

【例 10-15】 某行政单位实行了公务卡结算制度。工作人员小王用公务卡支付了公务接待费 700 元,现办理报销手续。财务部门根据报销凭证,通过单位零余额账户将报销款项划入小王的公务卡内。

　　　　借：经费支出　　　　　　　　　　　　　　　　　　　700
　　　　　　贷：零余额账户用款额度　　　　　　　　　　　　　700

四、财政应返还额度

(一) 财政应返还额度的内容

财政应返还额度,是指行政单位年终注销的、需要在次年恢复的年度未实现的用款额度。实行国库集中支付制度的行政单位,年度支出预算批准后,其年度财政直接支付的预算指标和财政授权支付的预算指标就被确定下来。行政单位的年度预算指标包括财政直接支付额度和财政授权支付额度。在财政直接支付方式下,行政单位在财政直接支付额度内根据批准的分月用款计划,提出支付申请,财政部门审核后签发支付令,实现日常支付;在财政授权支付方式下,由财政部门先对单位零余额账户下达本月授权支付的用款额度,行政单位在该额度内支用或提取现金使用。年度终了,行政单位需要对年度未实现的用款额度进行注销,形成财政应返还额度,以待次年予以恢复。

行政单位的财政应返还额度包括财政应返还直接支付额度和财政应返还授权支付额度。

1. **财政应返还直接支付额度**

财政应返还直接支付额度是指被注销的未使用直接支付的额度,即财政直接支付额度本年预算指标与当年财政实际支付的差额。

2. **财政应返还授权支付额度**

财政应返还授权支付额度是指被注销的财政授权支付未下达和未使用额度。即财政授权支付额度本年预算指标与当年行政单位实际支付数的差额,包括两个部分:

(1) 未下达的授权额度,是指当年预算已经安排,但财政部门当年没有下达到行政单位的单位零余额账户的授权额度,即授权额度的本年预算指标与当年下达数之间的差额。

(2) 未使用的授权额度,是指财政部门已经将授权额度下达到行政单位的单位零余额账户,但行政单位当年尚未完成支付的数额,即授权额度的本年下达数与当年实际使用数之间的差额。

(二) 科目设置

行政单位应设置"财政应返还额度"科目,核算实行国库集中支付的行政单位应收财政返还的资金额度。本科目应当设置"财政直接支付"、"财政授权支付"两个明细科目进行明细核算。本科目期末借方余额,反映行政单位应收财政返还的资金额度。

(三) 账务处理

1. **年末注销尚未使用额度**

(1) 财政直接支付。

年末,行政单位根据本年度财政直接支付预算指标数与财政直接支付实际支出数的差额,借记"财政应返还额度——财政直接支付"科目,贷记"财政拨款收入"科目。

(2) 财政授权支付。

年末,财政授权支付尚未使用资金额度的账务处理,借记"财政应返还额度——财政授权支付"科目,贷记"零余额账户用款额度"科目。

2. 下年初恢复额度

(1) 财政直接支付。

上年直接支付额度恢复不冲销"财政应返还额度——财政直接支付"科目,只做预算记录。

(2) 财政授权支付。

下年度年初,根据代理银行提供的额度恢复到账通知书作恢复额度的相关账务处理,借记"零余额账户用款额度"科目,贷记"财政应返还额度——财政授权支付"科目。

收到财政部门批复的上年未下达零余额账户用款额度时,借记"零余额账户用款额度"科目,贷记"财政应返还额度——财政授权支付"科目。

3. 使用以前年度额度

(1) 财政直接支付。

行政单位使用以前年度财政直接支付额度发生支出时,借记"经费支出"科目,贷记"财政应返还额度——财政直接支付"科目。

(2) 财政授权支付。

行政单位使用以前年度财政授权支付额度发生支出时的账务处理,参见"零余额账户用款额度"科目。

【例 10-16】 某行政单位已实行国库集中支付制度,年度终了,通过对账确认本年度财政直接支付预算指标数为 9 000 000 元,当年直接支付实际支出数为 8 900 000 元,需要注销未实现的财政直接支付额度 100 000 元。

借:财政应返还额度——财政直接支付　　　100 000
　　贷:财政拨款收入　　　　　　　　　　　　　100 000

【例 10-17】 某行政单位已实行国库集中支付制度,确定的财政授权支付预算数为 1 000 000 元。年度终了,通过对账确认已下达本年度财政授权支付额度为 950 000 元,当年实际支出数为 930 000 元,需要注销未下达的财政授权支付额度 50 000 元和未使用的授权支付额度 20 000 元。

借:财政应返还额度——财政授权支付　　　70 000
　　贷:财政拨款收入　　　　　　　　　　　　　50 000
　　　　零余额账户用款额度　　　　　　　　　20 000

【例 10-18】 下年初,某行政单位收到"财政直接支付额度恢复通知书",恢复上年末注销的财政直接支付额度 100 000 元。

恢复的财政直接支付额度 100 000 元并没有实际支付,因此,不进行会计记录编制,只进行预算记录。

【例 10-19】 下年初,某行政单位收到"财政授权支付额度恢复通知书",恢复上年末注销的财政授权支付额度 70 000 元,并且已下达到单位零余额账户。

  借:零余额账户用款额度   70 000
    贷:财政应返还额度——财政授权支付 70 000

【例 10-20】 某行政单位向财政部门提出申请,要求用恢复的上年度直接支付额度支付一项业务费 20 000 元,已获批准,款项已采用直接支付方式通过财政零余额账户支付。

  借:经费支出   20 000
    贷:财政应返还额度——财政直接支付 20 000

【例 10-21】 某行政单位使用恢复的上年度财政授权支付额度支付一笔业务培训费 10 000 元,款项已采用授权支付方式通过单位零余额账户支付。

  借:经费支出   10 000
    贷:零余额账户用款额度   10 000

五、应收账款

(一)科目设置

行政单位设置"应收账款"科目,核算行政单位出租资产、出售物资等应当收取的款项。行政单位收到的商业汇票,也通过本科目核算。本科目应当按照购货、接受服务单位(或个人)或开出、承兑商业汇票的单位等进行明细核算。本科目期末借方余额,反映行政单位尚未收回的应收账款。

(二)账务处理

应收账款应当在资产已出租或物资已出售、且尚未收到款项时确认。

1. 出租资产发生的应收账款

(1)出租资产尚未收到款项时,按照应收未收金额,借记"应收账款"科目,贷记"其他应付款"科目。

(2)收回应收账款时,借记"银行存款"等科目,贷记"应收账款"科目;同时,借记"其他应付款"科目,按照应缴的税费,贷记"应缴税费"科目,按照扣除应缴税费后的净额,贷记"应缴财政款"科目。

2. 出售物资发生的应收账款

(1)物资已发出并到达约定状态且尚未收到款项时,按照应收未收金额,借记"应收账款"科目,贷记"待处理财产损溢"科目。

(2)收回应收账款时,借记"银行存款"等科目,贷记"应收账款"科目。

3. 收到商业汇票

(1)出租资产收到商业汇票,按照商业汇票的票面金额,借记"应收账款"科目,贷记"其他应付款"科目。

出售物资收到商业汇票,按照商业汇票的票面金额,借记"应收账款"科目,贷记"待处理财产损溢"科目。

(2)商业汇票到期收回款项时,借记"银行存款"等科目,贷记"应收账款"科目。其中,出租资产收回款项的,还应当同时借记"其他应付款"科目,按照应缴的税费,贷记"应缴税费"科目,按照扣除应缴税费后的净额,贷记"应缴财政款"科目。

行政单位应当设置"商业汇票备查簿",逐笔登记每一笔应收商业汇票的种类、号数、出票日期、到期日、票面金额、交易合同号等相关信息资料。商业汇票到期结清票款或退票后,应当在备查簿内逐笔注销。

4. 坏账的核销

逾期3年或以上、有确凿证据表明确实无法收回的应收账款,按规定报经批准后予以核销。核销的应收账款应在备查簿中保留登记。

(1)转入待处理财产损溢时,按照待核销的应收账款金额,借记"待处理财产损溢"科目,贷记"应收账款"科目。报经批准对无法收回的应收账款予以核销时,借记"其他应付款"等科目,贷记"待处理财产损溢"科目。

(2)已核销的应收账款在以后期间收回的,借记"银行存款"科目,贷记"应缴财政款"等科目。

【例10-22】 某行政单位经批准将一闲置的房屋对外出租给A公司,根据租赁合同约定租金为每年160 000元,按季度支付。

① 房屋交付承租人使用,租金尚未收到,根据租赁合同的金额进行账务处理。

  借:应收账款   160 000
    贷:其他应付款   160 000

② 收到承租人交来的本季度租金40 000元,存入银行账户。经计算应缴税费4 800元。

  借:银行存款   40 000
    贷:应收账款   40 000
  借:其他应付款   40 000
    贷:应缴税费   4 800
      应缴财政款   35 200

【例10-23】 某行政单位经批准将一批不需用的物资对外出售给B公司,该批物资账面余额为30 000元,出售价为31 000元,已存入银行账户。

① 经批准对外出售存货,应当转入待处理财产损溢。

  借:待处理财产损溢——待处理财产价值 30 000
    贷:存货   30 000

② 实现出售时。

  借:资产基金——存货   30 000
    贷:待处理财产损溢——待处理财产价值 30 000

③ 出售物资已发出,尚未收到款项。

  借:应收账款   31 000
    贷:待处理财产损溢——处理净收入 31 000

④ 收到出售物资账款时。

  借:银行存款   31 000
    贷:应收账款   31 000

【例10-24】 假设【例10-23】中出售给B公司物资时,B公司采用商业汇票方式结算。

该行政单位收到一张不带息的商业汇票,期限1个月,票面金额31 000元。

① 收到商业汇票。

　　借:应收账款　　　　　　　　　　　　　　31 000
　　　　贷:待处理财产损溢——处理净收入　　　　31 000

② 如果商业汇票到期,收到款项31 000元。

　　借:银行存款　　　　　　　　　　　　　　31 000
　　　　贷:应收账款　　　　　　　　　　　　　　31 000

【例10-25】　某行政单位对应收账款的账龄进行分析,发现有逾期3年的应收账款60 000元。经调查,其中40 000元是A公司因破产无法支付所欠的房租。

① 将无法收回的应收账款转入待核销资产,上报财政部门审批。

　　借:待处理财产损溢　　　　　　　　　　　40 000
　　　　贷:应收账款　　　　　　　　　　　　　　40 000

② 上述待核销应收账款报经批准后予以核销。

　　借:其他应付款　　　　　　　　　　　　　40 000
　　　　贷:待处理财产损溢　　　　　　　　　　　40 000

六、预付账款

(一) 科目设置

行政单位应设置"预付账款"科目,核算行政单位按照购货、服务合同规定预付给供应单位(或个人)的款项。行政单位依据合同规定支付的定金,也通过本科目核算。行政单位支付可以收回的订金,不通过本科目核算,应当通过"其他应收款"科目核算。本科目应当按照供应单位(或个人)进行明细核算。本科目期末借方余额,反映行政单位实际预付但尚未结算的款项。

预付账款属于非货币性资产,行政单位在购买货物、服务支付预付款项时,不但要确认所形成的预付账款,还要确认发生的经费支出,应采用"双分录"核算方法,以满足预算管理和财务管理的要求。

(二) 账务处理

预付账款应当在已支付款项且尚未收到物资或服务时确认。

1. 预付款项

发生预付账款时,借记"预付账款"科目,贷记"资产基金——预付款项"科目;同时,借记"经费支出"科目,贷记"财政拨款收入"、"零余额账户用款额度"、"银行存款"等科目。

2. 收到物资或劳务

由于在预付款项时已经确认了经费支出,在收到所购货物或服务时应当冲减所对应的资产基金。收到所购物资或服务时,按照相应预付账款金额,借记"资产基金——预付款项"科目,贷记"预付账款"科目;发生补付款项的,按照实际补付的款项,借记"经费支出"科目,贷记"财政拨款收入"、"零余额账户用款额度"、"银行存款"等科目。收到物资的,同时按照收到所购物资的成本,借记有关资产科目,贷记"资产基金"及相关明细科目。

3. 预付账款退回

发生当年预付账款退回的,借记"资产基金——预付款项"科目,贷记"预付账款"科目;同时,借记"财政拨款收入"、"零余额账户用款额度"、"银行存款"等科目,贷记"经费支出"科目。

发生以前年度预付账款退回的,借记"资产基金——预付款项"科目,贷记"预付账款"科目;同时,借记"财政应返还额度"、"零余额账户用款额度"、"银行存款"等科目,贷记"财政拨款结转"、"财政拨款结余"、"其他资金结转结余"等科目。

4. 坏账核销

逾期 3 年或以上、有确凿证据表明确实无法收到所购物资和服务,且无法收回的预付账款,按照规定报经批准后予以核销。核销的预付账款应在备查簿中保留登记。

(1) 转入待处理财产损溢时,按照待核销的预付账款金额,借记"待处理财产损溢"科目,贷记"预付账款"科目。

(2) 已核销的预付账款在以后期间又收回的,借记"零余额账户用款额度"、"银行存款"等科目,贷记"财政拨款结转"、"财政拨款结余"、"其他资金结转结余"等科目。

【例10-26】 某行政单位与某会议中心签订合同,为举办大型会议预订场地,根据合同规定,场地租金共计 50 000 元,预订时先交纳定金 10 000 元,其余部分在会议结束后支付。该行政单位通过单位零余额账户支付 10 000 元定金。

  借:预付账款   10 000
    贷:资产基金——预付账款   10 000
  借:经费支出   10 000
    贷:零余额账户用款额度   10 000

【例10-27】 承上例,会议结束后,该行政单位通过单位零余额账户支付剩余款项 40 000 元。

  借:资产基金——预付账款   10 000
    贷:预付账款   10 000
  借:经费支出   40 000
    贷:零余额账户用款额度   40 000

七、其他应收款

(一) 科目设置

行政单位应设置"其他应收款"科目核算行政单位除应收账款、预付账款以外的其他各项应收及暂付款项,如职工预借的差旅费、拨付给内部有关部门的备用金、应向职工收取的各种垫付款项等。本科目应当按照其他应收款的类别以及债务单位(或个人)进行明细核算。本科目期末借方余额,反映行政单位尚未收回的其他应收款。

(二) 账务处理

1. 款项的发生

因预借职工差旅费、垫付各种暂付款而发生其他应收及暂付款项时,借记"其他应收款"

科目,贷记"零余额账户用款额度"、"银行存款"等科目。

2. 款项的收回与转销

收回或转销上述款项时,借记"银行存款"、"零余额账户用款额度"或有关支出等科目,贷记"其他应收款"科目。

3. 备用金的发放

行政单位内部实行备用金制度的,有关部门使用备用金以后应当及时到财务部门报销并补足备用金。财务部门核定并发放备用金时,借记"其他应收款"科目,贷记"库存现金"等科目。根据报销数用现金补足备用金定额时,借记"经费支出"科目,贷记"库存现金"等科目,报销数和拨补数都不再通过"其他应收款"科目核算。

4. 坏账核销

逾期3年或以上、有确凿证据表明确实无法收回的其他应收款,按规定报经批准后予以核销。核销的其他应收款应在备查簿中保留登记。

(1) 转入待处理财产损溢时,按照待核销的其他应收款金额,借记"待处理财产损溢"科目,贷记"其他应收款"科目。

(2) 已核销的其他应收款在以后期间又收回的,如属于在核销年度内收回的,借记"银行存款"等科目,贷记"经费支出"科目;如属于在核销年度以后收回的,借记"银行存款"等科目,贷记"财政拨款结转"、"财政拨款结余"、"其他资金结转结余"等科目。

【例10-28】 某行政单位工作人员陈某因公外出预借差旅费5 000元,签发现金支票从单位零余额账户提取。

借:其他应收款　　　　　　　　　　　　　　　5 000
　　贷:零余额账户用款额度　　　　　　　　　　5 000

【例10-29】 接上例,陈某出差归来报销差旅费,根据审核后的票据,报销金额为5 100元,补足其现金。

借:经费支出　　　　　　　　　　　　　　　　5 100
　　贷:其他应收款　　　　　　　　　　　　　　5 000
　　　　库存现金　　　　　　　　　　　　　　　　100

【例10-30】 某行政单位内部实行备用金制度,用现金向某业务部门发放备用金6 000元。

借:其他应收款　　　　　　　　　　　　　　　6 000
　　贷:库存现金　　　　　　　　　　　　　　　6 000

八、存货

(一) 科目设置

存货是指行政单位在工作中为耗用而储存的资产,包括材料、燃料、包装物和低值易耗品等。行政单位为开展业务活动会耗用一定的材料用品,这些材料用品购入时,需要进入仓库管理,以后再领用。

行政单位应设置"存货"科目核算行政单位在开展业务活动及其他活动中为耗用而储存

的各种物资,包括材料、燃料、包装物和低值易耗品及未达到固定资产标准的家具、用具、装具等的实际成本。行政单位接受委托人指定受赠人的转赠物资,应当通过"受托代理资产"科目核算,不通过本科目核算。行政单位随买随用的零星办公用品等,可以在购进时直接列作支出,不通过本科目核算。本科目应当按照存货的种类、规格和保管地点等进行明细核算。行政单位有委托加工存货业务的,应当在本科目下设置"委托加工存货成本"科目。出租、出借的存货,应当设置备查簿进行登记。本科目期末借方余额,反映行政单位存货的实际成本。

存货属于非货币性资产,行政单位应同时确认所取得的存货成本和形成的经费支出,应采用"双分录"核算方法,以满足预算管理和财务管理的要求。

(二)账务处理

存货应当在其到达存放地点并验收时确认。

1. 存货的取得

行政单位存货的取得方式包括购入、置换换入、接受捐赠、无偿调入、委托加工等。存货在取得时,应当按照其实际成本入账。

(1)购入的存货。

购入的存货,其成本包括购买价款、相关税费、运输费、装卸费、保险费以及其他使得存货达到目前场所和状态所发生的支出。

购入的存货验收入库,按照确定的成本,借记"存货"科目,贷记"资产基金——存货"科目;同时,按照实际支付的金额,借记"经费支出"科目,贷记"财政拨款收入"、"零余额账户用款额度"、"银行存款"等科目;对于尚未付款的,应当按照应付未付的金额,借记"待偿债净资产"科目,贷记"应付账款"科目。

(2)存货的置换。

置换换入的存货,其成本按照换出资产的评估价值,加上支付的补价或减去收到的补价,加上为换入存货支付的其他费用(运输费等)确定。

换入的存货验收入库,按照确定的成本,借记"存货"科目,贷记"资产基金——存货"科目;同时,按实际支付的补价、运输费等金额,借记"经费支出"科目,贷记"财政拨款收入"、"零余额账户用款额度"、"银行存款"等科目。

(3)存货的捐赠与调入。

接受捐赠、无偿调入的存货,其成本按照有关凭据注明的金额加上相关税费、运输费等确定;没有相关凭据可供取得,但依法经过资产评估的,其成本应当按照评估价值加上相关税费、运输费等确定;没有相关凭据可供取得、也未经评估的,其成本比照同类或类似存货的市场价格加上相关税费、运输费等确定;没有相关凭据也未经评估,其同类或类似存货的市场价格无法可靠取得,该存货按照名义金额(人民币1元)入账。

接受捐赠、无偿调入的存货验收入库,按照确定的成本,借记"存货"科目,贷记"资产基金——存货"科目;同时,按实际支付的相关税费、运输费等金额,借记"经费支出"科目,贷记"财政拨款收入"、"零余额账户用款额度"、"银行存款"等科目。

(4)存货的委托加工。

委托加工的存货,其成本按照未加工存货的成本加上加工费用和往返运输费等确定。

委托加工的存货出库,借记"存货——委托加工存货成本"科目,贷记"存货"科目下的相关明细科目。支付加工费用和相关运输费等时,借记"经费支出"科目,贷记"财政拨款收入"、"零余额账户用款额度"、"银行存款"等科目;同时,按照相同的金额,借记"存货——委托加工存货成本"科目,贷记"资产基金——存货"科目。委托加工完成的存货验收入库时,按照委托加工存货的成本,借记"存货"科目下的相关明细科目,贷记"存货——委托加工存货成本"科目。

2. 存货的发出

行政单位存货的发出,包括业务活动领用存货、对外捐赠存货、无偿调出存货等事项。存货发出时,应当根据实际情况采用先进先出法、加权平均法或者个别计价法确定发出存货的实际成本。计价方法一经确定,不得随意变更。

(1) 业务活动中领用存货。

由于行政单位在取得存货时已经确认了经费支出,因此业务活动中领用存货时直接冲减其所对应的资产基金,不再确认经费支出。开展业务活动等领用、发出存货,按照领用、发出存货的实际成本,借记"资产基金——存货"科目,贷记"存货"科目。

(2) 对外捐赠、无偿调出存货。

经批准对外捐赠、无偿调出存货时,按照对外捐赠、无偿调出存货的实际成本,借记"资产基金——存货"科目,贷记"存货"科目。对外捐赠、无偿调出存货发生由行政单位承担的运输费等支出,借记"经费支出"科目,贷记"财政拨款收入"、"零余额账户用款额度"、"银行存款"等科目。

(3) 对外出售、置换换出的存货。

① 经批准对外出售、置换换出的存货,应当转入待处理财产损溢,按照相关存货的实际成本,借记"待处理财产损溢"科目,贷记"存货"科目。

② 实现出售、置换换出时,借记"资产基金"及相关明细科目,贷记"待处理财产损溢——待处理财产价值"科目。

③ 出售、置换换出资产过程中收到价款、补价等收入,借记"库存现金"、"银行存款"等科目,贷记"待处理财产损溢——处理净收入"科目。

④ 出售、置换换出资产过程中发生相关费用,借记"待处理财产损溢——处理净收入"科目,贷记"库存现金"、"银行存款"、"应缴税费"等科目。

⑤ 出售、置换换出完毕并收回相关的应收账款后,按照处置收入扣除相关税费后的净收入,借记"待处理财产损溢——处理净收入"科目,贷记"应缴财政款"。如果处置收入小于相关税费的,按照相关税费减去处置收入后的净支出,借记"经费支出"科目,贷记"待处理财产损溢——处理净收入"科目。

3. 存货的报废、毁损

(1) 转入待处理财产损溢。

报废、毁损的存货,应当转入待处理财产损溢,按照相关存货的账面余额,借记"待处理财产损溢——待处理财产价值"科目,贷记"存货"科目。

(2) 批准核销。

报经批准予以核销时,借记"资产基金"及相关明细科目,贷记"待处理财产损溢——待处理财产价值"科目。

(3) 变价收入与清理费用。

毁损、报废各种实物资产过程中取得的残值变价收入、发生相关费用,通过"待处理财产损溢——处理净收入"科目核算。

(4) 清理损溢。

处置完成后,若"待处理财产损溢"科目余额在贷方,则借记"待处理财产损溢——处理净收入"科目,贷记"应缴财政款"科目;若其科目余额在借方,则借记"经费支出"科目,贷记"待处理财产损溢——处理净收入"科目。

4. 存货的清查盘点

行政单位的存货应当定期进行清查盘点,每年至少盘点一次。对于发生的存货盘盈、盘亏,应当及时查明原因,按规定报经批准后进行账务处理。

(1) 存货的盘盈。

盘盈的存货,按照取得同类或类似存货的实际成本确定入账价值;没有同类或类似存货的实际成本,按照同类或类似存货的市场价格确定入账价值;同类或类似存货的实际成本或市场价格无法可靠取得,按照名义金额入账。

盘盈的存货,按照确定的入账价值,借记"存货"科目,贷记"待处理财产损溢"科目。报经批准予以处理时,借记"待处理财产损溢"科目,贷记"资产基金——存货"科目。

(2) 存货的盘亏。

盘亏的存货,转入待处理财产损溢时,按照其账面余额,借记"待处理财产损溢"科目,贷记"存货"科目。报经批准予以核销时,借记"资产基金——存货"科目,贷记"待处理财产损溢"科目。

【例10-31】 某行政单位购入A材料一批,通过财政零余额账户支付价款8 000元(含税价),运输费100元。材料已验收入库。

借:存货——A材料　　　　　　　　　　　　　　8 100
　　贷:资产基金——存货　　　　　　　　　　　　　8 100
借:经费支出　　　　　　　　　　　　　　　　　8 100
　　贷:财政拨款收入　　　　　　　　　　　　　　8 100

【例10-32】 某行政单位购入B材料一批,价款3 000元(含税价),运输费50元。通过单位零余额账户支付了其中的2 050元,其余款项3个月以后支付,材料已验收入库。

借:存货——B材料　　　　　　　　　　　　　　3 050
　　贷:资产基金——存货　　　　　　　　　　　　　3 050
借:经费支出　　　　　　　　　　　　　　　　　2 050
　　贷:零余额账户用款额度　　　　　　　　　　　2 050
借:待偿债净资产　　　　　　　　　　　　　　　1 000
　　贷:应付账款　　　　　　　　　　　　　　　　1 000

【例10-33】 某行政单位与甲单位进行材料置换,用本单位的A材料置换甲单位的C材料。换出A材料的账面原价5 000元,评估价5 700元。根据置换协议,行政单位需再支付补价300元,通过单位零余额账户支付。

① 换入C材料的账务。

  借:存货——C材料   6 000
    贷:资产基金——存货   6 000
  借:经费支出   300
    贷:零余额账户用款额度   300

② 换出A材料的账务。

  借:待处理财产损溢   5 000
    贷:存货——A材料   5 000
  借:资产基金——存货   5 000
    贷:待处理财产损溢   5 000

【例10-34】 某行政单位接受某企业捐赠一批D材料,所附发票表明其价值为90 000元,已送达该行政单位仓库,该行政单位没有支付相关税费。

  借:存货——D材料   90 000
    贷:资产基金——存货   90 000

【例10-35】 某行政单位将B材料委托某企业进行加工,希望加工成E材料,B材料的账面原价2 000元,通过单位零余额账户支付加工费800元,某企业加工完成后交还给该行政单位,E材料已验收入库。

  借:存货——委托加工存货成本——E材料 2 000
    贷:存货——B材料   2 000
  借:经费支出   800
    贷:零余额账户用款额度   800
  借:存货——委托加工存货成本——E材料 800
    贷:资产基金——存货   800
  借:存货——E材料   2 800
    贷:存货——委托加工存货成本——E材料 2 800

【例10-36】 某行政单位开出"材料出库单",业务活动领用C材料一批,采用先进先出法确定的价值为1 000元。

  借:资产基金——存货   1 000
    贷:存货——C材料   1 000

【例10-37】 某行政单位经批准将一批不再需要的F材料对外出售,其账面原价为3 700元,按评估价值确定的销售价格为3 000元,款项已存入银行账户,销售F材料应缴增值税510元。

① 批准销售后。

  借:待处理财产损溢——待处理财产价值   3 700
    贷:存货——F材料   3 700

② 实现销售。

  借:资产基金——存货   3 700

　　　　贷：待处理财产损溢——待处理财产价值　　　　3 700
③ 收到价款 3 000 元,存入银行。
　　　　借：银行存款　　　　3 000
　　　　贷：待处理财产损溢——处理净收入　　　　3 000
④ 应缴增值税。
　　　　借：待处理财产损溢——处理净收入　　　　510
　　　　贷：应缴税费——应缴增值税　　　　510
⑤ 结转处理净收入。
　　　　借：待处理财产损溢——处理净收入　　　　2 490
　　　　贷：应缴财政款　　　　2 490

【例 10-38】　某行政单位经批准将一批 G 材料予以报废,其账面原价为 1 800 元,用银行存款支付处理过程中发生的清理费用 500 元,取得变价收入 200 元,已存入银行。

① 批准报废后。
　　　　借：待处理财产损溢——待处理财产价值　　　　1 800
　　　　贷：存货——G 材料　　　　1 800
② 予以核销。
　　　　借：资产基金——存货　　　　1 800
　　　　贷：待处理财产损溢——待处理财产价值　　　　1 800
③ 支付清理费用。
　　　　借：待处理财产损溢——处理净收入　　　　500
　　　　贷：银行存款　　　　500
④ 收到变价收入,存入银行。
　　　　借：银行存款　　　　200
　　　　贷：待处理财产损溢——处理净收入　　　　200
⑤ 结转处理净支出。
　　　　借：经费支出　　　　300
　　　　贷：待处理财产损溢——处理净收入　　　　300

【例 10-39】　年终,某行政单位盘点存货时发现 D 材料盘盈 10 件,按照同类材料的成本计算其价值为 700 元。

① 将盘盈材料记入待处理财产损溢,同时上报相关部门。
　　　　借：存货——C 材料　　　　700
　　　　贷：待处理财产损溢　　　　700
② 批准后予以入账。
　　　　借：待处理财产损溢　　　　700
　　　　贷：资产基金——存货　　　　700

【例 10-40】　年终,某行政单位盘点存货时发现 E 材料盘亏 5 件,按照同类材料的成本计算其价值为 500 元。

① 将盘亏材料记入待处理财产损溢,同时上报相关部门。

```
借：待处理财产损溢                    500
    贷：存货——E材料                      500
```
② 批准后予以核销。
```
借：资产基金——存货                    500
    贷：待处理财产损溢                    500
```

第三节　行政单位非流动资产的核算

行政单位的非流动资产包括固定资产、在建工程、无形资产等。为了与行政单位的自用资产相区分，本书将公共服务与受托资产单独分为一类。因此，本节不包括政府储备物资、公共基础设施、受托管理资产。

一、固定资产

（一）固定资产概念与分类

固定资产是指使用期限超过1年（不含1年）、单位价值在规定标准以上，并在使用过程中基本保持原有物质形态的资产。单位价值虽未达到规定标准，但是耐用时间超过1年（不含1年）的大批同类物资，应当作为固定资产核算。

固定资产一般分为六类：房屋及构筑物；通用设备；专用设备；文物和陈列品；图书、档案；家具、用具、装具及动植物。行政单位应当根据固定资产定义、有关主管部门对固定资产的统一分类，结合本单位的具体情况，制定适合本单位的固定资产目录、具体分类方法，作为进行固定资产核算的依据。

（二）科目设置

行政单位应设置"固定资产"科目，核算行政单位各类固定资产的原价。行政单位应当设置"固定资产登记簿"和"固定资产卡片"，按照固定资产类别、项目和使用部门等进行明细核算。出租、出借的固定资产，应当设置备查簿进行登记。"固定资产"科目期末借方余额，反映行政单位固定资产的原价。

固定资产的核算应注意以下几点：

（1）固定资产的各组成部分具有不同的使用寿命、适用不同折旧率的，应当分别将各组成部分确认为单项固定资产。

（2）购入需要安装的固定资产，应当先通过"在建工程"科目核算，安装完毕交付使用时再转入"固定资产"科目核算。

（3）行政单位的软件，如果其构成相关硬件不可缺少的组成部分，应当将该软件的价值包括在所属的硬件价值中，一并作为固定资产，通过"固定资产"科目进行核算；如果其不构成相关硬件不可缺少的组成部分，应当将该软件作为无形资产，通过"无形资产"科目核算。

（4）行政单位购建房屋及构筑物不能够分清支付价款中的房屋及构筑物与土地使用权

部分的,应当全部作为固定资产,通过"固定资产"科目核算;能够分清支付价款中的房屋及构筑物与土地使用权部分的,应当将其中的房屋及构筑物部分作为固定资产,通过"固定资产"科目核算,将其中的土地使用权部分作为无形资产,通过"无形资产"科目核算;境外行政单位购买具有所有权的土地作为固定资产,通过"固定资产"科目核算。

(5) 行政单位借入、以经营租赁方式租入的固定资产,不通过"固定资产"科目核算,应当设置备查簿进行登记。

(三) 固定资产的初始确认

行政单位的固定资产在取得时应进行初始确认。固定资产的取得方式包括购入、换入、无偿调入、接受捐赠,以及自行建造、改建、扩建等。

购入、换入、无偿调入、接受捐赠不需安装的固定资产,在固定资产验收合格时确认。

购入、换入、无偿调入、接受捐赠需要安装的固定资产,在固定资产安装完成交付使用时确认。

自行建造、改建、扩建的固定资产,在建造完成交付使用时确认。

(四) 账务处理

固定资产属于非货币性资产,行政单位应同时确认所取得的固定资产原值和发生的经费支出,应采用"双分录"核算方法,以满足预算管理和财务管理的要求。

1. **固定资产的购入**

购入的固定资产,其成本包括实际支付的购买价款、相关税费、固定资产交付使用前所发生的可归属于该项资产的运输费、装卸费、安装费和专业人员服务费等。以一笔款项购入多项没有单独标价的固定资产,应按照各项固定资产同类或类似固定资产市场价格的比例对总成本进行分配,分别确定各项固定资产的入账价值。购入固定资产的核算分以下三种情况:

(1) 购入不需安装的固定资产,按照确定的固定资产成本,借记"固定资产"科目,贷记"资产基金——固定资产"科目;同时,按照实际支付的金额,借记"经费支出"科目,贷记"财政拨款收入"、"零余额账户用款额度"、"银行存款"等科目。

(2) 购入需要安装的固定资产,先通过"在建工程"科目核算。安装完工交付使用时,借记"固定资产"科目,贷记"资产基金——固定资产"科目;同时,借记"资产基金——在建工程"科目,贷记"在建工程"科目。

(3) 购入固定资产分期付款或扣留质量保证金的,在取得固定资产时,按照确定的固定资产成本,借记"固定资产"科目(不需安装)或"在建工程"科目(需要安装),贷记"资产基金——固定资产、在建工程"科目;同时,按照已实际支付的价款,借记"经费支出"科目,贷记"财政拨款收入"、"零余额账户用款额度"、"银行存款"等科目;按照应付未付的款项或扣留的质量保证金等金额,借记"待偿债净资产"科目,贷记"应付账款"或"长期应付款"科目。

2. **固定资产的建造**

自行建造的固定资产,其成本包括建造该项资产至交付使用前所发生的全部必要支出。固定资产的各组成部分需要分别核算的,按照各组成部分固定资产造价确定其成本;没有各组成部分固定资产造价的,按照各组成部分固定资产同类或类似固定资产市场造价的比例对总造价进行分配,确定各组成部分固定资产的成本。

工程完工交付使用时,按照自行建造过程中发生的实际支出,借记"固定资产"科目,贷记"资产基金——固定资产"科目;同时,借记"资产基金——在建工程"科目,贷记"在建工程"科目;已交付使用但尚未办理竣工决算手续的固定资产,按照估计价值入账,待确定实际成本后再进行调整。

3. 自行繁育的动植物

行政单位自行繁育的动植物,其成本包括在达到可使用状态前所发生的全部必要支出。

(1) 购入需要繁育的动植物,按照购入的成本,借记"固定资产——未成熟动植物"科目,贷记"资产基金——固定资产"科目;同时,按照实际支付的金额,借记"经费支出"科目,贷记"财政拨款收入"、"零余额账户用款额度"、"银行存款"等科目。

(2) 发生繁育费用,按照实际支付的金额,借记"固定资产——未成熟动植物"科目,贷记"资产基金——固定资产"科目;同时,借记"经费支出"科目,贷记"财政拨款收入"、"零余额账户用款额度"、"银行存款"等科目。

(3) 动植物达到可使用状态时,借记"固定资产——成熟动植物"科目,贷记"固定资产——未成熟动植物"科目。

4. 固定资产的改扩建

在原有固定资产基础上进行改建、扩建、修缮的固定资产,其成本按照原固定资产的账面价值("固定资产"科目账面余额减去"累计折旧"科目账面余额后的净值)加上改建、扩建、修缮发生的支出,再扣除固定资产拆除部分账面价值后的金额确定。

将固定资产转入改建、扩建、修缮时,按照固定资产的账面价值,借记"在建工程"科目,贷记"资产基金——在建工程"科目;同时,按照固定资产的账面价值,借记"资产基金——固定资产"科目,按照固定资产已计提折旧,借记"累计折旧"科目,按照固定资产的账面余额,贷记"固定资产"科目。

工程完工交付使用时,按照确定的固定资产成本,借记"固定资产"科目,贷记"资产基金——固定资产"科目;同时,借记"资产基金——在建工程"科目,贷记"在建工程"科目。

5. 固定资产的置换

置换取得的固定资产,其成本按照换出资产的评估价值加上支付的补价或减去收到的补价,再加上为换入固定资产支付的其他费用(运输费等)确定,借记"固定资产"科目(不需安装)或"在建工程"科目(需安装),贷记"资产基金——固定资产、在建工程"科目;按照实际支付的补价、相关税费、运输费等,借记"经费支出"科目,贷记"财政拨款收入"、"零余额账户用款额度"、"银行存款"等科目。

6. 固定资产的捐赠与无偿调入

接受捐赠、无偿调入的固定资产,其成本按照有关凭据注明的金额加上相关税费、运输费等确定;没有相关凭据可供取得,但依法经过资产评估的,其成本应当按照评估价值加上相关税费、运输费等确定;没有相关凭据可供取得、也未经评估的,其成本比照同类或类似固定资产的市场价格加上相关税费、运输费等确定;没有相关凭据也未经评估,其同类或类似固定资产的市场价格无法可靠取得,所取得的固定资产应当按照名义金额入账。

接受捐赠、无偿调入的固定资产,按照确定的成本,借记"固定资产"科目(不需安装)或

"在建工程"科目(需要安装),贷记"资产基金——固定资产、在建工程"科目;按照实际支付的相关税费、运输费等,借记"经费支出"科目,贷记"财政拨款收入"、"零余额账户用款额度"、"银行存款"等科目。

7. 固定资产的折旧

按月计提固定资产折旧时,按照实际计提的金额,借记"资产基金——固定资产"科目,贷记"累计折旧"科目。详见"累计折旧"科目的核算内容。

8. 固定资产的后续支出

固定资产的后续支出是指固定资产在投入使用以后期间发生的与固定资产使用效能、使用状态直接相关的各种支出,如固定资产的改建、扩建、修缮、改良、修理、重装等事项发生的支出。与固定资产有关的后续支出,分以下情况处理:

(1) 增加固定资产效能的支出。

为增加固定资产使用效能或延长其使用寿命而发生的改建、扩建或修缮等后续支出,应当计入固定资产成本,通过"在建工程"科目核算,完工交付使用时转入"固定资产"科目。

(2) 维护固定资产的支出。

为维护固定资产正常使用而发生的日常修理等后续支出,应当计入当期支出但不计入固定资产成本,借记"经费支出"科目,贷记"财政拨款收入"、"零余额账户用款额度"、"银行存款"等科目。

9. 固定资产的处置

行政单位固定资产的处置包括出售、置换换出、无偿调出、对外捐赠、报损等。行政单位处置固定资产应当按照国家有关规定办理,并经主管部门审核同意后报同级财政部门审批。

(1) 转出待处置固定资产。

固定资产出售、置换换出、报废、毁损等,应当通过"待处理财产损溢"科目核算。按照待处置固定资产的账面价值,借记"待处理财产损溢"科目,按照已计提折旧,借记"累计折旧"科目,按照固定资产的账面余额,贷记"固定资产"科目。

固定资产无偿调出、对外捐赠直接冲减其账面记录。按照固定资产的账面价值,借记"资产基金——固定资产"科目,按照已计提折旧,借记"累计折旧"科目,按照固定资产的账面余额,贷记"固定资产"科目。无偿调出、对外捐赠固定资产发生由行政单位承担的拆除费用、运输费等,按照实际支付的金额,借记"经费支出"科目,贷记"财政拨款收入"、"零余额账户用款额度"、"银行存款"等科目。

(2) 冲销待处置固定资产。

实现固定资产的出售、置换换出、报废、毁损等,经过批准予以核销时,按照待处置固定资产的账面价值,借记"资产基金——固定资产"科目,贷记"待处理财产损溢"科目。

(3) 处置收入与费用的处理。

处置固定资产过程中收到价款(包括出售价款、补价收入、残值变价收入等),按照实际收到的金额,借记"库存现金"、"银行存款"等科目,贷记"待处理财产损溢——处理净收入"科目。出售过程中发生相关税费,按照实际发生金额,借记"待处理财产损溢——处理净收入"科目,贷记"库存现金"、"银行存款"、"应缴税费"等科目。

(4) 处置净损溢的处理。

处置完毕并收回相关的应收账款后,按照处置收入扣除相关税费后的净收入,借记"待处理财产损溢——处理净收入"科目,贷记"应缴财政款"。如果处置收入小于相关税费的,按照相关税费减去处置收入后的净支出,借记"经费支出"科目,贷记"待处理财产损溢——处理净收入"科目。

10. 固定资产的清查盘点

行政单位的固定资产应当定期进行清查盘点,每年至少盘点一次。对于固定资产发生盘盈、盘亏的,应当及时查明原因,按照规定报经批准后进行账务处理。

(1) 固定资产盘盈。

盘盈的固定资产,按照取得同类或类似固定资产的实际成本确定入账价值;没有同类或类似固定资产的实际成本,按照同类或类似固定资产的市场价格确定入账价值;同类或类似固定资产的实际成本或市场价格无法可靠取得,按照名义金额入账。

盘盈的固定资产,按照确定的入账价值,借记"固定资产"科目,贷记"待处理财产损溢"科目。报经批准予以处理时,借记"待处理财产损溢"科目,贷记"资产基金——固定资产"科目。

(2) 固定资产盘亏。

盘亏的固定资产,按照盘亏固定资产的账面价值,借记"待处理财产损溢"科目,按照已计提折旧,借记"累计折旧"科目,按照固定资产账面余额,贷记"固定资产"科目。报经批准予以核销时,借记"资产基金——固定资产"科目,贷记"待处理财产损溢"科目。

【例10-41】 某行政单位通过财政零余额账户用政府采购方式购入一批不需要安装的办公设备,价值20 000元,已通过验收并已交付使用。

借:固定资产　　　　　　　　　　　　　　20 000
　　贷:资产基金——固定资产　　　　　　　　　20 000
借:经费支出　　　　　　　　　　　　　　20 000
　　贷:财政拨款收入　　　　　　　　　　　　　20 000

【例10-42】 某行政单位购入的一台需要安装的专业检测设备现已安装完毕并已交付使用,设备价款50 000元,安装费3 000元。

借:固定资产——检测设备　　　　　　　　53 000
　　贷:资产基金——固定资产　　　　　　　　　53 000
借:资产基金——在建工程　　　　　　　　53 000
　　贷:在建工程　　　　　　　　　　　　　　　53 000

【例10-43】 某行政单位通过单位零余额账户购入路由器、集线器各一台,设备价款共计8 000元,运输费等200元,设备已验收并交付使用。两台设备没有单独标价,按同类设备的市场价格比例计算,路由器价值为6 400元,集线器价值为1 600元。

运费分配率 = 200 ÷ (6 400 + 1 600) × 100% = 2.5%
路由器入账成本 = 6 400 × (1 + 2.5%) = 6 560 元
集线器入账成本 = 1 600 × (1 + 2.5%) = 1 640 元

借:固定资产——路由器　　　　　　　　　6 560
　　　　　　——集线器　　　　　　　　　1 640

  贷：资产基金——固定资产　　　　　　　　　　8 200
  借：经费支出　　　　　　　　　　　　　　　　8 200
   贷：零余额账户用款额度　　　　　　　　　　8 200

【例 10-44】 某行政单位购入 25 台计算机（不需要安装），价值 150 000 元,已验收并已交付使用。根据合同规定,取得该批计算机时通过单位零余额账户支付总价的 80%,计 120 000 元。其余款项为扣留的质量保证金,如果购入的计算机质量无问题,在 3 个月以后支付。

  借：固定资产　　　　　　　　　　　　　　　150 000
   贷：资产基金——固定资产　　　　　　　　　150 000
  借：经费支出　　　　　　　　　　　　　　　　120 000
   贷：零余额账户用款额度　　　　　　　　　　120 000
  借：待偿债净资产　　　　　　　　　　　　　　30 000
   贷：应付账款　　　　　　　　　　　　　　　30 000

【例 10-45】 某行政单位自行建造的一台安全检查设备完工,已验收并已交付使用,其造价 28 000 元。

  借：固定资产　　　　　　　　　　　　　　　　28 000
   贷：资产基金——固定资产　　　　　　　　　28 000
  借：资产基金——在建工程　　　　　　　　　　28 000
   贷：在建工程　　　　　　　　　　　　　　　28 000

【例 10-46】 某行政单位对原有的一项通信设备进行扩建以提升其效能,该设备的账面原价 80 000 元,已提折旧 20 000 元。此次扩建支出 30 000 元已通过单位零余额账户支付,工程已完成并已交付使用。

 ① 将该设备转入在建状态。

  借：在建工程　　　　　　　　　　　　　　　　60 000
   贷：资产基金——在建工程　　　　　　　　　60 000
  借：资产基金——固定资产　　　　　　　　　　60 000
    累计折旧　　　　　　　　　　　　　　　20 000
   贷：固定资产　　　　　　　　　　　　　　　80 000

 ② 支付的扩建费用。

  借：在建工程　　　　　　　　　　　　　　　　30 000
   贷：资产基金——在建工程　　　　　　　　　30 000
  借：经费支出　　　　　　　　　　　　　　　　30 000
   贷：零余额账户用款额度　　　　　　　　　　30 000

 ③ 扩建工程完工,交付使用。

  借：固定资产　　　　　　　　　　　　　　　　90 000
   贷：资产基金——固定资产　　　　　　　　　90 000
  借：资产基金——在建工程　　　　　　　　　　90 000
   贷：在建工程　　　　　　　　　　　　　　　90 000

【例 10-47】 某行政单位与另一单位进行资产置换,用甲设备换入乙设备。换出的甲设备账面原价 100 000 元,已提折旧 30 000 元。根据相关规定该行政单位对计划要换出的甲设备进行了资产评估,评估价为 80 000 元。根据置换协议,该行政单位通过单位零余额账户支付置换补价 10 000 元,无其他费用发生。

① 换入乙设备。

  借:固定资产   90 000
    贷:资产基金——固定资产   90 000
  借:经费支出   10 000
    贷:零余额账户用款额度   10 000

② 换出甲设备。

  借:待处理财产损溢——待处理财产价值 70 000
    累计折旧   30 000
    贷:固定资产   100 000
  借:资产基金——固定资产   70 000
    贷:待处理财产损溢——待处理财产价值 70 000

【例 10-48】 某行政单位接受捐赠的一批图书,所附发票表明其价值为 20 000 元。同时收到捐赠的古董一件,没有相关证明其价值的凭据,也没有同类或者类似古董的市场价格。

  借:固定资产——图书   20 000
    贷:资产基金——固定资产   20 000
  借:固定资产   1
    贷:资产基金——固定资产   1

【例 10-49】 某行政单位建立了固定资产折旧制度,根据"固定资产折旧计算表"本月应计提固定资产折旧共计 17 000 元。

  借:资产基金——固定资产   17 000
    贷:累计折旧   17 000

【例 10-50】 某行政单位经主管部门和财政部门批准,将一批不需用的办公设备对外出售,其账面原价为 5 000 元,已提折旧 2 000 元,出售该批办公设备取得价款 3 300 元,款项已存入银行,出售该批办公设备应缴税费 165 元。

① 出售办公设备批准后。

  借:待处理财产损溢——待处理财产价值 3 000
    累计折旧   2 000
    贷:固定资产   5 000
  借:资产基金——固定资产   3 000
    贷:待处理财产损溢——待处理财产价值 3 000

② 收到价款,存入银行。

  借:银行存款   3 300
    贷:待处理财产损溢——处理净收入   3 300

③ 应缴税费。

借：待处理财产损溢——处理净收入　　　　　165
　　　　贷：应缴税费　　　　　　　　　　　　　　　165
④ 结转待处理净损溢。
　　借：待处理财产损溢——处理净收入　　　　3 135
　　　　贷：应缴财政款　　　　　　　　　　　　　3 135

【例10-51】　某行政单位年终进行固定资产清查,盘盈复印设备一台,其市场参考价为15 000元。
① 将盘盈设备转入待处理资产,同时上报相关部门审批。
　　借：固定资产　　　　　　　　　　　　　15 000
　　　　贷：待处理财产损溢　　　　　　　　　　　15 000
② 根据相关部门的批复,将盘盈设备入账。
　　借：待处理财产损溢　　　　　　　　　　15 000
　　　　贷：资产基金——固定资产　　　　　　　　15 000

【例10-52】　某行政单位年终进行固定资产清查,盘亏打印机一台,其账面原价为3 000元,已提折旧1 200元。
① 将盘亏打印机转入待处理资产,同时上报相关部门审批。
　　借：待处理财产损溢　　　　　　　　　　　1 800
　　　　累计折旧　　　　　　　　　　　　　　1 200
　　　　贷：固定资产　　　　　　　　　　　　　　3 000
② 根据相关部门的批复,将盘亏打印机核销。
　　借：资产基金——固定资产　　　　　　　　1 800
　　　　贷：待处理财产损溢　　　　　　　　　　　1 800

二、累计折旧

(一) 折旧的内容

　　固定资产在使用过程中由于磨损等原因导致其价值贬损。为了真实反映固定资产的价值,行政单位要建立固定资产折旧制度,对固定资产进行后续计量。折旧是指在固定资产使用寿命内,按照确定的方法对应折旧金额进行系统分摊。

　　固定资产的折旧范围包括:房屋及构筑物;通用设备;专用设备;家具、用具、装具等。下列固定资产不计提折旧:文物及陈列品;图书、档案;动植物;以名义金额入账的固定资产;境外行政单位持有的能够与房屋及构筑物区分、拥有所有权的土地。

　　《行政单位会计制度》规定:行政单位对固定资产、公共基础设施是否计提折旧由财政部另行规定;按照规定对固定资产、公共基础设施计提折旧的,折旧金额应当根据固定资产、公共基础设施原价和折旧年限确定。

(二) 科目设置

　　如果行政单位建立了固定资产折旧制度,应当设置"累计折旧"科目,核算行政单位固定资产、公共基础设施计提的累计折旧。本科目应当按照固定资产、公共基础设施的类别、项目等进行明细核算。占有公共基础设施的行政单位,应当在本科目下设置"固定资产累计折旧"和"公共基础设施累计折旧"两个一级明细科目,分别核算对固定资产和公共基础设施计提的折旧。本科目期末贷方余额,反映行政单位计提的固定资产、公共基础设施折旧累计数。

（三）折旧方法

行政单位一般应当采用年限平均法或工作量法计提固定资产、公共基础设施折旧。行政单位固定资产、公共基础设施的应折旧金额为其成本,计提固定资产、公共基础设施折旧不考虑预计净残值。

行政单位应当根据固定资产、公共基础设施的性质和实际使用情况,合理确定其折旧年限。固定资产、公共基础设施因改建、扩建或修缮等原因而提高使用效能或延长使用年限的,应当按照重新确定的固定资产、公共基础设施成本以及重新确定的折旧年限,重新计算折旧额。

行政单位一般应当按月计提固定资产、公共基础设施折旧。当月增加的固定资产、公共基础设施,当月不提折旧,从下月起计提折旧;当月减少的固定资产、公共基础设施,当月照提折旧,从下月起不提折旧。固定资产、公共基础设施提足折旧后,无论能否继续使用,均不再计提折旧;提前报废的固定资产、公共基础设施,也不再补提折旧;已提足折旧的固定资产、公共基础设施,可以继续使用的,应当继续使用,规范管理。

（四）账务处理

1. 按月计提固定资产、公共基础设施折旧时,按照应计提折旧金额,借记"资产基金——固定资产、公共基础设施"科目,贷记"累计折旧"科目。

2. 固定资产、公共基础设施处置时,按照所处置固定资产、公共基础设施的账面价值,借记"待处理财产损溢"科目(出售、置换换出、报废、毁损、盘亏)或"资产基金——固定资产、公共基础设施"科目(无偿调出、对外捐赠),按照固定资产、公共基础设施已计提折旧,借记"累计折旧"科目,按照固定资产、公共基础设施的账面余额,贷记"固定资产"、"公共基础设施"科目。

【例10-53】 某行政单位根据相关规定,本月应计提折旧 150 000 元,其中自用固定资产折旧 37 000 元,其余为公共基础设施折旧。

借：资产基金——固定资产　　　　　　370 000
　　　　　　——公共基础设施　　　　113 000
　贷：累计折旧——固定资产累计折旧　　37 000
　　　　　　——公共基础设施累计折旧　113 000

【例10-54】 某行政单位年终进行固定资产清查,盘亏计算机一台,其账面原价为 10 000 元,已提折旧 8 000 元。

将盘亏计算机转入待处理资产,同时上报相关部门审批。

借：待处理财产损溢　　　　　　　　　　2 000
　　累计折旧——固定资产累计折旧　　　8 000
　贷：固定资产　　　　　　　　　　　　10 000

【例10-55】 某行政单位经过批准将1台复印机对外捐赠,其账面原价为12 000元,已提折旧5 000元。

借:资产基金——固定资产　　　　　　　　　　7 000
　　累计折旧——固定资产累计折旧　　　　　　5 000
　　贷:固定资产　　　　　　　　　　　　　　　　　　12 000

三、在建工程

(一) 科目设置

在建工程是指行政单位已经发生必要支出,但尚未交付使用的建设工程。行政单位应设置"在建工程"科目,核算行政单位已经发生必要支出,但尚未完工交付使用的各种建筑(包括新建、改建、扩建、修缮等)、设备安装工程和信息系统建设工程的实际成本。不能够增加固定资产、公共基础设施使用效能或延长其使用寿命的修缮、维护等,不通过本科目核算。本科目应当按照具体工程项目等进行明细核算;需要分摊计入不同工程项目的间接工程成本,应当通过本科目下设置的"待摊投资"明细科目核算。本科目期末借方余额,反映行政单位尚未完工的在建工程的实际成本。

行政单位的基本建设投资应当按照国家有关规定单独建账、单独核算,同时按照本制度的规定至少按月并入本科目及其他相关科目反映。行政单位应当在本科目下设置"基建工程"明细科目,核算由基建账套并入的在建工程成本。有关基建并账的具体账务处理另行规定。

在建工程属于非货币性资产,行政单位应同时确认在建工程的成本和发生的经费支出,应采用"双分录"核算方法,以满足预算管理和财务管理的要求。

(二) 账务处理

在建工程应当在属于在建工程的成本发生时确认。

1. 建筑工程

(1) 将固定资产转入改建、扩建或修缮等状态时。

将固定资产转入改建、扩建或修缮等时,按照固定资产的账面价值,借记"在建工程"科目,贷记"资产基金——在建工程"科目;同时,按照固定资产的账面价值,借记"资产基金——固定资产"科目,按照固定资产已计提折旧,借记"累计折旧"科目,按照固定资产的账面余额,贷记"固定资产"科目。

(2) 部分拆除时。

第一,将改建、扩建或修缮的建筑部分拆除时,按照拆除部分的账面价值(没有固定资产拆除部分的账面价值的,比照同类或类似固定资产的实际成本或市场价格及其拆除部分占全部固定资产价值的比例确定),借记"资产基金——在建工程"科目,贷记"在建工程"科目。

第二,改建、扩建或修缮的建筑部分拆除获得残值收入时,借记"银行存款"等科目,贷记"经费支出"科目;同时,借记"资产基金——在建工程"科目,贷记"在建工程"科目。

(3) 结算工程价款。

第一,根据工程进度支付工程款时,按照实际支付的金额,借记"经费支出"科目,贷记"财政拨款收入"、"零余额账户用款额度"、"银行存款"等科目;同时按照相同的金额,借记"在建工程"科目,贷记"资产基金——在建工程"科目。

第二,根据工程价款结算账单与施工企业结算工程价款时,按照工程价款结算账单上列明的金额(扣除已支付的金额),借记"在建工程"科目,贷记"资产基金——在建工程"科目;同时,按照实际支付的金额,借记"经费支出"科目,贷记"财政拨款收入"、"零余额账户用款额度"、"银行存款"等科目,按照应付未付的金额,借记"待偿债净资产"科目,贷记"应付账款"科目。

第三,支付工程价款结算账单以外的款项时,借记"在建工程"科目,贷记"资产基金——在建工程"科目;同时,借记"经费支出"科目,贷记"财政拨款收入"、"零余额账户用款额度"、"银行存款"等科目。

(4) 工程完工交付使用。

第一,工程项目结束,需要分摊间接工程成本的,按照应当分摊到该项目的间接工程成本,借记"在建工程——××项目"科目,贷记"在建工程——待摊投资"科目。

第二,建筑工程项目完工交付使用时,按照交付使用工程的实际成本,借记"资产基金——在建工程"科目,贷记"在建工程"科目;同时,借记"固定资产"、"无形资产"科目(交付使用的工程项目中有能够单独区分成本的无形资产),贷记"资产基金——固定资产、无形资产"科目。

第三,建筑工程项目完工交付使用时扣留质量保证金的,按照扣留的质量保证金金额,借记"待偿债净资产"科目,贷记"长期应付款"等科目。

第四,为工程项目配套而建成的、产权不归属本单位的专用设施,将专用设施产权移交其他单位时,按照应当交付专用设施的实际成本,借记"资产基金——在建工程"科目,贷记"在建工程"科目。

第五,工程完工但不能形成资产的项目,应当按照规定报经批准后予以核销。转入待处理财产损溢时,按照不能形成资产的工程项目的实际成本,借记"待处理财产损溢"科目,贷记"在建工程"科目。

2. 设备安装

(1) 购入需要安装的设备。

购入需要安装的设备,按照购入的成本,借记"在建工程"科目,贷记"资产基金——在建工程"科目;同时,按照实际支付的金额,借记"经费支出"科目,贷记"财政拨款收入"、"零余额账户用款额度"、"银行存款"等科目。

(2) 发生安装费用。

发生安装费用时,按照实际支付的金额,借记"在建工程"科目,贷记"资产基金——在建工程"科目;同时,借记"经费支出"科目,贷记"财政拨款收入"、"零余额账户用款额度"、"银行存款"等科目。

(3) 安装完成交付使用。

设备安装完工交付使用时,按照交付使用设备的实际成本,借记"资产基金——在建工程"科目,贷记"在建工程"科目;同时,借记"固定资产"、"无形资产"科目(交付使用的设备中有能够单独区分成本的无形资产),贷记"资产基金——固定资产、无形资产"科目。

3. 信息系统建设

(1) 发生各项信息系统建设支出。

发生各项建设支出时,按照实际支付的金额,借记"在建工程"科目,贷记"资产基金——在建工程"科目;同时,借记"经费支出"科目,贷记"财政拨款收入"、"零余额账户用款额度"、"银行存款"等科目。

(2) 信息系统建设完成交付使用。

信息系统建设完成交付使用时,按照交付使用信息系统的实际成本,借记"资产基金——在建工程"科目,贷记"在建工程"科目;同时,借记"固定资产"、"无形资产"科目,贷记"资产基金——固定资产、无形资产"科目。

【例10-56】 某行政单位与 GM 公司签订协议,由 GM 公司为该行政单位修缮办公大楼,工程为期 3 个月。该办公大楼账面原价 8 000 000 元,已提折旧 5 000 000 元,此工程没有拆除事项。3 个月后完工,通过财政零余额账户支付了工程款 700 000 元,该工程已通过验收并已交付使用。

① 借:在建工程　　　　　　　　　　　　　3 000 000
　　　贷:资产基金——在建工程　　　　　　　　3 000 000
　　　借:资产基金——固定资产　　　　　　　3 000 000
　　　　　累计折旧　　　　　　　　　　　　5 000 000
　　　贷:固定资产　　　　　　　　　　　　　8 000 000
② 借:在建工程　　　　　　　　　　　　　　700 000
　　　贷:资产基金——在建工程　　　　　　　　700 000
　　　借:经费支出　　　　　　　　　　　　　700 000
　　　贷:财政拨款收入　　　　　　　　　　　700 000
③ 借:资产基金——在建工程　　　　　　　3 700 000
　　　贷:在建工程　　　　　　　　　　　　　3 700 000
　　　借:固定资产　　　　　　　　　　　　　3 700 000
　　　贷:资产基金——固定资产　　　　　　　3 700 000

【例10-57】 某行政单位购入一套需要安装的专业设备。设备价款及运输费等共计58 900 元,安装过程中发生安装费 2 100 元,款项均已通过单位零余额账户支付。该设备已安装完工,通过验收并已交付使用。

① 借:在建工程　　　　　　　　　　　　　　58 900
　　　贷:资产基金——在建工程　　　　　　　　58 900
　　　借:经费支出　　　　　　　　　　　　　　58 900
　　　贷:零余额账户用款额度　　　　　　　　　58 900
② 借:在建工程　　　　　　　　　　　　　　 2 100
　　　贷:资产基金——在建工程　　　　　　　　 2 100
　　　借:经费支出　　　　　　　　　　　　　　 2 100
　　　贷:零余额账户用款额度　　　　　　　　　 2 100

③ 借：资产基金——在建工程　　　　　　　　　61 000
　　　贷：在建工程　　　　　　　　　　　　　　　　61 000
　　借：固定资产　　　　　　　　　　　　　　　　61 000
　　　贷：资产基金——固定资产　　　　　　　　　61 000

【例 10-58】 某行政单位根据资产信息系统建设方案，购入一批需要安装的系统硬件设备 600 000 元，款项已通过财政零余额账户支付；安装过程中发生安装费、调试费等 50 000 元，已通过单位零余额账户支付；现已完工验收并已交付使用。

① 借：在建工程　　　　　　　　　　　　　　　600 000
　　　贷：资产基金——在建工程　　　　　　　　600 000
　　借：经费支出　　　　　　　　　　　　　　　600 000
　　　贷：财政拨款收入　　　　　　　　　　　　600 000
② 借：在建工程　　　　　　　　　　　　　　　 50 000
　　　贷：资产基金——在建工程　　　　　　　　 50 000
　　借：经费支出　　　　　　　　　　　　　　　 50 000
　　　贷：零余额账户用款额度　　　　　　　　　 50 000
③ 借：资产基金——在建工程　　　　　　　　　650 000
　　　贷：在建工程　　　　　　　　　　　　　　650 000
　　借：固定资产　　　　　　　　　　　　　　　650 000
　　　贷：资产基金——固定资产　　　　　　　　650 000

四、无形资产

（一）无形资产的内容

无形资产是指不具有实物形态而能为行政单位提供某种权利的非货币性资产，包括著作权、土地使用权、专利权、非专利技术等。行政单位购入的不构成相关硬件不可缺少组成部分的软件，应当作为无形资产核算。

（二）科目设置

行政单位应设置"无形资产"科目，核算行政单位各项无形资产的原价。本科目应当按照无形资产的类别、项目等进行明细核算。本科目期末借方余额，反映行政单位无形资产的原价。

（三）初始确认

无形资产应当在完成对其权属的规定登记或其他证明单位取得无形资产时进行初始确认。无形资产的取得方式包括外购、委托开发、自行开发、置换、接受捐赠、无偿调入等。取得无形资产时，应当按照其实际成本入账。

无形资产属于非货币性资产，行政单位应同时确认取得的无形资产的成本和发生的经费支出，应采用"双分录"核算方法，以满足预算管理和财务管理的要求。

（四）账务处理

1. **外购无形资产**

外购的无形资产，其成本包括实际支付的购买价款、相关税费以及可归属于该项资产达到预定用途所发生的其他支出。

（1）购入的无形资产，按照确定的成本，借记"无形资产"科目，贷记"资产基金——无形资产"科目；同时，按照实际支付的金额，借记"经费支出"科目，贷记"财政拨款收入"、"零余额账户用款额度"、"银行存款"等科目。

（2）购入无形资产尚未付款的，取得无形资产时，按照确定的成本，借记"无形资产"科目，贷记"资产基金——无形资产"科目；同时，按照应付未付的款项金额，借记"待偿债净资产"科目，贷记"应付账款"科目。

2. **委托开发无形资产**

委托软件公司开发软件，视同外购无形资产进行处理。

（1）软件开发前按照合同约定预付开发费用时，借记"预付账款"科目，贷记"资产基金——预付款项"科目；同时，借记"经费支出"科目，贷记"财政拨款收入"、"零余额账户用款额度"、"银行存款"等科目。

（2）软件开发完成交付使用并支付剩余或全部软件开发费用时，按照软件开发费用总额，借记"无形资产"科目，贷记"资产基金——无形资产"科目；按照实际支付的金额，借记"经费支出"科目，贷记"财政拨款收入"、"零余额账户用款额度"、"银行存款"等科目；按照冲销的预付开发费用，借记"资产基金——预付款项"科目，贷记"预付账款"科目。

3. **自行开发无形资产**

自行开发并按法律程序申请取得的无形资产，按照依法取得时发生的注册费、聘请律师费等费用确定成本。

（1）取得无形资产时，按照确定的成本，借记"无形资产"科目，贷记"资产基金——无形资产"科目；同时，按照实际支付的金额，借记"经费支出"科目，贷记"财政拨款收入"、"零余额账户用款额度"、"银行存款"等科目。

（2）依法取得前所发生的研究开发支出，应当于发生时直接计入当期支出，但不计入无形资产的成本。借记"经费支出"科目，贷记"财政拨款收入"、"零余额账户用款额度"、"财政应返还额度"、"银行存款"等科目。

4. **置换取得的无形资产**

置换取得的无形资产，其成本按照换出资产的评估价值加上支付的补价或减去收到的补价，加上为换入无形资产支付的其他费用（登记费等）确定。

置换取得的无形资产，按照确定的成本，借记"无形资产"科目，贷记"资产基金——无形资产"科目；按照实际支付的补价、相关税费等，借记"经费支出"科目，贷记"财政拨款收入"、"零余额账户用款额度"、"银行存款"等科目。

5. **接受捐赠、无偿调入的无形资产**

接受捐赠、无偿调入的无形资产，其成本按照有关凭据注明的金额加上相关税费确定；没有相关凭据可供取得，但依法经过资产评估的，其成本应当按照评估价值加上相关税费确定;没有相关凭据可供取得,也未经评估的,其成本比照同类或类似资产的市场价格加上相关税费确定;没有相关凭据也未经评估,其同类或类似无形资产的市场价格无法可靠取得,所取得的无形资产应当按照名义金额入账。

接受捐赠、无偿调入无形资产时,按照确定的无形资产成本,借记"无形资产"科目,贷记"资产基金——无形资产"科目;按照发生的相关税费,借记"经费支出"科目,贷记"零余额账户用款额度"、"银行存款"等科目。

6. 按月计提无形资产摊销

按月计提无形资产摊销时,按照应计提的金额借记"资产基金——无形资产"科目,贷记"累计摊销"科目。详见"累计摊销"科目的核算内容。

7. 无形资产的后续支出

(1)为增加无形资产效能的后续支出。

为增加无形资产使用效能而发生的后续支出,如对软件进行升级改造或扩展其功能等所发生的支出,应当计入无形资产的成本,借记"无形资产"科目,贷记"资产基金——无形资产"科目;同时,借记"经费支出"科目,贷记"财政拨款收入"、"零余额账户用款额度"、"银行存款"等科目。

(2)为维护无形资产的后续支出。

为维护无形资产的正常使用而发生的后续支出,如对软件进行的漏洞修补、技术维护等所发生的支出,应当计入当期支出但不计入无形资产的成本,借记"经费支出"科目,贷记"财政拨款收入"、"零余额账户用款额度"、"银行存款"等科目。

8. 无形资产处置

(1)出售、置换换出无形资产。

报经批准出售、置换换出无形资产转入待处理财产损溢时,按照待出售、置换换出无形资产的账面价值,借记"待处理财产损溢"科目,按照已计提摊销,借记"累计摊销"科目,按照无形资产的账面余额,贷记"无形资产"科目。

(2)无偿调出、对外捐赠无形资产。

报经批准无偿调出、对外捐赠无形资产,按照无偿调出、对外捐赠无形资产的账面价值,借记"资产基金——无形资产"科目,按照已计提摊销,借记"累计摊销"科目,按照无形资产的账面余额,贷记"无形资产"科目。无偿调出、对外捐赠无形资产发生由行政单位承担的相关费用支出等,按照实际支付的金额,借记"经费支出"科目,贷记"财政拨款收入"、"零余额账户用款额度"、"银行存款"等科目。

(3)核销无形资产。

无形资产预期不能为行政单位带来服务潜力或经济利益的,应当按规定报经批准后将无形资产的账面价值予以核销。

待核销的无形资产转入待处理财产损溢时,按照待核销无形资产的账面价值,借记"待处理财产损溢"科目,按照已计提摊销,借记"累计摊销"科目,按照无形资产的账面余额,贷记"无形资产"科目。

【例10-59】 某行政单位用财政拨款资金(项目支出经费)购入一项专利权,通过财政零余额账户支付购买价款、相关税费共计200 000元,已完成专利权属变更登记。

借：无形资产——专利权	200 000	
贷：资产基金——无形资产		200 000
借：经费支出	200 000	
贷：财政拨款收入		200 000

【例10-60】 某行政单位委托某软件公司开发一项应用软件,开发费用共计90 000元。根据合同规定,开发前行政单位先用财政拨款资金(项目支出经费),通过单位零余额账户支付预付款10 000元;软件开发完成交付使用时,再支付剩余款项。

① 预付10 000元款项时。

借：预付账款	10 000	
贷：资产基金——预付账款		10 000
借：经费支出	10 000	
贷：零余额账户用款额度		10 000

② 软件开发完成交付使用时,再支付剩余款项80 000元。

借：无形资产	90 000	
贷：资产基金——无形资产		90 000
借：经费支出	80 000	
贷：零余额账户用款额度		80 000
借：资产基金——预付账款	10 000	
贷：预付账款		10 000

【例10-61】 某行政单位自行开发一项专利技术,并按法律程序申请取得专利证书。开发研究该项技术前期发生支出共计92 000元,在发生时已计入当期经费支出。申请专利时通过单位零余额账户支付专利注册费、聘请律师费用共计5 950元。

借：无形资产	5 950	
贷：资产基金——无形资产		5 950
借：经费支出	5 950	
贷：零余额账户用款额度		5 950

【例10-62】 某行政单位使用上级拨入的专款对单位的管理信息系统进行升级改造,增加了资产管理、人员管理等模块,共计发生支出28 000元,款项已通过单位零余额账户支付。同时,为了保证单位的办公系统稳定运行,使用财政拨入的基本经费对单位的办公软件进行了维护,发生支出900元,款项已通过单位零余额账户支付。

① 管理信息系统的升级改造提升了效能,发生的支出应资本化。

借：无形资产	28 000	
贷：资产基金——无形资产		28 000
借：经费支出	28 000	
贷：零余额账户用款额度		28 000

② 办公软件的维护没有改变其效能,发生的支出计入当期支出。

借：经费支出	900	
贷：零余额账户用款额度		900

【例10-63】 某行政单位报主管部门和同级财政部门审批同意,将一项专有技术对外出售,该技术的账面余额为50 000元,已计提摊销20 000元。出售该专有技术取得价款32 000元,已存入银行;发生相关费用400元,已通过银行存款支付;按相关规定出售该专有技术的净收入应缴入国库。

借:待处理财产损溢——待处理财产价值　　30 000
　　累计摊销　　　　　　　　　　　　　　20 000
　　贷:无形资产　　　　　　　　　　　　　　　　50 000
借:资产基金——无形资产　　　　　　　　30 000
　　贷:待处理财产损溢——待处理财产价值　　　30 000
借:银行存款　　　　　　　　　　　　　　32 000
　　贷:待处理财产损溢——处理净收入　　　　　32 000
借:待处理财产损溢——处理净收入　　　　400
　　贷:银行存款　　　　　　　　　　　　　　　　400
借:待处理财产损溢——处理净收入　　　31 600
　　贷:应缴财政款　　　　　　　　　　　　　　　31 600

【例10-64】 某行政单位报经批准将一项软件技术无偿调拨给其他单位使用。该无形资产的账面余额为58 000元,已摊销17 000元。假设调出时没有发生其他费用。

借:资产基金——无形资产　　　　　　　　41 000
　　累计摊销　　　　　　　　　　　　　　17 000
　　贷:无形资产　　　　　　　　　　　　　　　　58 000

【例10-65】 某行政单位一项软件技术已经落后于目前新技术,不能再为该单位带来服务潜力,经批准予以核销,该软件技术的账面余额为67 000元,累计摊销为62 000元。

借:待处理财产损溢　　　　　　　　　　　5 000
　　累计摊销　　　　　　　　　　　　　　62 000
　　贷:无形资产　　　　　　　　　　　　　　　　67 000
借:资产基金——无形资产　　　　　　　　5 000
　　贷:待处理财产损溢　　　　　　　　　　　　　5 000

五、累计摊销

(一) 摊销的内容

行政单位为了真实反映无形资产的价值,应当建立无形资产摊销制度,对无形资产进行后续计量。摊销是指在无形资产使用寿命内,按照确定的金额进行系统的分摊,但以名义金额计量的无形资产除外。

(二) 科目设置

行政单位应设置"累计摊销"科目,核算行政单位无形资产计提的累计摊销。本科目应当按照无形资产的类别、项目等进行明细核算。本科目期末贷方余额,反映行政单位计提的无形资产摊销累计数。

(三) 摊销方法

行政单位应当采用年限平均法按月计提无形资产摊销。

1. 无形资产的摊销年限

行政单位应当按照以下原则确定无形资产的摊销年限:法律规定了有效年限的,按照法律规定的有效年限作为摊销年限;法律没有规定有效年限的,按照相关合同或单位申请书中的受益年限作为摊销年限;法律没有规定有效年限、相关合同或单位申请书也没有规定受益年限的,按照不少于 10 年的期限摊销。非大批量购入、单价小于 1 000 元的无形资产,可以于购买的当期,一次将成本全部摊销。

2. 无形资产应摊销金额

无形资产的应摊销金额为其成本。行政单位应当自无形资产取得当月起,按月计提摊销;无形资产减少的当月,不再计提摊销。无形资产提足摊销后,无论能否继续带来服务潜力或经济利益,均不再计提摊销;核销的无形资产,如果未提足摊销,也不再补提摊销。因发生后续支出而增加无形资产成本的,应当按照重新确定的无形资产成本,重新计算摊销额。

(四) 账务处理

1. 按月计提无形资产摊销时,按照应计提摊销金额,借记"资产基金——无形资产"科目,贷记"累计摊销"科目。

2. 无形资产处置时,按照所处置无形资产的账面价值,借记"待处理财产损溢"科目(出售、置换换出、核销)或"资产基金——无形资产"科目(无偿调出、对外捐赠),按照已计提摊销,借记"累计摊销"科目,按照无形资产的账面余额,贷记"无形资产"科目。

【例 10-66】 某行政单位通过计算,本月应摊销无形资产 7 200 元。

借:资产基金——无形资产　　　　　　　　7 200
　　贷:累计摊销　　　　　　　　　　　　　　　7 200

【例 10-67】 某行政单位报经批准将一项软件技术无偿捐赠给其他单位使用。该无形资产的账面余额为 29 000 元,已摊销 19 000 元。假设捐赠时没有发生相关费用。

借:资产基金——无形资产　　　　　　　　10 000
　　累计摊销　　　　　　　　　　　　　　　19 000
　　贷:无形资产　　　　　　　　　　　　　　　29 000

六、待处理财产损溢

(一) 科目设置

为了加强国有资产的管理,合理处理行政单位的各项资产,正确反映资产的处理损溢,行政单位应单独设置"待处理财产损溢"科目进行核算。行政单位财产的处理包括资产的出售、报废、毁损、盘盈、盘亏,以及货币性资产损失核销等。"待处理财产损溢"科目核算行政单位待处理财产的价值及财产处理损溢。本科目应当按照待处理财产项目进行明细核算;对于在财产处理过程中取得收入或发生相关费用的项目,还应当设置"待处理财产价值"、"处理净收入"明细科目,进行明细核算。行政单位财产的处理,一般应当先记入本科目,按照规定报经批准后及时进行相应的账务处理。年终结账前一般应处理完毕。本科目期末如为借方余额,反映尚未处理完毕的各种财产的价值及净损失;期末如为贷方余额,反映尚未处理完毕的各种财产净溢余。年度终了,报经批准处理后,本科目一般应无余额。

(二)账务处理

1. 现金短缺或溢余

(1) 发现有待查明原因的现金短缺或溢余。应通过"待处理财产损溢"科目核算。属于现金短缺,应当按照实际短缺的金额,借记"待处理财产损溢"科目,贷记"库存现金"科目;属于现金溢余,应当按照实际溢余的金额,借记"库存现金"科目,贷记"待处理财产损溢"科目。

(2) 查明原因的现金短缺或溢余。属于应由责任人赔偿或向有关人员追回的部分,借记"其他应收款"科目,贷记"待处理财产损溢"科目;属于应支付给有关人员或单位的,借记"待处理财产损溢"科目,贷记"其他应付款"科目。

(3) 无法查明原因的现金短缺或溢余。属于无法查明原因的现金短缺,报经批准核销的,借记"经费支出"科目,贷记"待处理财产损溢"科目。属于无法查明原因的现金溢余,报经批准后,借记"待处理财产损溢"科目,贷记"其他收入"科目。

2. 无法收回的应收账款、其他应收款

(1) 将无法收回的应收账款、其他应收款转入待处理财产损溢时,借记"待处理财产损溢"科目,贷记"应收账款"、"其他应收款"科目。

(2) 报经批准对无法收回的应收账款予以核销时,借记"其他应付款"等科目,贷记"待处理财产损溢"科目;对无法收回的其他应收款予以核销时,借记"经费支出"科目,贷记"待处理财产损溢"科目。

3. 核销预付账款、无形资产、在建工程

(1) 将待核销的预付账款、无形资产、在建工程转入待处理财产损溢时,借记"待处理财产损溢"科目(核销无形资产的,还应借记"累计摊销"科目),贷记"预付账款"、"无形资产"、"在建工程"科目。

(2) 报经批准予以核销时,借记"资产基金——预付款项、无形资产、在建工程"科目,贷记"待处理财产损溢"科目。

4. 出售、置换换出存货、固定资产、无形资产、政府储备物资等

(1) 将待出售、置换资产转入待处理财产损溢时,借记"待处理财产损溢——待处理财产价值"科目(出售、置换换出固定资产的,还应当借记"累计折旧"科目;出售、置换换出无形资产的,还应当借记"累计摊销"科目),贷记"存货"、"固定资产"、"无形资产"、"政府储备物资"等科目。

(2) 实现出售、置换换出时,借记"资产基金"及相关明细科目,贷记"待处理财产损溢——待处理财产价值"科目。

(3) 出售、置换换出资产过程中收到价款、补价等收入,借记"库存现金"、"银行存款"等科目,贷记"待处理财产损溢——处理净收入"科目。

(4) 出售、置换换出资产过程中发生相关费用,借记"待处理财产损溢——处理净收入"科目,贷记"库存现金"、"银行存款"、"应缴税费"等科目。

（5）出售、置换换出完毕并收回相关的应收账款后,按照处置收入扣除相关税费后的净收入,借记"待处理财产损溢——处理净收入"科目,贷记"应缴财政款"科目。如果处置收入小于相关税费的,按照相关税费减去处置收入后的净支出,借记"经费支出"科目,贷记"待处理财产损溢——处理净收入"科目。

5. **盘亏、毁损、报废各种实物资产**

（1）将盘亏、毁损、报废各种实物资产转入待处理财产损溢时,借记"待处理财产损溢——待处理财产价值"科目（处置固定资产、公共基础设施的,还应当借记"累计折旧"科目）,贷记"存货"、"固定资产"、"在建工程"、"政府储备物资"、"公共基础设施"等科目。

（2）报经批准予以核销时,借记"资产基金"及相关明细科目,贷记"待处理财产损溢——待处理财产价值"科目。

（3）毁损、报废各种实物资产过程中取得的残值变价收入、发生相关费用,以及取得的残值变价收入扣除相关费用后的净收入或净支出的账务处理,比照出售、置换资产进行处理。

6. **盘盈存货、固定资产、政府储备物资等实物资产**

（1）将盘盈资产转入待处理财产损溢时,借记"存货"、"固定资产"、"政府储备物资"等科目,贷记"待处理财产损溢"科目。

（2）报经批准予以处理时,借记"待处理财产损溢"科目,贷记"资产基金"及相关明细科目。

由于在讲解各项资产的账务处理时,已经涉及了资产处理的业务,因此,在此不再另行举例。

第四节　行政单位公共服务与受托资产的核算

公共服务与受托资产不是行政单位的自用资产,即非自用资产,包括政府储备物资、公共基础设施和受托代理资产。

一、政府储备物资

（一）政府储备物资的内容

为应对自然灾害、事故灾难、公共卫生事件、社会安全事件等突发事件的发生,控制、减轻和消除突发事件引起的严重社会危害,保护人民生命财产安全,维护国家安全、公共安全、环境安全和社会秩序,国家建立了应急物资储备保障制度。政府储备物资是行政单位为应对社会突发事件需要而储存的物资,用于社会各方面的需要。政府储备物资主要包括粮食、账篷、衣被、矿泉水、药品、医疗器械、电力设备、煤炭、成品油、通信设备、抢险救援物资、防化类物资、防暴类物资、防污染事故物资、生活物资、军用品类物资等。政府储备物资由各级政府负责监管、生产、储备、调拨和紧急配送。

(二) 科目设置

为了核算行政单位储备的这些政府储备物资,应单独设置"政府储备物资"科目进行核算。"政府储备物资"科目核算行政单位直接储存管理的各项政府应急或救灾储备物资等。本科目应当按照政府储备物资的种类、品种、存放地点等进行明细核算。本科目期末借方余额,反映行政单位管理的政府储备物资的实际成本。

负责采购并拥有储备物资调拨权力的行政单位(简称"采购单位")将政府储备物资交由其他行政单位(简称"代储单位")代为储存的,由采购单位通过"政府储备物资"科目核算政府储备物资,代储单位将受托代储的政府储备物资作为"受托代理资产"核算。

政府储备物资属于非货币性资产,行政单位应同时确认取得政府储备物资的成本和发生的经费支出,应采用"双分录"核算方法,以满足预算管理和财务管理的要求。

(三) 账务处理

政府储备物资应当在其到达存放地点并验收时确认。

1. 政府储备物资的取得

取得政府储备物资时,应当按照其成本入账。政府储备物资的取得方式包括购入、接受捐赠、无偿调入等。

(1) 购入的政府储备物资。

行政单位购入的政府储备物资,其成本包括购买价款、相关税费、运输费、装卸费、保险费以及其他使政府储备物资达到目前场所和状态所发生的支出;单位支付的政府储备物资保管费、仓库租赁费等日常储备费用,不计入政府储备物资的成本。

购入的政府储备物资验收入库,按照确定的成本,借记"政府储备物资"科目,贷记"资产基金——政府储备物资"科目;同时,按实际支付的金额,借记"经费支出"科目,贷记"财政拨款收入"、"零余额账户用款额度"、"银行存款"等科目。

(2) 接受捐赠、无偿调入的政府储备物资。

行政单位接受捐赠、无偿调入的政府储备物资,其成本按照有关凭据注明的金额加上相关税费、运输费等确定;没有相关凭据可供取得,但依法经过资产评估的,其成本应当按照评估价值加上相关税费、运输费等确定;没有相关凭据可供取得、也未经评估的,其成本比照同类或类似政府储备物资的市场价格加上相关税费、运输费等确定。

接受捐赠、无偿调入的政府储备物资验收入库,按照确定的成本,借记"政府储备物资"科目,贷记"资产基金——政府储备物资"科目;由行政单位承担运输费用等的,按实际支付的相关税费、运输费等金额,借记"经费支出"科目,贷记"财政拨款收入"、"零余额账户用款额度"、"银行存款"等科目。

2. 政府储备物资的发出

行政单位发出政府储备物资时,应当根据实际情况采用先进先出法、加权平均法或者个别计价法确定发出政府储备物资的实际成本。计价方法一经确定,不得随意变更。

(1) 经批准对外捐赠、无偿调出政府储备物资时,按照对外捐赠、无偿调出政府储备物资的实际成本,借记"资产基金——政府储备物资"科目,贷记"政府储备物资"科目。对外捐赠、无偿调出政府储备物资发生由行政单位承担的运输费等支出时,借记"经费支出"科目,贷记"财政拨款收入"、"零余额账户用款额度"、"银行存款"等科目。

(2) 行政单位报经批准将不需储备的物资出售时,应当转入待处理财产损溢,按照相关储备物资的账面余额,借记"待处理财产损溢"科目,贷记"政府储备物资"科目。

3. 政府储备物资的清查盘点

行政单位管理的政府储备物资应当定期进行清查盘点,每年至少盘点一次。对于发生的政府储备物资盘盈、盘亏或者报废、毁损,应当及时查明原因,按规定报经批准后进行账务处理。

(1) 盘盈的政府储备物资,按照取得同类或类似政府储备物资的实际成本确定入账价值;没有同类或类似政府储备物资的实际成本,按照同类或类似政府储备物资的市场价格确定入账价值。盘盈的政府储备物资,按照确定的入账价值,借记"政府储备物资"科目,贷记"待处理财产损溢"科目。

(2) 盘亏或者报废、毁损的政府储备物资,转入待处理财产损溢时,按照其账面余额,借记"待处理财产损溢"科目,贷记"政府储备物资"科目。

【例10-68】 某行政单位根据国家物资储备制度的要求,通过财政直接支付方式购入抢险救灾物资一批,共计230 000元,该批物资已收到并已验收入库。

  借:政府储备物资   230 000
    贷:资产基金——政府储备物资   230 000
  借:经费支出   230 000
    贷:财政拨款收入   230 000

【例10-69】 某行政单位根据应急物资储备预案和上级指示,发出抢险救灾物资一批,采用先进先出法确定其成本为45 000元。

  借:资产基金——政府储备物资   45 000
    贷:政府储备物资   45 000

二、公共基础设施

(一) 公共基础设施的内容

公共基础设施是由行政单位占有并直接负责维护管理、供社会公众使用的工程性公共基础设施资产,包括城市交通设施、公共照明设施、环保设施、防灾设施、健身设施、广场及公共构筑物等其他公共设施。公共基础设施是政府为社会公众提供的,用于满足人们物质、文化和生活的需要。作为一项社会公共产品,公共基础设施由政府负责建设、管理和维护。

(二) 科目设置

行政单位设置"公共基础设施"科目,核算由行政单位占有并直接负责维护管理、供社会公众使用的工程性公共基础设施资产。与公共基础设施配套使用的修理设备、工具器具、车辆等动产,作为管理公共基础设施的行政单位的固定资产核算,不通过本科目核算。与公共基础设施配套、供行政单位在公共基础设施管理中自行使用的房屋构筑物等,能够与公共基础设施分开核算的,作为行政单位的固定资产核算,不通过本科目核算。

本科目应当按照公共基础设施的类别和项目进行明细核算。行政单位应当结合本单位的具体情况,制定适合于本单位管理的公共基础设施目录、分类方法,作为进行公共基础设施核算的依据。本科目期末借方余额,反映行政单位管理的公共基础设施的实际成本。

公共基础设施属于非货币性资产,行政单位应同时确认取得公共基础设施的成本和发生的经费支出,应采用"双分录"核算方法,以满足预算管理和财务管理的要求。

(三)账务处理

公共基础设施应当在对其取得占有权利时确认。

1. 公共基础设施的取得

公共基础设施在取得时,应当按照其成本入账。

(1)行政单位自行建设的公共基础设施,其成本包括建造该公共基础设施至交付使用前所发生的全部必要支出。公共基础设施的各组成部分需要分别核算的,按照各组成部分公共基础设施造价确定其成本;没有各组成部分公共基础设施造价的,按照各组成部分公共基础设施同类或类似市场造价的比例对总造价进行分配,确定各组成部分公共基础设施的成本。

公共基础设施建设完工交付使用时,按照确定的成本,借记"公共基础设施"科目,贷记"资产基金——公共基础设施"科目;同时,借记"资产基金——在建工程"科目,贷记"在建工程"科目。已交付使用但尚未办理竣工决算手续的公共基础设施,按照估计价值入账,待确定实际成本后再进行调整。

(2)接受其他单位移交的公共基础设施,其成本按照公共基础设施的原账面价值确认,借记"公共基础设施"科目,贷记"资产基金——公共基础设施"科目。

2. 公共基础设施的折旧

公共基础设施是否计提折旧由财政部另行规定。如果行政单位建立了公共基础设施的折旧制度,按月计提公共基础设施折旧时,按照应计提折旧金额,借记"资产基金——公共基础设施"科目,贷记"累计折旧"科目。

3. 公共基础设施的后续支出

与公共基础设施有关的后续支出,分以下情况处理:

(1)为增加公共基础设施使用效能或延长其使用寿命而发生的改建、扩建或大型修缮等后续支出,应当计入公共基础设施成本,通过"在建工程"科目核算,完工交付使用时转入本科目。

(2)为维护公共基础设施的正常使用而发生的日常修理等后续支出,应当计入当期支出,借记有关支出科目,贷记"财政拨款收入"、"零余额账户用款额度"、"银行存款"等科目。

4. 公共基础设施的处置

行政单位管理的公共基础设施向其他单位移交、毁损、报废时,应当按照规定报经批准后进行账务处理。

(1)经批准向其他单位移交公共基础设施时,按照移交公共基础设施的账面价值,借记"资产基金——公共基础设施"科目,按照已计提折旧,借记"累计折旧"科目,按照公共基础设施的账面余额,贷记"公共基础设施"科目。

(2)报废、毁损的公共基础设施,转入待处理财产损溢时,按照待处理公共基础设施的账面价值,借记"待处理财产损溢"科目,按照已计提折旧,借记"累计折旧"科目,按照公共基础设施的账面余额,贷记"公共基础设施"科目。

【例 10-70】 某行政单位与市政建设部门办理移交手续,一处公共广场由该行政单位负责维护管理,其原账面价值 5 000 000 元。

　　借:公共基础设施　　　　　　　　　　5 000 000
　　　　贷:资产基金——公共基础设施　　　　　5 000 000

三、受托代理资产

(一)受托代理资产的内容

受托代理资产是行政单位接受委托方的委托,受托管理的各项资产。行政单位为履行其职能,会接受其他单位或个人的委托,代管一些资产。不同于其他类型的资产,行政单位并不拥有受托代理资产的处置权,只能按照委托方的要求或者意愿代为保存和处理资产。

(二)科目设置

行政单位设置"受托代理资产"科目,核算行政单位接受委托方委托管理的各项资产,包括受托指定转赠的物资、受托储存管理的物资等。行政单位收到受托代理资产为现金和银行存款的,不通过本科目核算,应当通过"库存现金"、"银行存款"科目进行核算。本科目应当按照资产的种类和委托人进行明细核算;属于转赠资产的,还应当按照受赠人进行明细核算。本科目期末借方余额,反映单位受托代理资产中实物资产的价值。

(三)账务处理

受托代理资产应当在行政单位收到受托代理的资产时确认。

1. 受托转赠物资、货币资金

(1)接受委托人委托需要转赠给受赠人的物资,其成本按照有关凭据注明的金额确定;没有相关凭据可供取得的,其成本比照同类或类似物资的市场价格确定。

接受委托转赠的物资验收入库,按照确定的成本,借记"受托代理资产"科目,贷记"受托代理负债"科目;受托协议约定由行政单位承担相关税费、运输费等的,还应当按照实际支付的相关税费、运输费等金额,借记"经费支出"科目,贷记"银行存款"等科目。

将受托转赠物资交付受赠人时,按照转赠物资的成本,借记"受托代理负债"科目,贷记"受托代理资产"科目。

(2)接受委托转赠的现金、银行存款时,按照收到的金额,借记"库存现金"、"银行存款"科目,贷记"受托代理负债"科目。

将受托转赠的现金、银行存款交付受赠人时,按照转付的金额,借记"受托代理负债"科目,贷记"库存现金"、"银行存款"科目。

(3)转赠物资的委托人取消了对捐赠物资的转赠要求,且不再收回捐赠物资的,应当将转赠物资转为存货或固定资产,按照转赠物资的成本,借记"受托代理负债"科目,贷记"受托代理资产"科目;同时,借记"存货"、"固定资产"科目,贷记"资产基金——存货、固定资产"科目。

2. 受托储存管理物资

接受委托人委托储存管理的物资,其成本按照有关凭据注明的金额确定。

（1）接受委托储存的物资验收入库，按照确定的成本，借记"受托代理资产"科目，贷记"受托代理负债"科目。

（2）支付由受托单位承担的与受托储存管理的物资相关的运输费、保管费等费用时，按照实际支付的金额，借记"经费支出"科目，贷记"银行存款"等科目。

（3）根据委托人要求交付受托储存管理的物资时，按照储存管理物资的成本，借记"受托代理负债"科目，贷记"受托代理资产"科目。

【例10-71】 某行政单位接受QD单位委托，将一批价值78 000元的教学设备和现款10 000元转赠西部地区某小学。

① 收到教学设备和现款时。

  借：受托代理资产   78 000
    库存现金   10 000
   贷：受托代理负债   88 000

② 转赠教学设备和现款时。

  借：受托代理负债   88 000
   贷：受托代理资产   78 000
     库存现金   10 000

【例10-72】 某行政单位是政府储备物资的代储单位，收到委托储存的储备物资，共计200 000元，物资已验收入库。

  借：受托代理资产——政府储备物资   200 000
   贷：受托代理负债——政府储备物资   200 000

【练习题】

一、单项选择题

1. 行政单位的资产不包括（　　）。
 A. 流动资产   B. 在建工程   C. 短期投资   D. 无形资产

2. 财政应返还额度是指实行国库集中支付的行政事业单位应收财政返还的（　　）。
 A. 资金额度   B. 资金结余   C. 额度   D. 结转额度

3. 行政单位在清理报废、毁损固定资产时发生的清理费用计入（　　）。
 A. 经营收入   B. 经费收入   C. 经费支出   D. 待处理财产损溢

4. 行政单位购入存货时，其成本包括购买价款、相关税费、运输费、装卸费、保险费以及（　　）。
 A. 包括差旅费在内的一切费用
 B. 其他使得存货达到目前状态所发生的支出
 C. 包括差旅费在内的相关费用
 D. 其他使得存货达到目前场所和状态所发生的支出

5. 下列不属于行政单位固定资产的是（　　）。
 A. 房屋和构筑物 B. 通用设备   C. 笔墨纸砚   D. 专用设备

6. 行政单位的资产包括流动资产、固定资产、在建工程和( )。
   A. 无形资产　　　B. 长期投资　　　C. 短期投资　　　D. 递延资产
7. 行政单位的资产包括流动资产、无形资产、固定资产和( )。
   A. 货币资金　　　B. 在建工程　　　C. 对外投资　　　D. 产成品
8. 行政单位流动资产的变现或耗用期限规定在( )。
   A. 一年以上　　　　　　　　　　　B. 一年以内
   C. 一个营业周期以内　　　　　　　D. 一个生产周期以内
9. 行政单位发出存货的计价方法有加权平均法、先进先出法和( )。
   A. 个别计价法　　B. 后进后出法　　C. 估计法　　　D. 独立计价法
10. 行政单位从银行等金融机构提取现金,按照实际提取的金额,借记"库存现金"科目,贷记"银行存款"或( )。
    A. "零余额账户用款额度"等科目　　　B. "财政零余额账户用款额度"等科目
    C. "单位零余额账户"等科目　　　　　D. "单位零余额账户用款额度"等科目
11. 下列是行政事业单位资产类会计科目的是( )。
    A. 专用基金　　　　　　　　　　　B. 固定基金
    C. 受托代理资产　　　　　　　　　D. 零余额账户用款额度
12. 行政单位每日终了结算现金收支,发现有待查明原因的现金短缺或溢余,应通过( )。
    A. "待处置资产损溢"科目核算　　　B. "经费支出"科目核算
    C. "待处理财产损溢"科目核算　　　D. "其他支出"科目核算
13. 行政单位存货科目核算的是行政单位在开展业务活动及其他活动中为耗用而储存的各种物资的( )。
    A. 市场价格　　　B. 实际成本　　　C. 评估价值　　　D. 名义金额
14. 行政单位的软件,如果其构成相关硬件不可缺少的组成部分,应当将其计入( )。
    A. "无形资产"科目　　　　　　　　B. "公共基础设施"科目
    C. "固定资产"科目　　　　　　　　D. "在建工程"科目
15. 行政单位购入需要安装的固定资产,应当先核算的科目是( )。
    A. "存货"科目　　　　　　　　　　B. "在建工程"科目
    C. "固定资产"科目　　　　　　　　D. "政府储备物资"科目
16. 行政单位接受捐赠、无偿调入的无形资产,其成本的确定方式不包括( )。
    A. 按照实际金额入账
    B. 按照有关凭据金额加上相关税费入账
    C. 按照名义金额入账
    D. 按照评估价格加上相关税费入账

二、多项选择题

1. 行政单位应根据实际情况采用适当的计价方法确定发出存货的实际成本,包括

(   )。

　　A. 先进先出法　　B. 后进先出法　　C. 加权平均法　　D. 个别计价法

2. 关于行政单位的资产,下列说法正确的是(　　)。

　　A. 行政单位的资产应当按照取得时的实际成本进行计量,无论何种情况下都不得自行调整其账面价值。

　　B. 行政单位发出存货时,应当根据实际情况采用适当的计价方法来确定其实际成本,计价方法可以根据存货种类不同随时进行变更,并在附注中予以说明。

　　C. 行政单位以经营租赁方式租入的固定资产,不通过"固定资产"科目核算,应当设置备查簿进行登记。

　　D. 行政单位当月增加的固定资产、公共基础设施,当月不计提折旧,从下月起计提。

三、判断题

1. 行政单位的银行存款日记账应定期与银行对账单核对,至少每季核对一次。(　　)
2. 行政单位在与银行对账过程中,发现未达账项时,应编制"银行存款余额调节表"进行调节,并据以账面调整。(　　)
3. 根据有关规定,行政单位通用设备的单位价值应在1 000元以上,专用设备的单位价值应在1 200元以上。(　　)
4. 行政单位毁损、报废固定资产清理过程中发生的收入贷记"待处置资产损溢——处理净收入"科目。(　　)
5. 引起行政单位固定资产减少的因素有报废、毁损、投资转出、盘亏、出售等。(　　)
6. 行政单位外购固定资产,支付的运杂费不计入"固定资产"。(　　)
7. 年末,行政单位的"零余额账户用款额度"科目余额应结转至下年度。(　　)
8. 行政单位的预付账款应当在已支付款项但尚未收到物资或服务时确认。(　　)
9. 行政单位置换换入的存货,其成本按照换出资产的评估价值确定。(　　)
10. 行政单位购买房产时,能够分清支付价款中的房屋及构筑物与土地使用权部分的,应当全部作为固定资产进行核算。(　　)
11. 行政单位摊销无形资产时,当月减少的无形资产,当月按规定摊销,从下月起不再摊销。(　　)
12. 行政单位的固定资产、公共基础设施因改建、扩建或修缮等原因而提高使用效能或延长使用年限的,应当按照重新确定的固定资产、公共基础设施成本以及重新确定的折旧年限,重新计算折旧额。(　　)
13. 行政单位购入的不构成相关硬件不可缺少组成部分的软件,应作为无形资产进行核算。(　　)

四、填空题

1. 资产是指行政单位_____,能以货币计量的经济资源。
2. 行政单位的资产包括流动资产、非流动资产和_____。
3. 行政单位的资产应当按照取得时的_____进行计量。
4. 行政单位的折旧是指在固定资产、_____的使用寿命内,按照确定的方法对应折旧金额进行系统分摊。

5. 零余额账户用款额度是行政单位在国库集中支付制度下的一个_____。

6. 制度规定,行政单位固定资产的标准是:一般设备单位价值1 000元以上,专用设备单位价值_____。

7. 行政单位的无形资产包括著作权、_____、专利权、非专利技术等。

8. 行政单位的非自用资产包括政府储备物资、公共基础设施和_____。

五、名词解释

1. 政府储备物资　2. 公共基础设施　3. 受托代理资产

六、简答题

1. 简述行政单位固定资产的概念及分类情况。
2. 简述行政单位资产的概念及分类。

七、会计处理题

根据下列行政单位的经济业务,编制会计分录。

1. 从单位零余额账户中提取现金5 000元备用。
2. 用现金支付工作人员小王预借差旅费1 000元。
3. 小王出差回来,报销差旅费共计900元,退回未用现金。
4. 行政单位进行当日现金盘点,发现现金溢余50元,原因待查。
5. 经调查,现金溢余50元应支付给另一单位。
6. 收到代理银行的"财政授权支付额度到账通知书",本月授权支付额度为600 000元。
7. 通过单位零余额账户支付本行政单位水电费共计8 000元。
8. 年末,通过对账确认本年度财政直接支付预算指标数为8 000 000元,当年直接支付实际支出数为7 500 000元,注销未使用的额度。
9. 年末,通过对账确认本年度财政授权支付预算数为1 000 000元,全年已下达的财政授权支付额度为900 000元,当年财政授权支付实际支出数为880 000元,注销未下达和未使用的额度。
10. 接受企业捐赠特种材料一批,无相关凭据,经评估其价值为30 000元,另通过单位零余额账户支付了运输费200元,材料已验收入库。
11. 行政单位委托某企业将A材料加工成C材料。A材料的账面原价为3 000元,通过单位零余额账户支付加工费1 000元。
12. 上述企业加工完成后将完工C材料交还给行政单位,材料已验收入库。
13. 行政单位经批准将一批K材料予以报废,其账面原价为3 000元,用银行存款支付报废过程中发生的清理费用200元,取得变价收入700元,已存入银行。
14. 行政单位通过财政零余额账户用政府采购方式购入一台需要安装的办公设备,设备价款40 000元,运输费500元,设备已运达,尚未安装。
15. 上述办公设备安装人员上门进行安装,发生安装费用1 200元,款项通过财政零余额账户支付。
16. 上述办公设备安装完工,通过验收并交付使用。

第十一章

行政单位负债的核算

学习目的与要求

通过本章学习,了解并掌握:
1. 行政单位负债的概念与分类;
2. 行政单位负债的确认条件与计量方法;
3. 行政单位流动负债类科目的设置与账务处理;
4. 行政单位长期应付款与受托代理负债科目的设置与账务处理。

第一节 行政单位负债概述

一、负债的含义及内容

(一)负债的含义

《行政单位会计制度》规定,行政单位负债是指行政单位所承担的能以货币计量,需要以资产等偿还的债务。

行政单位负债具有以下特征。

1. 负债是行政单位承担的现时债务

现时债务是指行政单位在现行条件下,因过去的业务活动或事项而发生的,已经承担的需要偿还的债务。未来的业务活动或事项形成的债务,不能作为负债进行确认。

2. 负债是行政单位可以用货币计量的债务

行政单位承担的负债可以用货币可靠计量时,才能被确认为负债。不能用货币计量的现时债务,不能作为负债进行确认。

3. 负债是行政单位需要以资产等偿还的债务

行政单位对所承担的债务负有偿还责任,需要用资产等偿还。凡是不需要行政单位未来偿还的债务,不能作为负债进行确认。

(二) 负债的内容

行政单位的负债包括流动负债、非流动负债和受托代理负债,如表 11-1 所示。

1. 流动负债是指预计在 1 年以内(含 1 年)偿还的负债,包括应缴财政款、应缴税费、应付职工薪酬、应付账款、应付政府补贴款、其他应付款等。

2. 非流动负债是指流动负债以外的负债,包括长期应付款。

3. 受托代理负债是指行政单位接受委托取得受托管理资产时形成的负债。

表 11-1 行政单位负债类会计科

序号	科目编号	会计科目名称	序号	科目编号	会计科目名称
一、流动负债			二、非流动负债		
1	2 001	应缴财政款	7	2 401	长期应付款
2	2 102	应缴税费	三、受托代理负债		
3	2 201	应付职工薪酬	8	2 901	受托代理负债
4	2 301	应付账款			
5	2 302	应付政府补贴款			
6	2 305	其他应付款			

二、负债的确认与计量

(一) 负债的确认

行政单位将一项债务确认为负债,应当符合负债的定义,并在确定承担偿债责任并且能够可靠地进行货币计量时确认。在符合负债定义的前提下,负债的确认应当同时满足以下两个条件:第一,负债应当在确定承担偿债责任时确认,确定行政单位已经承担了偿还债务的经济责任,有确凿证据表明行政单位将履行偿还义务,有关的经济利益或者服务潜力很可能流出行政单位;第二,负债应当在能够可靠地进行货币计量时确认,可以根据法律规定、经济合同等确定债务的金额,未来流出的经济利益或服务潜力可以可靠地估计。

符合负债定义并确认的负债项目,应当列入资产负债表;行政单位承担或有责任(偿债责任需要通过未来不确定事项的发生或不发生予以证实)的负债,不列入资产负债表,但应当在报表附注中披露。

(二) 负债的计量

《行政单位会计制度》规定:"行政单位的负债,应当按照承担的相关合同金额或实际发生额进行计量。"行政单位承担的偿还责任,有些是因签订合同引发的,有些则是发生了相关事项引发的。对于因签订合同引发的负债,应当按照相关合同的金额进行计量,如购买物资或者服务发生的应付账款、分期付款购入固定资产发生的长期应付款、取得受托管理资产时形成的受托代理负债等。对于发生的相关事项引发的负债,应当按照实际发生额进行计量,如取得的按规定应当上缴财政的应缴财政款、发生纳税义务形成的应缴税费等。

第二节 行政单位流动负债的核算

流动负债,是指行政单位预计在1年以内(含1年)偿还的负债,包括应缴财政款、应缴税费、应付职工薪酬、应付账款、应付政府补贴款、其他应付款等。

一、应缴财政款

(一) 应缴财政款的内容

应缴财政款是指行政单位取得的按规定应当上缴财政的款项。行政单位行使其职能依法取得的罚没收入、行政事业性收费、政府性基金、国有资产处置收入和国有资产出租收入等,属于财政管理的非税收入,是政府财政收入的重要组成部分,应当按照规定上缴财政部门。

各类非税收入的取得依据有所不同。罚没收入、行政事业性收费、政府性基金是行政单位依据法律、法规和规章,利用行政权力征收的,具有强制性;国有资产处置收入、国有资产出租收入是行政单位利用国家资源和国有资产所有权取得的,体现了国家作为国有资产所有者或出资人的权益。

(二) 科目设置

行政单位设置"应缴财政款"科目,核算行政单位取得的按规定应当上缴财政的款项,包括罚没收入、行政事业性收费、政府性基金、国有资产处置和出租收入等。行政单位按照国家税法等有关规定应当缴纳的各种税费,通过"应缴税费"科目核算,不在本科目核算。本科目应当按照应缴财政款项的类别进行明细核算。本科目贷方余额,反映行政单位应当上缴财政但尚未缴纳的款项。年终清缴后,本科目一般应无余额。

(三) 账务处理

应缴财政款应当在收到应缴财政的款项时确认。

1. 依据法律、法规和规章取得的应缴财政款

行政单位依据法律、法规和规章取得的应缴财政款包括罚没收入、行政事业性收费、政府性基金。行政单位作为执收单位,负责本单位的收入收缴管理,确保收入按规定及时、足额上缴财政部门。行政单位上缴财政的款项是政府的非税收入,应当按照国库集中收付制度的要求进行收缴,一般实行"单位开票,银行代收,财政统管"的管理方式,具体分为集中汇缴和直接缴库两种缴款方式。但随着政府非税收入收缴管理制度改革的深入,越来越多的非税收入采用直接缴库征缴,取消了执收单位的过渡性账户,缴款人将应缴款项直接缴入财政账户,行政单位只负责征收管理,款项不再通过行政单位的账户汇集。在此种情况下,行政单位需要根据开出的"非税收入一般缴款书"进行备查登记,以反映预算资金的收缴情况。

行政单位在取得按照规定应当上缴财政的款项时,借记"银行存款"等科目,贷记"应缴财政款"科目。上缴应缴财政的款项时,按照实际上缴的金额,借记"应缴财政款"科目,贷记"银行存款"科目。

2. 处置资产取得的应缴财政款

处置资产取得的应缴财政款是指出售资产、资产置换过程中产生的净收入。为了加强国有资产管理,新会计制度规定行政单位资产出售、资产置换取得的收入和发生的费用应当通过"待处理财产损溢"科目核算,处理完毕后将净收入转入"应缴财政款"科目。

（1）出售、置换换出资产过程中收到价款、补价等收入,借记"库存现金"、"银行存款"等科目,贷记"待处理财产损溢——处理净收入"科目。

（2）出售、置换换出资产过程中发生相关费用,借记"待处理财产损溢——处理净收入"科目,贷记"库存现金"、"银行存款"、"应缴税费"等科目。

（3）出售、置换换出完毕并收回相关款项后,按照处置收入扣除相关税费后的净收入,借记"待处理财产损溢——处理净收入"科目,贷记"应缴财政款"科目。

（4）上缴处置资产取得的款项时,按照实际上缴的金额,借记"应缴财政款"科目,贷记"银行存款"科目。

3. 取得租金收入时确认的应缴财政款

国有资产出租收入,是指行政单位在保证完成正常工作的前提下,经同级财政部门审批同意,出租国有资产所取得的收入。未经批准,行政单位不得将国有资产对外出租、出借。

行政单位在收到出租收入的款项时,按照实际收到的金额确认,借记"银行存款"等科目,贷记"应缴财政款"科目。上缴应缴财政的款项时,按照实际上缴的金额,借记"应缴财政款"科目,贷记"银行存款"科目。

【例11-1】 某行政单位是政府性基金的执收单位,开出非税收入专用票据,征收某政府性基金100 000元,款项已由缴款人缴入该行政单位的银行账户。

  借：银行存款   100 000
    贷：应缴财政款   100 000

【例11-2】 某行政单位将汇集的行政事业性收费150 000元上缴财政专户。

  借：应缴财政款   150 000
    贷：银行存款   150 000

【例11-3】 某行政单位经同级财政部门审批后进行资产置换。置换结束后,"待处理财产损溢——处理净收入"账户贷方余额为13 780元,将处理净收入上缴财政。

  借：待处理财产损溢——处理净收入   13 780
    贷：应缴财政款   13 780
  借：应缴财政款   13 780
    贷：银行存款   13 780

【例11-4】 某行政单位经同级财政部门批准,将一栋闲置的房屋对外出租,取得租金收入10 000元,已存入银行。

  借：银行存款   10 000

　　　　贷：应缴财政款　　　　　　　　　　10 000

二、应缴税费

（一）应缴税费的内容

　　行政单位按照税法等规定应当缴纳的各种税费，包括营业税、城市维护建设税、教育费附加、房产税、车船税、城镇土地使用税等，以及由行政单位代扣代缴的个人所得税。行政单位作为一类社会组织，如果发生纳税事项，也应该依法纳税。但行政单位主要从事公共管理活动，其纳税事项较少，主要包括：

　　1. 对外出售、置换资产取得的价款和补价收入，应当按规定缴纳营业税以及城建税和教育费附加等。

　　2. 对外出租资产得到的租金收入，应按规定缴纳房产税、营业税以及城建税和教育费附加等。

　　3. 办理登记的车辆、船舶应按规定缴纳车船税；对外出租、经营用的土地应按规定缴纳城镇土地使用税。

　　4. 行政单位履行代扣代缴义务，应当为职工代缴个人所得税。

（二）科目设置

　　行政单位设置"应缴税费"科目，核算行政单位按照税法等规定应当缴纳的各种税费。本科目应当按照应缴纳的税费种类进行明细核算。本科目期末贷方余额，反映行政单位应缴未缴的税费金额。

（三）账务处理

　　应缴税费应当在产生缴纳税费义务时确认。

　　1. 资产处置

　　因资产处置等发生营业税、城市维护建设税、教育费附加等缴纳义务的，按照税法等规定计算的应缴税费金额，借记"待处理财产损溢"科目，贷记"应缴税费"科目；实际缴纳时，借记"应缴税费"科目，贷记"银行存款"等科目。

　　2. 资产出租

　　因出租资产等发生营业税、城市维护建设税、教育费附加等缴纳义务的，按照税法等规定计算的应缴税费金额，借记"应缴财政款"等科目，贷记"应缴税费"科目；实际缴纳时，借记"应缴税费"科目，贷记"银行存款"等科目。

　　3. 代扣代缴个人所得税

　　按照税法等规定计算的应代扣代缴的个人所得税金额，借记"应付职工薪酬"科目（从职工工资中代扣个人所得税）或"经费支出"科目（从劳务费中代扣个人所得税），贷记"应缴税费"科目。实际缴纳时，借记"应缴税费"科目，贷记"财政拨款收入"、"零余额账户用款额度"、"银行存款"等科目。

　　【例11-5】　某行政单位经同级财政部门批准，出售一台不需用的设备，出售价为80 000元，款项已经收到，并已进行会计记录。按规定，出售该项设备应缴纳营业税4 000元，城市维护建设税 280 元,教育费用附加 120 元。

  借:待处理财产损溢——处理净收入   4 400
   贷:应缴税费——应缴营业税   4 000
      ——城市维护建设税   280
      ——教育费用附加   120

【例 11-6】 承【例 11-4】 按照规定出租的房屋应缴纳营业税 500 元,城市维护建设税 35 元,教育费用附加 15 元。

① 发生税费缴纳义务。

  借:应缴财政款   550
   贷:应缴税费——应缴营业税   500
      ——城市维护建设税   35
      ——教育费用附加   15

② 缴纳税费。

  借:应缴税费——应缴营业税   500
      ——城市维护建设税   35
      ——教育费用附加   15
   贷:银行存款   550

③ 上缴应缴财政款时。

  借:应缴财政款   9 450
   贷:银行存款   9 450

三、应付职工薪酬

（一）应付职工薪酬的内容

应付职工薪酬是行政单位按照有关规定应付给职工及为职工支付的各种薪酬,包括基本工资、奖金、国家统一规定的津贴补贴、社会保险费、住房公积金等。

（二）科目设置

行政单位应设置"应付职工薪酬"科目,核算行政单位按照有关规定应付给职工及为职工支付的各种薪酬,包括基本工资、奖金、国家统一规定的津贴补贴、社会保险费、住房公积金等。外部人员的劳务费用不通过本科目核算。本科目应当根据国家有关规定按照"工资（离退休费）"、"地方（部门）津贴补贴"、"其他个人收入"以及"社会保险费"、"住房公积金"等进行明细核算。本科目期末贷方余额,反映行政单位应付未付的职工薪酬。

（三）账务处理

应付职工薪酬应当在规定支付职工薪酬的时间确认。

1. 计算发生的应付职工薪酬

发生应付职工薪酬时,按照计算出的应付职工薪酬金额,借记"经费支出"科目,贷记"应付职工薪酬"科目。

2. 支付职工薪酬

(1) 向职工支付工资、津贴补贴等薪酬时,按照实际支付的金额,借记"应付职工薪酬"科目,贷记"财政拨款收入"、"零余额账户用款额度"、"银行存款"等科目。

(2) 从应付职工薪酬中代扣为职工垫付的水电费、房租等费用时,按照实际扣除的金额,借记"应付职工薪酬"科目(工资),贷记"其他应收款"等科目。

(3) 从应付职工薪酬中代扣代缴个人所得税,按照代扣代缴的金额,借记"应付职工薪酬"科目(工资),贷记"应缴税费"科目。

(4) 从应付职工薪酬中代扣代缴社会保险费和住房公积金,按照代扣代缴的金额,借记"应付职工薪酬"科目(工资),贷记"其他应付款"科目(社会保险费、住房公积金)。

3. 缴纳社会保险费、住房公积金和个人所得税

(1) 缴纳单位为职工承担的社会保险费和住房公积金时,借记"应付职工薪酬"科目(社会保险费、住房公积金),贷记"财政拨款收入"、"零余额账户用款额度"、"银行存款"等科目。

(2) 缴纳从应付职工薪酬中代扣代缴社会保险费和住房公积金时,借记"其他应付款"科目(社会保险费、住房公积金),贷记"财政拨款收入"、"零余额账户用款额度"、"银行存款"等科目。

(3) 缴纳代扣代缴个人所得税,借记"应缴税费"科目,贷记"财政拨款收入"、"零余额账户用款额度"、"银行存款"等科目。

【例11-7】 某行政单位计算出本月应付在职人员薪酬,应付工资340 000元,应付地方津贴补贴190 000元,应付其他个人收入26 000元,应付社会保险费120 000元(单位承担部分),应付职工住房公积金50 000元(单位承担部分)。

```
借:经费支出                                726 000
    贷:应付职工薪酬——工资(离退休费)          340 000
              ——地方(部门)津贴补贴            190 000
              ——其他个人收入                   26 000
              ——社会保险费                    120 000
              ——住房公积金                     50 000
```

【例11-8】 接上例,该行政单位通过单位零余额账户支付本月工资、津贴补贴等。按规定代扣代缴个人所得税43 000元;应由职工个人承担社会保险费23 000元,职工个人承担住房公积金50 000元。扣除个人所得税、个人承担社会保险费和住房公积金后,实际发放440 000。转入职工工资卡中。

```
借:应付职工薪酬——工资                      340 000
              ——地方津贴补贴                 190 000
              ——其他个人收入                  26 000
    贷:零余额账户用款额度                    440 000
        应缴税费——个人所得税                  43 000
        其他应付款——社会保险费                23 000
                ——住房公积金                  50 000
```

【例11-9】 接上例,该行政单位通过单位零余额账户,将本月职工薪酬中由单位和个人承担的社会保险费转入社保机构账户,将由单位和个人承担的住房公积金转入公积金管理中心账户。

借:应付职工薪酬——社会保险费　　　　　　120 000
　　　　　　　　——住房公积金　　　　　　 50 000
　　其他应付款——社会保险费　　　　　　　 23 000
　　　　　　　——住房公积金　　　　　　　 50 000
　　贷:零余额账户用款额度　　　　　　　　243 000

【例11-10】 接上例,该行政单位通过单位零余额账户,代缴本月职工个人所得税共计43 000元。

借:应缴税费——个人所得税　　　　　　　　 43 000
　　贷:零余额账户用款额度　　　　　　　　 43 000

四、应付账款

(一) 应付账款的内容

应付账款,是指行政单位因购买物资或服务、工程建设等而应付的偿还期限在1年以内(含1年)的款项。行政单位在业务活动中,可以与供应单位签订合同,先取得材料用品或享有服务,延迟一段时间后再支付款项。应付账款属于流动负债,付款期限要求在1年以内,行政单位以分期付款方式购入物资、服务、工程的,如果偿付期超过1年,不通过应付账款核算,而应当通过长期应付款核算。

(二) 科目设置

行政单位设置"应付账款"科目,核算行政单位因购买物资或服务、工程建设等而应付的偿还期限在1年以内(含1年)的款项。本科目应当按照债权单位(或个人)进行明细核算。本科目期末贷方余额,反映行政单位尚未支付的应付账款。

(三) 账务处理

应付账款采用双分录方式核算。应付账款应当在收到所购物资或服务、完成工程时确认。

1. 发生应付账款

行政单位收到所购物资或服务、完成工程但尚未付款时,按照应付未付款项的金额,借记"待偿债净资产"科目,贷记"应付账款"科目。

2. 偿付应付账款

行政单位偿付应付账款时,借记"应付账款"科目,贷记"待偿债净资产"科目;同时,借记"经费支出"科目,贷记"财政拨款收入"、"零余额账户用款额度"、"银行存款"等科目。

3. 无法偿付或债权人豁免偿还的应付账款

对于因债权人破产、失踪等原因确实无法支付的应付款项,或者是债权人豁免的应付账款,应当按照规定报经批准后进行账务处理。经批准核销时,借记本科目,贷记"待偿债净资产"科目。核销的应付账款应在备查簿中保留登记。

【例 11-11】 某行政单位向 AD 供应商购买甲材料一批,价款 8 000 元,材料已验收入库,款项未付。

  借:待偿债净资产   8 000
   贷:应付账款   8 000
  借:存货——甲材料   8 000
   贷:资产基金——存货   8 000

【例 11-12】 某行政单位向 HG 供应商购买设备一台,价款 2 000 元,设备不需要安装,已验收并已交付使用,款项未付。

  借:待偿债净资产   2 000
   贷:应付账款   2 000
  借:固定资产   2 000
   贷:资产基金——固定资产   2 000

【例 11-13】 某行政单位通过财政零余额账户向 AD 供应商支付购买甲材料的价款 8 000 元。

  借:应付账款   8 000
   贷:待偿债净资产   8 000
  借:经费支出   8 000
   贷:财政拨款收入   8 000

【例 11-14】 某行政单位之前向 HG 供应商购买设备一台,其价款 2 000 元尚未支付。因 HG 公司现在已经被注销,账款无法偿付,报经批准予以核销。

  借:应付账款   2 000
   贷:待偿债净资产   2 000

五、应付政府补贴款

(一)应付政府补贴款的内容

应付政府补贴款,是指行政单位按照规定应当支付给政府补贴接受者的各种政府补贴款。应付政府补贴款主要针对负责发放政府补贴的行政单位,这些单位需要根据国家的政策和法规,向企业或个人支付政府补贴款项。

政府补贴款的接受者主要包括企业、公益组织和社会居民。行政单位的职责不同,负责发放的政府补贴款内容也不一样。例如,政府拨付给企业用于技术改造的专项补贴款、开展研发活动的研发经费补贴款、安置职工就业的补贴款;拨付给社会养老福利机构的开办补贴款;拨付给城镇居民的生活补贴款、价格补贴款;拨付给种粮农民的粮食直接补贴款等。

(二)科目设置

行政单位设置"应付政府补贴款"科目,核算负责发放政府补贴的行政单位,按照规定应当支付给政府补贴接受者的各种政府补贴款。本科目应当按照应支付的政府补贴种类进行明细核算。行政单位还应当按照补贴接受者建立备查簿,进行相应明细核算。本科目期末贷方余额,反映行政单位应付未付的政府补贴金额。

(三) 账务处理

应付政府补贴款应当在规定发放政府补贴的时间确认。

1. 发生应付政府补贴时,按照规定计算出的应付政府补贴金额,借记"经费支出"科目,贷记"应付政府补贴款"科目。

2. 支付应付的政府补贴款时,借记"应付政府补贴款"科目,贷记"零余额账户用款额度"、"银行存款"等科目。

【例 11-15】 某行政单位负责向公益养老院发放政府补贴。AC 公益养老院是新设养老院,共有 90 张床位,按规定每张床位政府给予一次性补助 1 000 元。

借:经费支出　　　　　　　　　　　　90 000
　　贷:应付政府补贴款　　　　　　　　　　90 000

【例 11-16】 某行政单位用财政资金通过单位零余额账户向 AC 公益养老院支付政府补贴款 90 000 元。

借:应付政府补贴款　　　　　　　　　　90 000
　　贷:零余额账户用款额度　　　　　　　　90 000

六、其他应付款

(一) 其他应付款的内容

其他应付款,是指行政单位除应缴财政款、应缴税费、应付职工薪酬、应付政府补贴款、应付账款以外的其他各项偿还期在 1 年以内(含 1 年)的应付及暂存款项。行政单位在业务活动中发生的应付款项、暂存款项,如果没有包含在上述会计科目的核算范围内,应在"其他应付款"科目内核算。

其他应付款的内容主要包括行政单位收取的押金、保证金、未纳入行政单位预算管理的转拨资金、代扣代缴职工社会保险费和住房公积金等。其他应付款的偿还期在 1 年以内(含 1 年),超过此期限的应付款项为长期应付款。

(二) 科目设置

行政单位设置"其他应付款"科目,核算行政单位除应缴财政款、应缴税费、应付职工薪酬、应付政府补贴款、应付账款以外的其他各项偿还期在 1 年以内(含 1 年)的应付及暂存款项。本科目应当按照其他应付款的类别以及债权单位(或个人)进行明细核算。本科目期末贷方余额,反映行政单位尚未支付的其他应付款。

(三) 账务处理

1. 发生其他各项应付及暂存款项时,借记"银行存款"等科目,贷记"其他应付款"科目。

2. 支付其他各项应付及暂存款项时,借记"其他应付款"科目,贷记"银行存款"等科目。

3. 因故无法偿付或债权人豁免偿还的其他应付款项,应当按规定报经批准后进行账务处理。经批准核销时,借记"其他应付款"科目,贷记"其他收入"科目。核销的其他应付款应在备查簿中保留登记。

【例 11-17】 某行政单位收到上级主管单位指定转拨给该行政单位下属 AW 单位的资金 100 000 元,已存入银行。

借:银行存款　　　　　　　　　　　　　　100 000
　　贷:其他应付款　　　　　　　　　　　　100 000

【例 11-18】 某行政单位向 BC 单位退回原向其收取的业务保证金 20 000 元,用银行存款支付。

借:其他应付款　　　　　　　　　　　　　100 000
　　贷:银行存款　　　　　　　　　　　　　100 000

第三节　行政单位长期应付款与受托代理负债的核算

一、长期应付款

（一）长期应付款的内容

长期应付款属于非流动负债,是指行政单位发生的偿还期限超过 1 年(不含 1 年)的应付款项。它是行政单位在购买物资、服务等过程中发生的长期应付款项,如跨年度分期付款购入固定资产的价款等。行政单位以 1 年为一个完整的会计期间,发生的偿还期超过 1 年的应付款项通过长期应付款核算；发生的偿还期在 1 年以内的应付及暂存款项通过应付账款、其他应付款等科目核算。

（二）科目设置

行政单位设置"长期应付款"科目,核算行政单位发生的偿还期限超过 1 年(不含 1 年)的应付款项,如跨年度分期付款购入固定资产的价款等。本科目应当按照长期应付款的类别以及债权单位(或个人)进行明细核算。本科目期末贷方余额,反映行政单位尚未支付的长期应付款。

（三）长期应付款的确认条件

1. 因购买物资、服务等发生的长期应付款,应当在收到所购物资或服务时确认。
2. 因其他原因发生的长期应付款,应当在承担付款义务时确认。

（四）账务处理

长期应付款采用双分录方式核算。

1. 发生长期应付款时,按照应付未付的金额,借记"待偿债净资产"科目,贷记"长期应付款"科目。

对于取得的存货、固定资产等,需要按资产购入的核算要求,按照确定的入账价值,借记"存货"、"固定资产"、"在建工程"等科目,贷记"资产基金"科目；如果取得存货、固定资产等时,支付了一部分价款,则对于已实际支付的价款,借记"经费支出"科目,贷记"财政拨款收入"、"零余额账户用款额度"、"银行存款"等科目。

2. 偿付长期应付款时,借记"经费支出"科目,贷记"财政拨款收入"、"零余额账户用款额度"、"银行存款"等科目;同时,借记"长期应付款"科目,贷记"待偿债净资产"科目。

3. 无法偿付或债权人豁免偿还的长期应付款,应当按照规定报经批准后进行账务处理。经批准核销时,借记"长期应付款"科目,贷记"待偿债净资产"科目。核销的长期应付款应在备查簿中保留登记。

【例 11-19】 某行政单位购入检测设备一台,价款为 98 000 元。根据合同规定,该单位收到设备时应支付设备款 50 000 元(已通过单位零余额账户支付),余款 48 000 元在 20 个月后支付。

① 购入设备,支付 50 000 元。

  借:固定资产　　　　　　　　　　　　　　98 000
   贷:资产基金——固定资产　　　　　　　　　　　98 000
  借:经费支出　　　　　　　　　　　　　　50 000
   贷:零余额账户用款额度　　　　　　　　　　　50 000
  借:待偿债净资产　　　　　　　　　　　　48 000
   贷:长期应付款　　　　　　　　　　　　　　　48 000

② 20 个月后通过单位零余额账户支付剩余款项。

  借:经费支出　　　　　　　　　　　　　　48 000
   贷:零余额账户用款额度　　　　　　　　　　　48 000
  借:长期应付款　　　　　　　　　　　　　48 000
   贷:待偿债净资产　　　　　　　　　　　　　　48 000

二、受托代理负债

(一)受托代理负债的内容

受托代理负债是行政单位接受委托,取得受托管理资产时形成的负债。受托代理负债与受托代理资产相对应,行政单位在确认一项受托代理资产时,同时确认所形成的受托代理负债。行政单位的受托代理负债包括接受转赠资产形成的负债和接受代储物资形成的负债等。

(二)科目设置

行政单位设置"受托代理负债"科目,核算行政单位接受委托,取得受托管理资产时形成的负债。本科目应当按照委托人等进行明细核算;属于指定转赠物资和资金的,还应当按照指定受赠人进行明细核算。本科目期末贷方余额,反映行政单位尚未清偿的受托代理负债。

(三)账务处理

受托代理负债应当在行政单位收到受托代理资产并产生受托代理义务时确认。

1. 收到受托代理资产

行政单位接受委托人的委托,收到需要转赠他人的物资、储存管理的物资或货币资金时,借记"受托代理资产"、"库存现金"、"银行存款"等科目,贷记"受托代理负债"科目。

2. **交付受托代理资产**

行政单位根据委托人的要求交付受托管理的资产时,借记"受托代理负债"科目,贷记"受托代理资产"、"库存现金"、"银行存款"等科目。

受托代理负债的账务处理已经在"受托代理资产"科目中详细讲解,这里不再举例。

【练习题】

一、单项选择题

1. 下列不属于行政单位会计负债类科目的是(　　)。
   A. 借入款项　　　B. 应付账款　　　C. 其他应付款　　　D. 应缴财政款
2. 行政单位会计中负债类科目不包括(　　)。
   A. 其他应付款　　B. 短期借款　　　C. 应付职工薪酬　　D. 应缴财政款
3. 行政单位的流动负债是指预计在(　　)。
   A. 1年内偿还的负债　　　　　　B. 1年内(不含1年)偿还的负债
   C. 1年内偿还的债负　　　　　　D. 1年内(含1年)偿还的负债
4. 按国家有关规定行政单位取得罚没收入1万元,列入(　　)。
   A. 拨入经费　　　　　　　　　B. 应缴财政专户款
   C. 应缴财政款　　　　　　　　D. 预算外资金收入
5. 下列不属于行政单位应缴财政款的有(　　)。
   A. 应当缴纳的各种税费　　　　B. 罚没收入
   C. 行政事业性收费　　　　　　D. 政府性基金
6. 行政单位计提职工薪酬时,按照计算的金额,借记"经费支出"科目,(　　)。
   A. 贷记"应付薪酬"科目　　　　B. 贷记"应付工资"科目
   C. 贷记"未付职工薪酬"科目　　D. 贷记"应付职工薪酬"科目
7. 下列不是行政单位负债的是(　　)。
   A. 赊购货物1万元　　　　　　B. 暂欠往来单位业务款
   C. 借入银行存款30万元　　　　D. 收到应缴入国家预算的款项
8. 下列属于行政单位会计负债类科目的是(　　)。
   A. 应付票据　　　B. 其他应付款　　C. 暂付款　　　D. 暂存款
9. 下列不属于行政单位会计负债类科目的是(　　)。
   A. 应缴财政款　　　　　　　　B. 应缴预算款
   C. 应缴税费　　　　　　　　　D. 应付政府补贴款
10. 行政单位代扣代缴的个人所得税,应在(　　)科目中进行核算。
    A. 应付职工薪酬　B. 其他应付款　　C. 应缴税费　　D. 应付账款
11. 出售、置换换出资产过程中发生的应付而未付的相关费用,应贷记(　　)。
    A. "应缴财政款"科目
    B. "待处置资产损溢——处置净收入"科目

C. "应缴税费"科目

D. "待处理财产损溢——处理净收入"科目

12. 出售、置换换出资产完毕后,按照处置收入扣除相关税费后的净收入,贷记( )。

A. "应缴财政款"科目

B. "待处置资产损溢——处置净收入"科目

C. "应缴税费"科目

D. "待处理财产损溢——处理净收入"科目

二、多项选择题

1. 下列属于行政单位应缴财政款的项目有( )。

A. 取得罚款收入 10 000 元

B. 没收非法财物的变价收入 50 000 元

C. 应当支付的政府补贴款 90 000 元

D. 出租国有资产取得收入 8 000 元

2. 关于行政单位的负债,下列说法正确的是( )。

A. 负债是行政单位承担的现时义务

B. 不可以用货币计量的现时债务,不能作为负债进行确认

C. 某些将来可能发生的、偶然事项形成的能以货币计量的债务责任,也可确认为负债

D. 行政单位对所承担的债务负有偿还责任,需要用资产等偿还

3. 下列属于行政单位应缴税费核算内容的有( )。

A. 营业税　　　B. 印花税　　　C. 教育费附加　　　D. 城市维护建设税

三、判断题

1. 行政单位的负债按照流动性,分为流动负债和短期负债。　　　　　　( )

2. 行政单位"短期借款"科目核算的内容相当于企业的"短期借款"科目核算的内容。
　　　　　　　　　　　　　　　　　　　　　　　　　　　　　　( )

3. 行政单位计提单位职工薪酬时,按照计算出的金额,借记"经费支出"科目,贷记"应付职工薪酬"科目。　　　　　　　　　　　　　　　　　　　　　　( )

四、填空题

1. 行政单位的负债,应当按照承担的相关合同金额或_____进行计量。

2. 行政单位的负债是指行政单位所承担的能以货币计量,需要以_____偿付的债务。

3. 应付政府补贴款是指负责发放政府补贴的行政单位,按照有关规定应付给政府补贴接受者的_____。

五、名词解释

1. 应缴财政款　2. 应付政府补贴款　3. 受托代理负债

六、简答题

1. 简述行政单位流动负债的概念及包含的具体会计科目。

2. 简述行政单位应缴财政款的概念及其主要内容。

七、会计处理题

根据下列某行政单位的经济业务,编制会计分录。

1. 行政单位购入 A 材料一批,材料买价 1 000 元,增值税 170 元,运输费 30 元。通过单位零余额账户支付了 1 000 元,其余款项 1 个月以后支付,材料已验收入库。

2. 行政单位接受外单位委托,将一批价值 80 000 元的教学设备和现款 20 000 元转赠××村希望小学。

3. 购入专业检测设备一台,价款与运输费共计 58 000 元。根据合同规定,行政单位收到该设备时通过单位零余额账户支付设备款 30 000 元,余款两年后支付。

4. 两年后,通过单位零余额账户支付上述设备余款。

第十二章

行政单位收入和支出的核算

 学习目的与要求

通过本章学习,了解并掌握:
1. 行政单位收入的概念与分类;
2. 行政单位收入的确认条件与计量方法;
3. 行政单位收入类科目的设置与账务处理;
4. 行政单位支出的概念与分类;
5. 行政单位支出的确认条件与计量方法;
6. 行政单位支出类科目的设置与账务处理。

第一节 行政单位收入概述

一、收入的含义

《行政单位会计制度》规定,收入是指行政单位依法取得的非偿还性资金。

行政单位的收入具有以下特征:

(一)收入是行政单位为开展业务及其他活动而取得的

行政单位的主要职能是进行政府行政管理、组织经济建设和文化建设、维护社会公共秩序。行政单位为了实现其职能必须拥有一定的资金作保障。行政单位的业务活动是向社会提供公共产品或公共服务,行政单位的资金主要来源于财政拨款。此外,行政单位还从事一些其他活动,在财政拨款以外取得一些其他方面的收入。

（二）收入必须是行政单位依法取得

行政单位取得的各项收入，必须符合国家法律、法规和规章制度。行政单位的财政拨款收入应当符合《预算法》的规定，按照规定的程序申报、审批和领拨。行政单位的其他收入也必须符合相关法律法规和规章制度的要求。

（三）收入是行政单位的非偿还性资金

行政单位取得的各项收入不需要在未来偿还，可以按照规定用于所开展的业务活动。行政单位取得的罚没收入、行政事业性收费、政府性基金、国有资产处置收入等，因需要上缴财政部门，故不属于行政单位的收入。

二、收入的内容与分类

《行政单位会计制度》规定，行政单位的收入包括财政拨款收入和其他收入。

财政拨款收入，是指行政单位从同级财政部门取得的财政预算资金。它是行政单位按照预算级次从同级财政部门取得的，不包括行政单位从非同级财政部门取得的资金。

其他收入，是指行政单位依法取得的除财政拨款收入以外的各项收入。其他收入不是由同级财政部门拨付，而是行政单位开展其他各项活动取得的收入。

为了核算行政单位的收入，《行政单位会计制度》中设置了财政拨款收入和其他收入两个收入类科目。收入类科目参见表12-1所示。

表12-1 行政单位收入支出类会计科目

序号	科目编号	会计科目名称	序号	科目编号	会计科目名称
		一、收入类			二、支出类
1	4 001	财政拨款收入	1	5 001	经费支出
2	4 011	其他收入	2	5 101	拨出经费

三、收入的确认与计量

《行政单位会计制度》规定，行政单位的收入一般应当在收到款项时予以确认，并按照实际收到的金额进行计量。行政单位会计中的收入为"非偿还性资金"，强调在取得时予以确认。收入一般以收付实现制为主要确认基础，特定情况下采用权责发生制基础确认。

行政单位的收入一般按收付实现制确认。在收付实现制基础下，收入应当在收到款项时予以确认，并按照实际收到的金额进行计量。此时，经济利益或服务潜力已经流入行政单位，并且导致行政单位资产增加或者负债减少。

行政单位收入的特殊经济业务和事项可以采用权责发生制确认。在权责发生制基础下，收入应当在发生时予以确认，并按照实际发生的数额进行计量。此时，经济利益或服务潜力能够流入行政单位，并且能够导致行政单位资产增加或者负债减少。

第二节 行政单位收入的核算

一、财政拨款收入

（一）财政拨款收入的含义

《行政单位会计制度》规定,财政拨款收入是行政单位从同级财政部门取得的财政预算资金。

财政拨款收入是行政单位的一项重要的资金来源,占行政单位收入的绝大部分比重。

1. 财政拨款收入是纳入财政预算管理的资金

行政单位主要包括国家权力机关、行政机关、司法机关、检察机关以及实行预算管理的其他机关、政党组织等。它们依照国家赋予的职能,开展各项行政管理工作。行政单位的业务活动是提供公共产品或服务,不能通过市场配置获得补偿,因此,其资金绝大多数来源于财政拨款,包括公共财政预算拨款、政府性基金预算拨款等。

2. 财政拨款收入是行政单位从同级财政部门取得的

根据财政预算管理体系,行政单位的预算经费由同级财政部门根据预算安排拨付。一级预算单位向同级财政部门申报预算,直接从同级财政部门取得拨款。二级及其以下预算单位,向上一级预算单位申报预算,通过上一级预算单位从同级财政部门取得拨款。行政单位应当按照批准的年度部门预算和月度用款计划申请取得财政拨款,并按照部门预算的管理要求使用经费。实行国库集中收付制度的行政单位,财政拨款由国库单一账户统一拨付,主要方式是财政直接支付和财政授权支付。

（二）财政拨款收入的分类

为了加强管理和核算,行政单位要根据财政部门的要求,对财政拨款收入进行适当的分类。

1. 按财政拨款的种类分类

财政拨款收入是行政单位取得的财政预算资金,而财政预算资金按性质的不同分为公共财政预算资金、政府性基金预算资金、国有资本经营预算资金和社会保险基金预算资金,因此,行政单位的财政拨款收入存在不同的资金性质,需要按照财政拨款的种类进行明细核算。

按财政拨款的种类进行分类,财政拨款收入分为公共财政预算拨款和其他预算拨款。

(1) 公共财政预算拨款是行政单位从同级财政部门取得的公共财政预算资金拨款。

(2) 其他预算拨款是行政单位从同级财政部门取得的公共财政预算资金以外的拨款。主要包括政府性基金预算资金拨款、国有资本经营预算资金拨款和社会保险基金预算资金拨款。

行政单位的财政拨款收入主要是公共财政预算资金,有些单位也会取得政府性基金预算拨款、国有资本经营预算资金拨款和社会保险基金预算资金拨款。

2. 按部门预算的管理要求分类

按部门预算的管理要求进行分类,财政拨款收入分为基本支出拨款和项目支出拨款。

(1)基本支出拨款是行政单位用于维持正常运行和完成日常工作任务所需要的经费。基本支出拨款可进一步划分为人员经费和日常公用经费。人员经费是指用于行政单位人员方面开支的经费,日常公用经费是指用于行政单位日常公务活动开支的经费。基本支出拨款由财政部门根据相应的标准核定,实行财政定额拨款。

(2)项目支出拨款是行政单位在基本经费以外完成特定任务所需要的经费,包括专项业务费、专项会议费、专项修缮费、专项设备购置费等。对项目支出拨款要求按项目的不同分类管理、分项核算,保证专款专用。项目支出拨款由财政部门根据具体情况的不同分项核定,实行财政定项拨款。

3. 按政府收支分类科目的要求分类

按政府收支分类科目的要求,财政拨款收入需要进行功能分类。行政单位的财政拨款收入对于财政部门来说,是财政部门的预算支出,需要按政府预算支出分类管理的要求进行分类。我国目前已建立了一套完整规范的政府收支分类体系,包括收入分类、支出功能分类和支出经济分类。根据政府收支分类的要求,财政拨款收入需要按照财政预算支出的功能进行分类。支出功能分类侧重反映政府支出的职能,设置类、款、项三级预算科目,行政单位要按"项级"科目对财政拨款收入进行明细核算。

(三)科目设置

行政单位设置"财政拨款收入"科目,核算行政单位从同级财政部门取得的财政预算资金。本科目应当设置"基本支出拨款"和"项目支出拨款"两个明细科目,分别核算行政单位取得用于基本支出和项目支出的财政拨款资金;同时,按照《政府收支分类科目》中"支出功能分类科目"的项级科目进行明细核算;在"基本支出拨款"明细科目下按照"人员经费"和"日常公用经费"进行明细核算,在"项目支出拨款"明细科目下按照具体项目进行明细核算。年终结账后,本科目应无余额。

表 12-2 财政拨款收入明细科目设置表

一级科目(总账科目)	二级科目(明细科目)	三级科目(明细科目)	四级科目(明细科目)
财政拨款收入	基本支出拨款	人员经费	功能分类的项级科目
		日常公用经费	
	项目支出拨款	具体项目	
		……	

如果有公共财政预算拨款、政府性基金预算拨款等两种或两种以上财政拨款的行政单位,还应当按照财政拨款的种类在"财政拨款收入"下分别进行明细核算,然后再按表 12-2 中的二级明细、三级明细、四级明细等进行明细核算。

(四)账务处理

财政拨款收入一般应当在发生财政直接支付或收到财政授权支付额度,或者实际收到款项时确认,按实际支付或者收到的数额计量。

1. 财政直接支付方式

(1) 以财政直接支付方式支付费用。

财政直接支付方式下,财政部门为行政单位支付相关费用,主要包括工资福利支出、补助补贴支出、各种服务支出等。行政单位根据收到的"财政直接支付入账通知书"及相关原始凭证确认财政拨款收入,同时确认所形成的经费支出,借记"经费支出"科目,贷记"财政拨款收入"科目。

(2) 收回本年度财政直接支付的资金。

如果收回本年度财政直接支付的资金,行政单位应当冲销已经确认的财政拨款收入,借记"财政拨款收入"科目,贷记"经费支出"等科目。

(3) 以财政直接支付方式购买资产。

行政单位以财政直接支付方式购买存货、固定资产、无形资产、政府储备物资,以及支付工程结算款项等,需要采用双分录方式核算,不但要确认所形成的经费支出和财政拨款收入,还要同时确认所形成的资产及所对应的资产基金。

(4) 财政直接支付额度的年终注销。

年末,行政单位根据本年度财政直接支付预算指标数与财政直接支付实际支出数的差额,借记"财政应返还额度——财政直接支付"科目,贷记"财政拨款收入"科目。

2. 财政授权支付方式

(1) 财政授权支付额度的下达。

财政授权支付方式下,行政单位根据收到的"财政授权支付额度到账通知书",即可确认财政拨款收入,同时确认已经到账的零余额账户用款额度。因此,借记"零余额账户用款额度"等科目,贷记"财政拨款收入"科目。

(2) 财政授权支付额度的年终注销。

年末,如行政单位本年度财政授权支付预算指标数大于财政授权支付额度下达数,根据两者间的差额,借记"财政应返还额度——财政授权支付"科目,贷记"财政拨款收入"科目。

3. 其他方式

在国库集中收付制度下,财政支付方式是财政直接支付和财政授权支付。除此之外,还可能存在其他支付方式,主要是财政实拨资金方式。财政实拨资金方式主要适用于未实行国库集中收付制度的行政单位以及一些特殊事项的财政资金拨付。

在财政实拨资金方式下,行政单位在商业银行开设的是实存资金账户,收到的是货币资金。行政单位实际收到财政拨款收入时,借记"银行存款"等科目,贷记"财政拨款收入"科目。

4. 年末

将"财政拨款收入"科目本年发生额转入财政拨款结转时,借记"财政拨款收入"科目,贷记"财政拨款结转"科目。年终结账后,本科目应无余额。

【例12-1】 某行政单位收到国库支付执行机构委托代理银行转来的"财政直接支付入账通知书"及原始凭证,行政单位的一项培训费用28 000元已经支付,资金性质为公共财政预算资金。

借：经费支出 28 000
　　贷：财政拨款收入 28 000

【例12-2】 某行政单位收到"财政直接支付收回通知书",财政部门以直接支付方式为行政单位支付的一项培训费用,因培训内容等的变化,培训费用由原来的28 000元减少到20 000元,差额8 000元已退回。

借：财政拨款收入 8 000
　　贷：经费支出 8 000

【例12-3】 某行政单位购买办公用品一批,总价17 000元,款项已通过财政零余额账户直接支付,货物已验收入库。

借：经费支出 17 000
　　贷：财政拨款收入 17 000
借：存货 17 000
　　贷：资产基金——存货 17 000

【例12-4】 某行政单位收到代理银行转来的"财政授权支付到账通知书",本月财政授权支付额度为120 000元,已经下达到本单位的单位零余额账户,其中基本支出额度90 000元,项目支出额度30 000元。

借：零余额账户用款额度 120 000
　　贷：财政拨款收入——基本支出拨款 90 000
　　　　　　　　　　　——项目支出拨款 30 000

【例12-5】 某行政单位未实行国库集中支付制度,收到开户银行转来的"财政资金到账通知书",财政部门拨入的项目经费80 000元已经到账。

借：银行存款 80 000
　　贷：财政拨款收入 80 000

【例12-6】 年末,某行政单位本年度财政直接支付预算指标数为10 000 000元,实际直接支付数为9 980 000元;本年度财政授权支付预算指标数为1 000 000元,已下达到单位零余额账户950 000元,本年度财政授权支付实际支付数为940 000元,注销全部尚未使用额度(均为基本支出拨款)。

借：财政应返还额度——财政直接支付 20 000
　　　　　　　　　　——财政授权支付 60 000
　　贷：财政拨款收入 70 000
　　　　零余额账户用款额度 10 000

【例12-7】 某行政单位年末转账,本年度"财政拨款收入——基本支出拨款"科目的贷方累计发生额为11 000 000元。

借：财政拨款收入 11 000 000
　　贷：财政拨款结转 11 000 000

二、其他收入

(一) 其他收入的含义

《行政单位会计制度》规定,其他收入是指行政单位依法取得的除财政拨款收入以外的各项收入。因此,其他收入是一个排他性的概念,如果行政单位取得的一项收入不是从同级财政部门取得的财政预算资金,即可确认为其他收入。

其他收入的取得,应当符合国家法律法规或规章制度,即取得其他收入应有法律依据。其他收入是行政单位收入的组成部分,应当将其全面、完整地纳入单位预算,不准发生私设账外账、小金库等违反财经纪律的行为。行政单位的其他收入如果按照规定应当缴纳税金的,必须按照税法规定缴纳相关税金。

(二) 其他收入的分类

行政单位根据来源渠道和资金性质的不同,可以将其他收入分为若干种类。行政单位应加强对其他收入的分类管理与核算。

1. 按收入来源分类

按收入来源进行分类,其他收入可以分为非同级财政部门补助收入、主管部门或上级单位补助收入、服务收入等。

(1) 非同级财政部门补助收入,是指非同级财政部门给予行政单位的补助款项。

(2) 主管部门或上级单位补助收入,是指行政单位的主管部门、上级单位给予行政单位的补助款项。主管部门或上级单位可以利用其自身的收入或集中的收入,对其所属行政单位给予补助。

(3) 服务收入,是行政单位所属非独立核算的后勤部门对外提供服务所取得的收入。有些行政单位设有后勤服务部门,如机关食堂、打字复印、生活服务设施等,在实行对外有偿服务的过程中,会取得一定的服务收费。

(4) 除以上几项以外,行政单位还存在一些其他来源的收入,主要包括银行存款利息、无法查明原因的现金溢余、因故无法偿付或债权人豁免偿还的其他应付款项、变买废旧报刊等收入。

2. 按资金的限定性分类

按资金的限定性进行分类,其他收入可以分为项目资金收入和非项目资金收入。

(1) 项目资金收入,是行政单位收到的用于完成特定任务的款项。项目资金收入属于限定性资金,包括行政单位从非同级财政部门、主管部门或上级单位取得的专项资金收入。项目资金收入要专款专用、单独核算,并按照规定向拨款单位报送专项资金使用情况,接受监督、检查、验收,项目结余资金应当按拨款单位的要求处理。

(2) 非项目资金收入,是行政单位收到的用于维持正常运行和完成日常工作任务的款项。非项目资金收入属于非限定性资金,主要包括从非同级财政部门、上级主管部门取得的非专项资金收入,以及服务收入、银行存款利息、无法查明原因的现金溢余、因故无法偿付或债权人豁免偿还的其他应付款项、变买废旧报刊等。

（三）科目设置

行政单位设置"其他收入"科目，核算行政单位取得的除财政拨款收入以外的其他各项收入，如从非同级财政部门、上级主管部门等取得的用于完成项目或专项任务的资金、库存现金溢余等。行政单位从非同级财政部门、上级主管部门等取得指定转给其他单位，且未纳入本单位预算管理的资金，不通过本科目核算，应当通过"其他应付款"科目核算。本科目应当按照其他收入的类别、来源单位、项目资金和非项目资金进行明细核算。对于项目资金收入，还应当按照具体项目进行明细核算。年终结账后，本科目应无余额。

（四）账务处理

其他收入在实际收到时确认，按收到的数额计量。

1. 收到属于其他收入的各种款项时，按照实际收到的金额，借记"银行存款"、"库存现金"等科目，贷记"其他收入"科目。

2. 年末，将本科目本年发生额转入其他资金结转结余时，借记"其他收入"科目，贷记"其他资金结转结余"科目。年终结账后，本科目应无余额。

【例12-8】 某行政单位为市财政部门所属预算单位，现收到省财政部门拨来的补助款项 90 000 元，用于完成特定任务 M 项目。款项已经到账，存入银行。

借：银行存款　　　　　　　　　　　　　　90 000
　　贷：其他收入　　　　　　　　　　　　　　90 000

【例12-9】 某行政单位收到主管部门拨来的补助款项 50 000 元，用于维持正常运行。款项已经到账，存入银行。

借：银行存款　　　　　　　　　　　　　　50 000
　　贷：其他收入　　　　　　　　　　　　　　50 000

【例12-10】 某行政单位的一项其他应付款 5 000 元，逾期 3 年，因债权人原因无法支付，报经批准后进行核销。

借：其他应付款　　　　　　　　　　　　　5 000
　　贷：其他收入　　　　　　　　　　　　　　5 000

第三节　行政单位支出概述

一、支出的含义

《行政单位会计制度》规定，支出是指行政单位为保障机构正常运转和完成工作任务所发生的资金耗费和损失。

行政单位的支出具有以下特征。

（一）支出是行政单位为保障机构正常运转和完成工作任务所发生的

保障机构正常运转支出是行政单位为履行其职能，保证机构运行、完成日常工作而发生的基本支出,包括日常人员支出和日常公用支出。完成工作任务支出是行政单位在基本支出之外为完成特定的工作任务而发生的项目支出。

(二) 支出是行政单位的资金耗费和损失

资金耗费是行政单位在履行其职能的过程中正常耗费的各种财产,如支付货币资金等。资金损失是行政单位因故造成的财产毁损与灭失等,如核销无法收回的其他应收款等。

二、支出的内容与分类

《行政单位会计制度》规定,行政单位的支出包括经费支出和拨出经费。

经费支出,是指行政单位自身开展业务活动使用各项资金发生的基本支出和项目支出。

拨出经费,是指行政单位纳入单位预算管理、拨付给所属单位的非同级财政拨款资金。拨出经费并非行政单位自身开展业务活动发生的支出,而是拨付给所属独立核算单位的资金。由于同级财政拨款直接拨付到所属单位,所以拨出经费只包括转拨非同级财政的拨款资金。

为了核算行政单位的支出,《行政单位会计制度》中设置了经费支出和拨出经费两个支出类科目。支出类科目参见表12-1所示。

三、支出的确认与计量

《行政单位会计制度》规定,行政单位的支出一般应当在支付款项时予以确认,并按照实际支付金额进行计量。行政单位的支出可以表现为经济利益的流出或者服务潜力的流出,导致本期净资产的减少。支出一般以收付实现制为主要确认基础,特定情况下采用权责发生制基础确认。

行政单位的支出一般按收付实现制确认。在收付实现制基础下,行政单位的支出应当在其实际支付时予以确认,并按照实际支付金额进行计量。此时,经济利益或者服务潜力已经流出行政单位,并且导致资产减少或者负债增加。如行政单位通过财政直接支付方式支付业务培训费等,要求在财政部门已经完成支付时确认经费支出。按收付实现制基础确认支出,可以准确地反映行政单位的预算执行情况。

行政单位的特定经济业务和事项可以采用权责发生制基础确认。在权责发生制下,行政单位的支出应当在其发生时予以确认,并按照实际发生额进行计量。此时,经济利益或者服务潜力流出行政单位,并且导致资产减少或者负债增加。如应付在职人员的薪酬,应当在规定支付职工薪酬的时间确认形成的经费支出。

第四节　行政单位支出的核算

一、经费支出

（一）经费支出的含义

《行政单位会计制度》规定,经费支出是指行政单位自身开展业务活动使用各项资金发生的基本支出和项目支出。

理解经费支出的含义时,应注意以下两点：

1. **经费支出是行政单位自身开展业务活动发生的支出**

行政单位的业务活动包括自身开展的业务活动和所属单位开展的业务活动。行政单位自身业务活动发生的支出属于经费支出,其拨付给所属单位的非同级财政拨款资金不属于经费支出。

2. **经费支出是行政单位各项资金发生的支出**

行政单位的资金包括财政拨款资金和其他资金。行政单位使用财政拨款资金和其他资金发生的支出都属于经费支出,行政单位的经费支出包括基本支出和项目支出。

（二）经费支出的分类

为加强经费支出的管理与核算,根据财政部门的要求,行政单位需要对经费支出进行适当的分类。

1. **按资金性质进行分类**

按资金性质进行分类,可以分为财政拨款支出和其他资金支出。

（1）财政拨款支出。财政拨款支出是行政单位用财政拨款资金安排的经费支出。财政拨款是行政单位从同级财政部门取得的款项,是财政部门根据预算安排,拨入行政单位的纳入预算管理的资金。行政单位取得的财政拨款主要是公共财政预算资金,有些行政单位可能还有政府性基金预算资金、国有资本经营预算资金、社会保险基金预算资金等其他类型的财政拨款资金。因此,财政拨款支出可以进一步分为公共财政预算拨款支出、政府性基金预算拨款支出、国有资本经营预算拨款支出、社会保险基金预算拨款支出等。

（2）其他资金支出。其他资金支出是行政单位使用除财政拨款收入以外的资金安排的经费支出,主要是行政单位用其他收入安排的经费支出。行政单位的其他资金支出不是同级财政部门的预算资金,但应当纳入单位的预算管理。

2. **按部门预算管理的要求分类**

按部门预算管理的要求分类,可以分为基本支出和项目支出。

（1）基本支出。基本支出是指行政单位为保障机构正常运转和完成日常工作任务发生的支出,包括人员经费支出和日常公用经费支出。

人员经费支出是指用于行政单位人员方面的经费支出,主要是《政府收支分类科目》①中的"301 工资福利支出"和"303 对个人和家庭的补助"类别的具体款项。日常公用经费支出是指用于行政单位日常公务活动的经费支出,主要是《政府收支分类科目》中的"302 商品和服务支出"、"309 基本建设支出"和"310 其他资本性支出"等类别的具体款项(参见表12-3)。

(2)项目支出。项目支出是指行政单位为完成特定的工作任务,在基本支出之外发生的支出。项目支出因各行政单位的情况不同而有所不同,主要包括专项业务费支出、专项会议费支出、专项修缮费支出、专项设备购置费支出等。

3. 按政府收支分类科目要求分类

按政府收支分类科目要求,经费支出需要进行功能分类和经济分类。

(1)经费支出的功能分类。按政府收支分类的要求,经费支出需要按财政预算支出的功能进行分类。支出功能分类主要反映政府的职能,设置类、款、项三级预算科目,经费支出需要按照其中的"项级"科目设置明细科目,进行明细核算。经费支出与财政拨款收入采用一样的功能分类方式,以便相互核对,向同级财政部门报告。

(2)经费支出的经济分类。按照《政府收支分类科目》的规定,经费支出不但需要进行功能分类,还需要进行经济分类。支出的经济分类主要反映政府支出的经济性质和具体用途。经济分类设类、款两级预算科目,经费支出需要按照其中的"款级"科目进行明细核算。《2016 年政府收支分类科目》中的支出经济分类科目参见表12-3 所示。

表12-3　支出经济分类科目

编号	类	款	说明
301	工资福利支出	基本工资、津贴补贴、奖金、社会保障缴费、伙食费、伙食补助费、绩效工资、其他工资福利支出。	反映的开支是在职职工和编制外长期聘用人员的各类劳动报酬,以及为上述人员缴纳的各项社会保险费等。
302	商品和服务支出	办公费、印刷费、咨询费、手续费、水费、电费、邮电费、取暖费、物业管理费、差旅费、因公出国(境)费用、维修(护)费、租赁费、会议费、培训费、公务接待费、专用材料费、装备购置费、工程建设费、作战费、军用油料费、军队其他运行维护费、被装购置费、专用油料费、劳务费、委托业务费、工会经费、福利费、公务用车运行维护费、其他交通费、税金及附加费用、其他商品和服务支出。	反映单位购买商品和服务的支出(不包括用于购置固定资产的支出、战略性和应急储备支出,但军事方面的耐用消费品和设备的购置费、军事性建设费以及军事建筑物的购置费等在本科目中反映)。
303	对个人和家庭的补助	离休费、退休费、退职(役)费、抚恤金、生活补助、救济费、医疗费、助学金、奖励金、生产补贴、住房公积金、提租补贴、购房补贴、其他对个人和家庭的补助支出。	反映政府用于对个人和家庭的补助支出。

---

① 中华人民共和国财政部,《2014 年政府收支分类科目》,中国财政经济出版社,2013 年7 月。

续表

编号	类	款	说明
304	对企事业单位的补贴	企业政策性补贴、事业单位补贴、财政贴息、国有资本经营预算费用性支出、其他对企事业单位的补贴支出。	反映政府对各类企业、事业单位及民间非营利组织的补贴。
305	转移性支出	不同级政府间转移性支出、同级政府间转移性支出。	反映政府的转移性支出。
306	赠与	对国内的赠与、对国外的赠与。	反映对国内、外政府、组织等提供的援助、捐赠以及交纳国家组织会费等方面的支出。
307	债务利息支出	国内债务付息、向国家银行借款付息、其他国内借款付息、向外国政府借款付息、向国际组织借款付息、其他国外借款付息。	反映政府和单位的债务利息支出。
308	债务还本支出	国内债务归本、国外债务归本。	反映政府和单位归还各类借款本金方面的支出。
309	基本建设支出	房屋建筑物购建、办公设备购置、专用设备购置、基础设施建设、大型修缮、信息网络及软件购置更新、物资储备、公务用车购置、其他交通工具购置、其他基本建设支出。	反映各级发展与改革部门集中安排的公共财政预算(不包括政府性基金以及各类拼盘自筹资金等)用于购置固定资产、战略性和应急性储备、土地和无形资产,以及购建基础设施、大型修缮所发生的支出。
310	其他资本性支出	房屋建筑物购建、办公设备购置、专用设备购置、基础设施建设、大型修缮、信息网络及软件购置更新、物资储备、土地补偿、安置补偿、土地上附着物和青苗补偿、拆迁补偿、公务用车购置、其他交通工具购置、其他资本性支出。	反映非各级发展与改革部门集中安排的用于购置固定资产、战略性和应急性储备、土地和无形资产,以及购建基础设施、大型修缮和财政支持企业更新改造所发生的支出。
311	贷款转贷及产权参股	国内贷款、国外贷款、国内转贷、国外转贷、产权参股、国有资本经营预算资本性支出、其他贷款转贷及产权参股支出。	反映政府部门发放的贷款和向企业参股投资方面的支出。
399	其他支出	预备费、预留、补充全国社会保障基金、未划分的项目支出、国有资本经营预算其他支出、其他支出。	财政部门或有预算分配权的部门专用科目。反映不能划分上述经济科目的其他支出。

(三) 科目设置

行政单位设置"经费支出"科目,核算行政单位在开展业务活动中发生的各项支出。本科目应当分别按照"财政拨款支出"和"其他资金支出"、"基本支出"和"项目支出"等分类进行明细核算;并按照《政府收支分类科目》中"支出功能分类科目"的项级科目进行明细核算;"基本支出"和"项目支出"明细科目下应当按照《政府收支分类科目》中"支出经济分类科目"的款级科目进行明细核算。同时在"项目支出"明细科目下按照具体项目进行明细核算。年终结账后,本科目应无余额。

表12-4　经费支出明细科目设置表

一级科目 (总账科目)	二级科目 (明细科目)	三级科目 (明细科目)	四级科目 (明细科目)	五级科目 (明细科目)	六级科目 (明细科目)
经费支出	财政拨款支出	基本支出	经济分类款级科目		功能分类的项级科目
		项目支出	具体项目	经济分类款级科目	
	其他资金支出	基本支出	经济分类款级科目		
		项目支出	具体项目	经济分类款级科目	

如果有公共财政预算拨款、政府性基金预算拨款等两种或两种以上财政拨款的行政单位,还应当按照财政拨款的种类分别进行明细核算。在"财政拨款支出"明细科目下,按照财政拨款的种类,设置"公共财政预算拨款"、"政府性基金预算拨款"、"国有资本经营预算"、"社会保险基金预算"等明细科目,分别核算行政单位发生的不同性质的财政拨款资金;在设置上述明细科目的基础上,再按表12-4的要求依次设置其他各级明细科目。

（四）账务处理

经费支出一般在其实际支付时予以确认,并按照实际支付的金额计量。有些支出事项可以在其发生时予以确认,并按照实际发生的金额进行计量。

1. 人员经费支出

人员经费支出是行政单位用于人员方面的支出,包括在职职工薪酬和外部人员的劳务费用等。

（1）在职职工薪酬,包括行政单位应按照有关规定支付本单位职工的基本工资、奖金、国家统一规定的津贴补贴等,以及为本单位职工支付的社会保险费、住房公积金等。

计提单位职工薪酬时,按照计算出的金额,在按规定应支付职工薪酬时予以确认。借记"经费支出"科目,贷记"应付职工薪酬"科目。

（2）外部人员劳务费,是行政单位按照劳务合同支付给非本单位职工的劳动报酬,如临时聘用人员劳务费等。在实际支付时予以确认。支付外部人员劳务费,按照应当支付的金额,借记"经费支出"科目,按照代扣代缴个人所得税的金额,贷记"应缴税费"科目,按照扣税后实际支付的金额,贷记"财政拨款收入"、"零余额账户用款额度"、"银行存款"等科目。

2. 日常费用支出

日常费用支出是行政单位日常发生的各项费用支出,包括办公费、印刷费、咨询费、手续费、水费、电费、邮电费、取暖费、物业管理费、差旅费、因公出国（境）费用、维修（护）费、租赁费、会议费、培训费、公务接待费、公务用车运行维护费等。日常费用支出不形成资产项目,在发生时按照实际支付的金额确认。借记"经费支出"科目,贷记"财政拨款收入"、"零余额账户用款额度"、"银行存款"等科目。

3. 购买资产支出

为满足预算管理和财务管理的要求,行政单位购买存货、固定资产、无形资产、政府储备物资和工程结算的款项,应采用"双分录"方式核算,同时确认发生的经费支出和形成的资产。支付购买存货、固定资产、无形资产、政府储备物资和工程结算的款项,按照实际支付的金额,借记"经费支出"科目,贷记"财政拨款收入"、"零余额账户用款额度"、"银行存款"等科目;同时,按照采购或工程结算成本,借记"存货"、"固定资产"、"无形资产"、"在建工程"、"政府储备物资"等科目,贷记"资产基金"及其明细科目。

行政单位因退货等原因发生支出收回的,属于当年支出收回的,借记"财政拨款收入"、"零余额账户用款额度"、"银行存款"等科目,贷记"经费支出"科目;属于以前年度支出收回的,借记"财政应返还额度"、"零余额账户用款额度"、"银行存款"等科目,贷记"财政拨款结转"、"财政拨款结余"、"其他资金结转结余"等科目。

4. 预付款项支出

行政单位按照购货、服务合同规定预付给供应单位(或个人)的款项,应当在已经支付款项且尚未收到物资或服务时确认经费支出。按照实际预付的金额,借记本科目,贷记"财政拨款收入"、"零余额账户用款额度"、"银行存款"等科目;同时,借记"预付账款"科目,贷记"资产基金——预付款项"科目。

5. 偿还应付款项支出

行政单位因购买物资或服务、工程建设等而发生的应付账款和长期应付款,应当在偿付款项时确认经费支出。按照实际偿付的金额,借记"经费支出"科目,贷记"财政拨款收入"、"零余额账户用款额度"、"银行存款"等科目;同时,借记"应付账款"、"长期应付款"科目,贷记"待偿债净资产"科目。

6. 年末结转

年末,将本科目本年发生额分别转入财政拨款结转和其他资金结转结余时,借记"财政拨款结转"、"其他资金结转结余"科目,贷记"经费支出"科目。年终结账后,本科目应无余额。

【例 12-11】 某行政单位计算出本月应付在职人员薪酬总额 500 000 元。

借:经费支出　　　　　　　　　　　　　　500 000
　　贷:应付职工薪酬　　　　　　　　　　　　500 000

【例 12-12】 某行政单位为临时聘用人员支付本月劳务费用。经计算,应付临时聘用人员的劳务费用总额为 37 000 元,代扣代缴个人所得税为 4 440 元。行政单位已经用非财政拨款资金通过开户银行将实付款项 32 560 元转入临时聘用人员的工资卡中。

借:经费支出　　　　　　　　　　　　　　37 000
　　贷:银行存款　　　　　　　　　　　　　　32 560
　　　　应缴税费——应缴个人所得税　　　　　4 440

【例 12-13】 某行政单位通过财政直接支付方式用财政拨款资金支付了一笔为新招聘人员业务培训发生的培训费 32 000 元。

借:经费支出　　　　　　　　　　　　　　32 000
　　贷:财政拨款收入　　　　　　　　　　　　32 000

【例 12-14】 某行政单位通过财政授权支付方式用财政资金支付了一笔专项会议费 7 000 元。

借:经费支出　　　　　　　　　　　　　　7 000
　　贷:零余额账户用款额度　　　　　　　　　7 000

【例12-15】 某行政单位通过财政直接支付方式用财政资金购入甲材料一批,总价28 000元,已验收入库。

借:经费支出　　　　　　　　　　　　　　28 000
　　贷:财政拨款收入　　　　　　　　　　　　28 000
借:存货——甲材料　　　　　　　　　　　28 000
　　贷:资产基金——存货　　　　　　　　　　28 000

【例12-16】 某行政单位根据合同规定,通过财政授权支付方式用财政资金支付了一笔预订某会议中心(下月召开工作会议)的预付款项30 000元。

借:经费支出　　　　　　　　　　　　　　30 000
　　贷:零余额账户用款额度　　　　　　　　　30 000
借:预付账款　　　　　　　　　　　　　　30 000
　　贷:资产基金——预付账款　　　　　　　　30 000

【例12-17】 某行政单位通过财政直接支付方式用财政资金支付了3个月之前欠某供应商的设备采购款52 000元。

借:经费支出　　　　　　　　　　　　　　52 000
　　贷:财政拨款收入　　　　　　　　　　　　52 000
借:应付账款　　　　　　　　　　　　　　52 000
　　贷:待偿债净资产　　　　　　　　　　　　52 000

【例12-18】 年终转账,某行政单位年末转账前经费支出账户余额8 150 000元(其中"财政拨款支出"8 000 000元,其余为"其他资金支出")。

借:财政拨款结转　　　　　　　　　　　　8 000 000
　　其他资金结转结余　　　　　　　　　　　 150 000
　　贷:经费支出——财政拨款支出　　　　　　 8 000 000
　　　　　　　　——其他资金支出　　　　　　 150 000

二、拨出经费

(一)拨出经费的含义

行政单位除了自身开展业务活动发生经费支出,还会向所属单位拨付款项。《行政单位会计制度》规定,拨出经费是指行政单位纳入单位预算管理、拨付给所属单位的非同级财政拨款资金。

1. 拨出经费是拨付给所属单位的款项

拨出经费不是行政单位自身开展业务活动发生的支出,而是由行政单位拨付给独立核算的附属单位的资金。附属单位是指行政单位所属的实行独立核算的下级单位,行政单位作为上级单位可以对所属单位布置工作任务,给予其必要的资金支持,因此,需要向所属单位拨出经费。

2. 拨出经费是拨付给所属单位的非同级财政拨款资金

拨出经费不是行政单位向所属单位转拨的同级财政拨款资金。实行国库集中支付制度后,财政预算资金一般由国库支付执行机构直接支付到所属预算单位,上级预算单位不再承担转拨任务。行政单位作为上级单位,可以使用自有资金或集中的资金,对下属单位进行各项补助,支持所属单位的发展。

3. 拨出经费是拨付给所属单位的纳入单位预算管理的资金

拨出经费是纳入单位预算管理的资金,应由行政单位统一管理,进行统筹安排。行政单位从非同级财政部门、上级主管部门等取得的指定转给其他单位,且未纳入本单位预算管理的资金,不通过"拨出经费"科目核算。

(二)拨出经费的分类

1. 按经费的来源分类

按经费的来源进行分类,可以分为非同级财政部门拨款、上级主管部门拨款和单位自身拨款。

(1)非同级财政部门拨款,是行政单位将从非同级财政部门取得的拨款收入转拨给所属单位使用,但非同级财政部门指定转给所属单位的除外。

(2)上级主管部门拨款,是行政单位将从上级主管部门取得的拨款收入转拨给所属单位使用,但上级主管部门指定转给所属单位的除外。

(3)单位自身拨款,是行政单位将单位自身或集中的收入转拨给所属单位使用。

2. 按资金的限定性分类

按资金的限定性进行分类,可以分为拨出项目经费和拨出非项目经费。

(1)拨出项目经费,是行政单位拨付给所属单位用于完成特定任务的款项。项目经费属于专项经费,所属单位应当专款专用、单独核算,并按照规定报送专项经费使用情况,接受检查、验收,项目结余资金应当按相关部门的要求处理。

(2)拨出非项目经费,是行政单位拨付给所属单位用于维持正常运行和完成日常工作任务的款项。非项目经费属于补助经费,所属单位可以用其弥补日常活动的开支。

(三)科目设置

行政单位设置"拨出经费"科目,核算行政单位向所属单位拨出的纳入单位预算管理的非同级财政拨款资金,如拨给所属单位的专项经费和补助经费等。本科目应当分别按照"基本支出"和"项目支出"进行明细核算;还应当按照接受拨出经费的具体单位和款项类别等分别进行明细核算。年终结账后,本科目应无余额。

行政单位向所属单位拨付的未纳入单位预算管理的资金,不通过"拨出经费"科目核算。例如,行政单位从非同级财政部门、上级主管部门等取得的指定转给所属单位的未纳入本单位预算管理的资金,应当通过"其他应付款"科目核算。

(四)账务处理

拨出经费在实际拨付时确认,按实际拨付的数额计量。

1. 向所属单位拨款

向所属单位拨付非同级财政拨款资金等款项时,借记"拨出经费"科目,贷记"银行存款"等科目。

2. 收回拨付款项

收回拨出经费时,借记"银行存款"等科目,贷记"拨出经费"科目。

3. 年末结转

年末,将本科目本年发生额转入其他资金结转结余时,借记"其他资金结转结余"科目,贷记"拨出经费"科目。年终结账后,本科目应无余额。

【例12-19】 某行政单位开出银行转账凭证,向所属甲单位拨付上级主管部门拨款资金80 000元,对其业务活动进行补助。

  借：拨出经费   80 000
    贷：银行存款   80 000

【例12-20】 某行政单位开出银行转账凭证,向所属乙单位拨付非同级财政部门拨款资金120 000元,此款为专项经费,用于购置专用设备。

  借：拨出经费   120 000
    贷：银行存款   120 000

【例12-21】 接上例,所属乙单位完成了专用设备的购置工作,实际支出105 000元,余款15 000元由行政单位收回,款项已存入银行。

  借：银行存款   15 000
    贷：拨出经费   15 000

【例12-22】 年终转账,某行政单位"拨出经费"科目借方余额200 000元。

  借：其他资金结转结余   200 000
    贷：拨出经费   200 000

【练习题】

一、单项选择题

1. 行政单位的其他收入是指行政单位依法取得的除财政拨款收入以外的(　　)。
 A. 各项收入　　　B. 经费收入　　　C. 经营收入　　　D. 事业收入
2. 行政单位随买随用的办公用品可直接作为(　　)
 A. 库存材料　　　B. 原材料　　　C. 经费支出　　　D. 经营支出
3. 行政单位因退货等原因发生支出收回的,属于当年支出收回的,借记"财政拨款收入"、"零余额账户用款额度"、"银行存款"等科目,贷记(　　)。
 A. "经费支出"科目　　　　　　　B. "其他支出"科目
 C. "事业支出"科目　　　　　　　D. "经营支出"科目
4. 工资福利支出明细科目反映行政事业单位开支的在职职工和编制外长期聘用人员的各类劳动报酬以及为上述人员缴纳的各项(　　)。
 A. 基本工资　　　B. 绩效工资　　　C. 社会保险费　　　D. 伙食补助费
5. "拨出经费"科目核算行政单位向所属单位拨出的纳入单位预算管理的(　　)。
 A. 预算资金　　　　　　　　　　B. 财政资金
 C. 同级财政拨款资金　　　　　　D. 非同级财政拨款资金
6. 核算行政单位向所属单位拨出的非同级财政拨款资金的会计科目是(　　)。
 A. 经费支出　　　　　　　　　　B. 对附属单位补助支出

C. 拨出经费 D. 事业支出

7. 行政单位对无法查明原因的现金短缺,应计入( )。
   A. "待处置资产损溢"科目 B. "经费支出"科目
   C. "待处理财产损溢"科目 D. "其他支出"科目

8. 下列不属于行政单位收入的是( )。
   A. 从同级财政部门取得财政预算资金
   B. 从非同级财政部门取得的补助收入
   C. 行政事业性收费收入
   D. 行政单位无法查明原因的现金溢余

9. 财政拨款收入是行政单位从( )取得的财政预算资金。
   A. 主管部门 B. 上级单位
   C. 同级财政部门 D. 非同级财政部门

10. 按照财政拨款的种类进行分类,行政单位的财政拨款收入可以分为( )。
    A. 公共财政预算拨款和其他预算拨款
    B. 基本支出拨款和项目支出拨款
    C. 同级财政预算拨款和其他预算拨款
    D. 人员支出拨款和日常公用经费拨款

11. 下列不属于行政单位其他收入的是( )。
    A. 非同级财政部门补助收入 B. 主管部门或上级单位补助收入
    C. 服务收入 D. 无法查明原因的现金短缺

12. 行政单位自身开展业务活动使用各项资金发生的基本支出和项目支出是( )。
    A. 拨出经费 B. 行政支出 C. 经费支出 D. 事业支出

13. 下列不属于行政单位经费支出的是( )。
    A. 按规定支付给本单位职工的基本工资
    B. 外部人员的劳务费
    C. 日常办公发生的水电费
    D. 出售固定资产时缴纳的相关税费

14. 按照经费的来源分类,行政单位的拨出经费可以分为非同级财政部门拨款、上级主管部门拨款和( )。
    A. 单位自身拨款 B. 附属单位拨款
    C. 同级财政部门拨款 D. 国库拨款

二、多项选择题

1. 下列属于行政单位收入类科目的是( )。
   A. 财政补助收入 B. 事业收入
   C. 其他收入 D. 财政拨款收入

2. 下列属于行政单位支出类科目的是( )。
   A. 上缴上级支出 B. 经费支出 C. 拨出经费 D. 其他支出

3. 关于行政单位的收入,下列说法正确的是(　　)。
A. 收入是行政单位的非偿还性资金
B. 行政单位的收入都是以收付实现制为确认基础
C. 从同级、非同级财政部门取得的拨款或补助都属于行政单位的收入范畴
D. 行政单位的收入包括财政补助收入和其他收入两项

4. 关于行政单位的支出,下列说法正确的是(　　)。
A. 支出是行政单位货币资金的耗费和损失
B. 行政单位的支出包括经费支出、拨出经费和其他支出
C. 行政单位在银行办理业务时支付的相关手续费应在"其他支出"科目中核算
D. 行政单位购买存货时,应按照实际支付的金额,借记"经费支出"科目

三、判断题

1. 行政单位随买随用的零星办公用品,可以在购进时直接列作支出,不通过存货科目核算。(　　)
2. 行政单位取得的各项收入不需要在未来偿还,可以按照规定安排用于所开展的业务活动。(　　)
3. 财政拨款收入是指行政单位从财政部门取得的财政预算资金。(　　)
4. 行政单位的收入包括财政拨款收入和其他收入。(　　)
5. 行政单位的支出包括拨出经费和其他支出。(　　)
6. 按照收入来源分类,行政单位的其他收入可以分为非同级财政部门补助收入、主管部门或上级单位补助收入、服务收入等。(　　)
7. 行政单位的支出一般应当在支付款项时予以确认,并按照实际支付金额进行计量。(　　)
8. 行政单位的拨出经费是指行政单位自身开展业务活动使用各项资金发生的基本支出和项目支出。(　　)
9. 人员经费支出是行政单位用于人员方面的支出,包括在职职工薪酬和外部人员的劳务费用等。(　　)
10. 按经费的来源分类,行政单位的拨出经费可以分为非同级财政部门拨款、上级主管部门拨款、单位自身拨款和下属单位上缴款项。(　　)
11. 现行行政单位会计制度既要求提取修购基金,又要求计提折旧。(　　)

四、填空题

1. 财政拨款收入是指行政单位从_____财政部门取得的财政预算资金。
2. 财政直接支付方式下,行政单位根据收到的"财政直接支付入账通知书"及相关原始凭证,借记"经费支出"科目,贷记_____科目。
3. 行政单位的收入是指行政单位依法取得的_____。
4. 行政单位的收入包括财政拨款收入和_____。
5. 其他收入是指行政单位依法取得的除_____以外的各项收入。
6. 行政单位的支出包括经费支出和_____。

7. 行政单位收回本年已列作经费支出的款项,应冲减当年的_____。
8. 经费支出是指行政单位自身开展业务活动使用各项资金发生的基本支出和_____。
9. 支出是指行政单位为保障机构正常运转和完成工作任务所发生的_____。
10. 拨出经费是指行政单位纳入单位预算管理、拨付给所属单位的_____。

五、名词解释

1. 财政拨款收入　2. 经费支出　3. 拨出经费

六、简答题

1. 简述行政单位"其他收入"科目的主要账务处理情况。
2. 简述行政单位"财政拨款收入"科目的主要账务处理情况。
3. 简述行政单位"经费支出"科目的主要账务处理情况。

七、会计处理题

根据某行政单位的下列经济业务,编制会计分录。

1. 某行政单位收到代理银行转来的财政授权支付到账通知书,本月财政授权支付额度为100 000元。
2. 从单位零余额账户提取现金5 000元。
3. 收到代理银行转来的财政直接支付入账通知书,财政部门通过财政零余额账户为该行政单位支付了一笔日常经费61 000元。
4. 收到财政国库支付执行机构委托代理银行转来的财政直接支付入账通知书,财政零余额账户为该单位支付了基本工资110 000元。
5. 收到不需要上缴财政的零星杂项收入现金100元。
6. 通过单位零余额账户支付了水电费2 100元。
7. 以现金支付业务员张某出差预借差旅费4 000元。
8. 张某出差回来,报销差旅费4 130元,补足其现金130元。
9. 通过单位零余额账户给在职职工发放误餐费3 000元,夜餐费4 000元。
10. 年末,通过财政零余额账户给在职职工发放年终一次性奖金70 000元。
11. 年末,本年度财政直接支付预算指标数为9 000 000元,实际直接支付数为8 900 000元,注销尚未使用额度。
12. 年末,本年度财政授权支付预算指标数为1 000 000元,已全部下达到单位零余额账户,本年度财政授权支付实际支付数为990 000元,注销尚未使用额度。
13. 下年初,收到代理银行提供的额度恢复到账通知书,恢复财政授权支付额度10 000元。
14. 下年初,收到财政部门同意恢复上年财政直接支付额度100 000元的通知书;使用财政部门恢复的上年度财政直接支付额度支付日常办公经费2 300元。
15. 使用代理银行恢复的财政授权支付额度支付单位电话费2 700元。
16. 使用财政部门恢复的上年度财政直接支付额度支付购买办公用品费1 000元,该批办公用品已直接交业务部门使用。

第十三章 行政单位净资产的核算

 学习目的与要求

通过本章学习,了解并掌握:
1. 行政单位净资产的概念与分类;
2. 行政单位净资产的确认条件与计量方法;
3. 行政单位结转结余类净资产科目的设置与账务处理;
4. 行政单位基金类净资产科目的设置与账务处理。

第一节 行政单位净资产概述

一、净资产的含义及内容

(一)净资产的含义

《行政单位会计制度》规定,净资产是指行政单位资产扣除负债后的余额。从数额上看,净资产是行政单位会计期末资产总额减去负债总额后的差额。从内容上看,行政单位的净资产来源于一定期间收入与支出相抵后形成的结转(余),以及设立的资产基金和待偿债净资产。净资产由行政单位占有或使用,国家拥有行政单位净资产的所有权。

(二)净资产的内容

行政单位的净资产包括结转和结余资金、基金净资产两大类,具体包括财政拨款结转、财政拨款结余、其他资金结转结余、资产基金、待偿债净资产。

1. 结转和结余资金

结转和结余资金,是行政单位一定期间收入与支出相抵后的余额滚存资金,是行政单位净资产中的一项重要内容。

结转和结余资金来源于行政单位年度收入与支出相抵后的剩余资金。根据部门预算的要求,各行政单位要根据预算收入的数额控制预算支出,达到一定期间的收支平衡,但收支平衡是相对的,收入与支出会存在一定的差额,因此形成结转和结余资金。结转和结余资金是行政单位历年剩余资金的滚存,根据后续使用要求和性质的不同,结转和结余资金分为不同的种类。

(1) 根据资金的后续使用要求不同,结转和结余资金分为结转资金和结余资金。

结转资金是指当年预算已执行但尚未完成,或因故未执行,下一年度需要按照原用途继续使用的资金。

结余资金是指当年预算工作目标已完成,或因故终止,当年剩余的资金。

(2) 根据资金性质的不同,结转和结余资金分为财政拨款结转结余和其他资金结转结余。

财政拨款结转结余是指行政单位各项财政拨款收入与其相关支出相抵后剩余的滚存资金,包括财政拨款结转和财政拨款结余。财政拨款结转是指行政单位当年预算已执行但尚未完成,或因故未执行,下一年度需要按照原用途继续使用的财政拨款滚存资金。财政拨款结余是指行政单位当年预算工作目标已完成,或因故终止,剩余的财政拨款滚存资金。

其他资金结转结余是指行政单位除财政拨款收支以外的各项收支相抵后剩余的滚存资金,包括项目结转和非项目结余。

2. 基金净资产

行政单位会计为了满足预算管理和财务管理的双目标的需要,需要在收付实现制基础上核算收入和支出的同时,还要反映资产和负债的状况,因此,对非货币性资产和部分负债采用"双分录"方式进行核算。基金净资产是行政单位设立的用于"双分录"核算的净资产项目,包括资产基金和待偿债净资产。

表 13-1 行政单位净资产类会计科目

序号	科目编号	会计科目名称	序号	科目编号	会计科目名称
一、结转(余)净资产			二、基金净资产		
1	3 001	财政拨款结转	4	3 501	资产基金
2	3 002	财政拨款结余	5	3 502	待偿债净资产
3	3 101	其他资金结转结余			

二、净资产的确认与计量

(一) 净资产的确认

净资产是行政单位某一时点的资产净额,净资产的确认依赖于资产、负债及其他会计要素的确认。当行政单位将一项经济资源确认为资产、将一项债务确认为负债,同时也就确认了净资产。

行政单位的净资产由形成的结转结余(包括财政拨款结转、财政拨款结余、其他资金结转结余)、资产基金和待偿债净资产组成。当年收入与支出形成的结转结余一般在年末确认,以前年度结转结余的调整、变动事项在发生时确认;资产基金在非货币性资产发生或取得时予以确认,在非货币性资产实现或发出、耗费时予以冲减;待偿债净资产在发生应付账款、长期应付款时予以抵减,在偿付应付账款、长期应付款时予以转回。

(二)净资产的计量

行政单位期末净资产的数额取决于资产和负债的计量结果。净资产主要来源于当期收入与支出相抵后所形成的结转结余,以及按规定设置的资产基金和待偿债净资产。

第二节　行政单位结转结余类净资产的核算

一、财政拨款结转

(一)财政拨款结转的内容

财政拨款结转是行政单位财政拨款收支所形成的结转资金,是行政单位当年预算已执行但尚未完成,或因故未执行,下一年度需要按照原用途继续使用的财政拨款滚存资金。按照部门预算管理的要求,财政拨款收入分为基本支出拨款和项目支出拨款,财政拨款支出分为基本支出和项目支出,财政拨款收支两者相抵所形成的结转资金需要分为基本支出结转和项目支出结转。

(1)基本支出结转,是行政单位基本支出拨款与基本支出相抵后余额的累计,是下一年度需要继续用于维持行政单位正常运行和完成日常工作任务的财政拨款滚存资金。基本支出结转资金原则上结转到下一预算年度,用于人员经费和日常公用经费支出。

(2)项目支出结转,是行政单位项目支出拨款与项目支出相抵后余额的累计,是下一年度需要继续用于完成特定任务的财政拨款滚存资金。项目支出结转原则上不得调整用途,限定用于规定的项目支出。

结转资金按照形成的时间不同,分为当年结转资金和累计结转资金。当年结转资金是行政单位本预算年度的财政拨款收支相抵后形成的结转资金;累计结转资金是行政单位截止到期末形成的历年累计财政拨款结转资金。

(二)科目设置

行政单位设置"财政拨款结转"科目,核算行政单位滚存的财政拨款结转资金,包括基本支出结转、项目支出结转。本科目期末贷方余额,反映行政单位滚存的财政拨款结转资金数额。

"财政拨款结转"科目应当按照部门预算的管理要求、财政拨款的种类和财政拨款结转变动原因等设置明细科目。明细科目可以分为三个层次：

1. 按照财政拨款结转的变动原因设置

本科目可以根据管理需要，按照财政拨款结转变动原因，设置"收支转账"、"结余转账"、"年初余额调整"、"归集上缴"、"归集调入"、"单位内部调剂"、"剩余结转"等明细科目，进行明细核算。如果行政单位财政拨款结转的变动事项较少，也可以不设置此层次的明细科目。

2. 按照财政拨款的种类设置

有公共财政预算拨款、政府性基金预算拨款等两种或两种以上财政拨款的行政单位，还应当按照财政拨款种类分别进行明细核算，设置"公共财政预算"、"政府性基金预算"、"国有资本经营预算"、"社会保险基金预算"等明细科目。

3. 按照部门预算管理的要求设置

按照部门预算管理的要求，本科目应当设置"基本支出结转"、"项目支出结转"两个明细科目；在"基本支出结转"明细科目下按照"人员经费"和"日常公用经费"进行明细核算，在"项目支出结转"明细科目下按照具体项目进行明细核算；本科目还应当按照《政府收支分类科目》中"支出功能分类科目"的项级科目进行明细核算。

"财政拨款结转"科目的明细科目见表 13-2 所示。

表 13-2 "财政拨款结转"科目的明细科目表

变动原因	拨款种类	部门预算		
收支转账	公共财政预算 政府性基金预算 国有资本经营预算 社会保险基金预算	基本支出	人员经费 日常公用经费	功能分类 项级科目
结余转账				
年初余额调整				
归集上缴				
归集调入		项目支出	具体项目	
单位内部调剂			……	
剩余结转				

（三）账务处理

1. 调整以前年度财政拨款结转

因发生差错更正、以前年度支出收回等，需要调整财政拨款结转的，按照实际调增财政拨款结转的金额，借记有关科目，贷记"财政拨款结转——年初余额调整"科目；按照实际调减财政拨款结转的金额，借记"财政拨款结转——年初余额调整"科目，贷记有关科目。

2. 从其他单位调入财政拨款结余资金

按照规定从其他单位调入财政拨款结余资金时，按照实际调增的额度数额或调入的资金数额，借记"零余额账户用款额度"、"银行存款"等科目，贷记"财政拨款结转——归集调入"及其明细科目。

3. 上缴财政拨款结转

按照规定上缴财政拨款结转资金时，按照实际核销的额度数额或上缴的资金数额，借记"财政拨款结转——归集上缴"及其明细，贷记"财政应返还额度"、"零余额账户用款额度"、

"银行存款"等科目。

4. 单位内部调剂结余资金

经财政部门批准对财政拨款结余资金改变用途,调整用于其他未完成项目等,按照调整的金额,借记"财政拨款结余"科目(单位内部调剂)及其明细,贷记"财政拨款结转——单位内部调剂"及其明细科目。

5. 结转本年财政拨款收入和支出

(1) 年末,将财政拨款收入本年发生额转入"财政拨款结转"科目,借记"财政拨款收入——基本支出拨款、项目支出拨款"科目及其明细,贷记"财政拨款结转——收支转账——基本支出结转、项目支出结转"及其明细科目。

(2) 年末,将财政拨款支出本年发生额转入本科目,借记"财政拨款结转——收支转账——基本支出结转、项目支出结转"及其明细科目,贷记"经费支出——财政拨款支出——基本支出、项目支出"及其明细科目。

6. 将完成项目的结转资金转入财政拨款结余

年末完成上述财政拨款收支转账后,对各项目执行情况进行分析,按照有关规定将符合财政拨款结余性质的项目余额转入财政拨款结余,借记"财政拨款结转——结余转账——项目支出结转"及其明细科目,贷记"财政拨款结余——结余转账——项目支出结余"及其明细科目。

7. 年末冲销有关明细科目余额

年末收支转账后,将"财政拨款结转"科目所属"收支转账"、"结余转账"、"年初余额调整"、"归集上缴"、"归集调入"、"单位内部调剂"等明细科目余额转入"剩余结转"明细科目;转账后,本科目除"剩余结转"明细科目外,其他明细科目应无余额。

【例13-1】 某行政单位收回上年度因计算错误而导致的多收的电费1 700元,款项已退回到单位零余额账户。

借:零余额账户用款额度   1 700
   贷:财政拨款结转——年初余额调整   1 700

【例13-2】 某行政单位从上级单位调入财政拨款结余资金68 000元,用于补充本单位的公用经费支出,款项已转入单位零余额账户。

借:零余额账户用款额度   68 000
   贷:财政拨款结转——归集调入   68 000

【例13-3】 某行政单位根据上级统筹安排,将尚未使用的财政应返还额度(直接支付)83 000元上缴上级单位。

借:财政拨款结转——归集上缴   83 000
   贷:财政应返还额度   83 000

【例13-4】 某行政单位对财政拨款结余资金进行内部调剂,经批准将财政拨款结余资金35 000元改变用途,调入未完成项目中,用于该项目的后续支出。

借:财政拨款结余——单位内部调剂   35 000
   贷:财政拨款结转——单位内部调剂   35 000

【例13-5】 某行政单位年末对本年度财政拨款收支进行结转。本年度"财政拨款收入——基本支出拨款"科目贷方累计发生额为 900 000 元,"财政拨款收入——项目支出拨款"科目贷方累计发生额为 100 000 元;"经费支出——财政拨款支出——基本支出"的借方累计发生额为 870 000 元,"经费支出——财政拨款支出——项目支出"的借方累计发生额为 90 000 元。

① 基本支出结转。

借:财政拨款收入——基本支出拨款　　　　900 000
　　贷:财政拨款结转——收支转账　　　　　　900 000
借:财政拨款结转——收支转账　　　　　　　870 000
　　贷:经费支出——财政拨款支出　　　　　　870 000

② 项目支出结转。

借:财政拨款收入——项目支出拨款　　　　100 000
　　贷:财政拨款结转——收支转账　　　　　　100 000
借:财政拨款结转——收支转账　　　　　　　90 000
　　贷:经费支出——财政拨款支出　　　　　　90 000

【例 13-6】 年末,某行政单位对财政拨款项目执行情况进行分析,本年度财政拨款项目中,A 项目已完成,当年剩余资金为 5 000 元;B 项目因故终止,当年剩余资金为 2 000 元。因此,符合财政拨款结余资金性质的数额为 7 000 元。

借:财政拨款结转——结余转账　　　　　　7 000
　　贷:财政拨款结余——结余转账　　　　　　7 000

【例 13-7】 年末,某行政单位进行收支转账等处理后,进行财政拨款结转明细科目余额的冲销处理,"财政拨款结转"科目的各明细科目冲销前的余额见表 13-3 所示。

表 13-3 "财政拨款结转"科目年末各明细科目冲销前余额表

明细科目	基本支出		项目支出	
	借方	贷方	借方	贷方
收支转账		30 000		10 000
结余转账		7 000		
年初余额调整	1 700			
归集上缴	83 000			
归集调入		68 000		
单位内部调剂				35 000
剩余结转	53 300		12 000	

借:财政拨款结转——收支转账——基本支出结转　　　　30 000
　　　　　　　　　　　　　　——项目支出结转　　　　10 000
　　　　　　　——年初余额调整——基本支出结转　　　　1 700
　　　　　　　——归集调入——基本支出结转　　　　　68 000
　　　　　　　——单位内部调剂——项目支出结转　　　35 000
　　贷:财政拨款结转——结余转账——项目支出结转　　　7 000

——归集上缴——基本支出结转	83 000
——剩余结转——基本支出结转	16 700
——项目支出结转	38 000

二、财政拨款结余

(一) 财政拨款结余的内容

财政拨款结余是行政单位财政拨款收支所形成的结余资金,是行政单位当年预算工作目标已完成,或者因故终止,剩余的财政拨款滚存资金。按照部门预算的管理要求,行政单位预算年度的基本支出经费收支相抵后的余额全部结转到下一年度继续使用,用于维持正常运行和完成日常工作任务,全额列入财政拨款结转,不会形成基本支出结余。所以,财政拨款结余就是项目支出结余。

项目支出结余是行政单位已经完成项目或因故终止项目剩余的滚存资金。项目支出结余资金应统筹用于编制以后年度部门预算,或按同级财政部门的规定在单位内部、部门之间调剂使用。年末,行政单位应当对财政拨款项目的执行情况进行分析,将符合财政补助结余资金性质的数额从"财政拨款结转——项目支出结转"科目转到"财政拨款结余"科目,形成当年的财政拨款结余资金。

按照形成的时间不同,结余资金分为当年结余资金和累计结余资金。当年结余资金是行政单位本预算年度财政拨款收支相抵后形成的结余资金;累计结余资金是行政单位截止到期末形成的历年累计财政拨款结余资金。

(二) 科目设置

行政单位设置"财政拨款结余"科目,核算行政单位滚存的财政拨款项目支出结余资金。本科目期末贷方余额,反映行政单位滚存的财政拨款结余资金数额。

应按下列要求设置"财政拨款结余"科目的明细科目:

1. 按照财政拨款结余的变动原因设置

本科目可以根据管理需要,按照财政拨款结余变动原因,设置"结余转账"、"年初余额调整"、"归集上缴"、"单位内部调剂"、"剩余结余"等明细科目,进行明细核算。

2. 按照财政拨款的种类设置

有公共财政预算拨款、政府性基金预算拨款等两种或两种以上财政拨款的行政单位,还应当按照财政拨款的种类分别进行明细核算。设置"公共财政预算"、"政府性基金预算"、"国有资本经营预算"、"社会保险基金预算"等明细科目。

3. 按照部门预算管理的要求设置

本科目应当按照具体项目、《政府收支分类科目》中"支出功能分类科目"的项级科目等进行明细核算。

"财政拨款结余"科目的明细科目见表13-4所示。

表13-4 "财政拨款结余"科目的明细科目表

变动原因	拨款种类	部门预算	
收支转账	公共财政预算 政府性基金预算 国有资本经营预算 社会保险基金预算	具体项目 ……	功能分类 项级科目
年初余额调整			
归集上缴			
单位内部调剂			
剩余结余			

（三）账务处理

1. 调整以前年度财政拨款结余

因发生差错更正、以前年度支出收回等原因，需要调整财政拨款结余的，按照实际调增财政拨款结余的金额，借记有关科目，贷记"财政拨款结余——年初余额调整"科目；按照实际调减财政拨款结余的金额，借记"财政拨款结余——年初余额调整"科目，贷记有关科目。

2. 上缴财政拨款结余

按照规定上缴财政拨款结余时，按照实际核销的额度数额或上缴的资金数额，借"财政拨款结余——归集上缴"及其明细科目，贷记"财政应返还额度"、"零余额账户用款额度"、"银行存款"等科目。

3. 单位内部调剂结余资金

经财政部门批准将本单位完成项目结余资金调整用于基本支出或其他未完成项目支出时，按照批准调剂的金额，借记"财政拨款结余——单位内部调剂"及其明细科目，贷记"财政拨款结转——单位内部调剂"及其明细科目。

4. 将完成项目的结转资金转入财政拨款结余

年末，对财政拨款各项目执行情况进行分析，按照有关规定将符合财政拨款结余性质的项目余额转入本科目，借记"财政拨款结转——结余转账——项目支出结转"及其明细科目，贷记"财政拨款结余——结余转账——项目支出结余"及其明细科目。

5. 年末冲销有关明细科目余额

年末，将本科目所属"结余转账"、"年初余额调整"、"归集上缴"、"单位内部调剂"等明细科目余额转入"剩余结余"明细科目；转账后，本科目除"剩余结余"明细科目外，其他明细科目应无余额。

【例13-8】 某行政单位财政拨款的甲项目上年度已结项，其剩余的项目资金已转入该项目的结余资金中。但项目审查时发现，误将一项应当计入基本支出的会议费33 000元计入了甲项目支出，需要调整。

借：财政拨款结转——年初余额调整　　33 000
　　贷：财政拨款结余——年初余额调整　　　33 000

【例13-9】 某行政单位通过零余额账户，按规定归集上缴上级单位乙项目结余资金3 700元。

借：财政拨款结余——归集上缴　　3 700
　　贷：零余额账户用款额度　　　　3 700

【例 13-10】 年末,某行政单位进行结余转账等处理后,进行"财政拨款结余"科目各明细科目的冲销处理。"财政拨款结余"科目各明细科目冲销前的余额见表 13-5 所示。

表 13-5 "财政拨款结余"科目年末各明细科目冲销前余额表

明细科目	借方	贷方
结余转账		7 000
年初余额调整		33 000
归集上缴	3 700	
单位内部调剂	35 000	
剩余结余		48 700

借:财政拨款结余——结余转账　　　　　7 000
　　　　　　——年初余额调整　　　　　33 000
　贷:财政拨款结余——归集上缴　　　　　3 700
　　　　　　——单位内部调剂　　　　　35 000
　　　　　　——剩余结余　　　　　　　1 300

三、其他资金结转结余

(一) 其他资金结转结余的内容

其他资金结转结余是指行政单位除财政拨款收支以外的各项收支相抵后剩余的滚存资金,包括项目结转和非项目结余。其他资金结转结余属于非财政资金结转结余,是行政单位依法取得的除财政拨款收入以外的各项资金收支形成的差额。

1. 项目结转

项目结转是行政单位除财政拨款收支以外的项目资金收支相抵后剩余的滚存资金。项目结转要区分年末已完成项目和尚未完成项目,按照非同级财政部门、主管部门或者上级单位等拨款单位的要求进行管理。年末已完成项目应向原拨款单位报送项目资金使用情况,接受检查、验收,剩余资金或缴回原单位或批准后留归本单位用于其他非项目用途。尚未完成项目的结转资金,结转下年度继续用于该项目的支出,原则上不得用于其他方面。

2. 非项目结余

非项目结余是除财政拨款收支以外的非项目资金收支相抵后剩余的滚存资金。非项目结余资金可以用于补充项目资金,在单位内部调剂使用。

(二) 科目设置

行政单位设置"其他资金结转结余"科目,核算行政单位除财政拨款收支以外的其他各项收支相抵后剩余的滚存资金。本科目期末贷方余额,反映行政单位滚存的各项非财政拨款资金结转结余数额。

"其他资金结转结余"科目应当按以下要求设置明细科目。

1. 按其他资金结转结余的变动原因设置

本科目可以根据管理需要按照其他资金结转结余变动原因,设置"收支转账"、"年初余额调整"、"结余调剂"、"剩余结转结余"等明细科目,进行明细核算。

2. 按项目和非项目设置

本科目应当设置"项目结转"和"非项目结余"明细科目,分别对项目资金和非项目资金进行明细核算。对于项目结转,还应当按照具体项目进行明细核算。

"其他资金结转结余"科目的明细科目见表13-6所示。

表13-6 "其他资金结转结余"科目的明细科目表

变动原因	部门预算	
收支转账 年初余额调整	项目结转	具体项目 ……
结余调剂 剩余结转结余	非项目结余	

行政单位可以按照其他资金结转结余变动原因设置第一层次的明细科目,再设置"项目结转"和"非项目结余"两个下级层次的明细科目;也可以先设置"项目结转"和"非项目结余"两个第一层次的明细科目,再按结转结余变动原因设置下一层次的明细科目;也可以不按结转结余变动原因设置明细科目。

(三) 账务处理

1. 调整以前年度其他资金结转结余

因发生差错更正、以前年度支出收回等原因,需要调整其他资金结转结余的,按照实际调增的金额,借记有关科目,贷记"其他资金结转结余——年初余额调整"及其相关明细科目。按照实际调减的金额,借记"其他资金结转结余——年初余额调整"及其相关明细科目,贷记有关科目。

2. **结转本年其他资金收入和支出**

(1)年末,将其他收入中的项目资金收入本年发生额转入本科目,借记"其他收入"科目及其明细,贷记"其他资金结转结余——收支转账——项目结转"及其明细科目;将其他收入中的非项目资金收入本年发生额转入本科目,借记"其他收入"科目及其明细,贷记"其他资金结转结余——收支转账——非项目结余"科目。

(2)年末,将其他资金支出中的项目支出本年发生额转入本科目,借记"其他资金结转结余——收支转账——项目结转"及其明细科目,贷记"经费支出——其他资金支出——项目支出"及其明细科目、"拨出经费——项目支出"及其明细科目;将其他资金支出中的基本支出本年发生额转入本科目,借记"其他资金结转结余——收支转账——非项目结余"科目,贷记"经费支出——其他资金支出——基本支出"科目、"拨出经费——基本支出"科目。

3. **缴回或转出项目结余**

完成上述"结转本年其他资金收入和支出"转账后,对本年末各项目执行情况进行分析,区分年末已完成项目和尚未完成项目,在此基础上,对完成项目的剩余资金根据不同情况进行账务处理:

(1)需要缴回原项目资金出资单位的,按照缴回的金额,借记"其他资金结转结余——结余调剂——项目结转"及其明细科目,贷记"银行存款"、"其他应付款"等科目。

（2）将项目剩余资金留归本单位用于其他非项目用途的,按照剩余的项目资金金额,借记"其他资金结转结余——结余调剂——项目结转"及其明细科目,贷记"其他资金结转结余——结余调剂——非项目结余"科目。

4. **用非项目资金结余补充项目资金**

按照实际补充项目资金的金额,借记"其他资金结转结余——结余调剂——非项目结余"科目,贷记"其他资金结转结余——结余调剂—项目结转"及其明细科目。

5. **年末冲销有关明细科目余额**

年末收支转账后,将本科目所属"收支转账"、"年初余额调整"、"结余调剂"等明细科目余额转入"剩余结转结余"明细科目;转账后,本科目除"剩余结转结余"明细科目外,其他明细科目应无余额。

【例13-11】 某行政单位发现上年度记账有误,将从非同级财政部门取得的一项拨款32 000元(非项目资金),误记入"财政拨款收入——基本支出拨款"科目,现需要调整。

借：财政拨款结转——年初余额调整　　　32 000
　　贷：其他资金结转结余——年初余额调整　　　32 000

【例13-12】 某行政单位年末进行其他资金的收支结转,有关科目发生额如表13-7所示。

表13-7 其他资金的收支科目发生额表

科目名称	借方	贷方	科目名称	借方	贷方
其他收入		173 000	经费支出—其他资金支出	95 000	
项目资金		120 000	项目支出	75 000	
非项目资金		53 000	基本支出	20 000	
			拨出经费	29 000	
			项目支出	15 000	
			基本支出	14 000	

① 项目结转的处理。

借：其他收入——项目资金　　　　　　　120 000
　　贷：其他资金结转结余——收支转账　　　　120 000
借：其他资金结转结余——收支转账　　　90 000
　　贷：经费支出——其他资金支出　　　　　75 000
　　　　拨出经费　　　　　　　　　　　　　15 000

② 非项目结转的处理。

借：其他收入　　　　　　　　　　　　　53 000
　　贷：其他资金结转结余——收支转账　　　　53 000
借：其他资金结转结余——收支转账　　　34 000
　　贷：经费支出——其他资金支出　　　　　20 000
　　　　拨出经费　　　　　　　　　　　　　14 000

【例13-13】 年末某行政单位进行本年其他资金收支转账后,对各项目的执行情况进行分析。年末尚未完成项目剩余资金为25 000元,已经完成的项目剩余资金为5 000元。按规定已经完成的A项目剩余资金15 000元应缴回原出资单位,B项目剩余资金10 000元留归本单位用于其他非项目支出。

① A项目剩余资金15 000元应缴回原出资单位。

　　借:其他资金结转结余——结余调剂　　　　15 000
　　　贷:其他应付款　　　　　　　　　　　　　　15 000

② B项目剩余资金10 000元留归本单位。

　　借:其他资金结转结余——结余调剂　　　　10 000
　　　贷:其他资金结转结余——结余调剂　　　　10 000

【例13-14】 某行政单位将非项目结余资金8 000元转入尚未完工的C项目中,用于C项目的后续支出。

　　借:其他资金结转结余——结余调剂　　　　8 000
　　　贷:其他资金结转结余——结余调剂　　　　8 000

【例13-15】 某行政单位年末进行收支转账等处理后,进行其他资金结转结余明细科目的冲销处理。冲销前"其他资金结转结余"科目各明细科目的余额见表13-8所示。

表13-8 "其他资金结转结余"各明细科目余额表

明细科目	项目结转		非项目结余	
	借方	贷方	借方	贷方
收支转账		30 000		19 000
年初余额调整				32 000
结余调剂	17 000			2 000
剩余结转结余		27 000		16 000

　　借:其他资金结转结余——收支转账——项目结转　　30 000
　　　　　　　　　　　　　　　　　　　——非项目结余　　19 000
　　　　　　　　　　　　——年初余额调整——非项目结余　32 000
　　　　　　　　　　　　——结余调剂——非项目结余　　　2 000
　　　贷:其他资金结转结余——结余调剂——项目结转　　17 000
　　　　　　　　　　　　　——剩余结转结余——项目结余　13 000
　　　　　　　　　　　　　——非项目结余　　　　　　　　53 000

第三节　行政单位基金类净资产的核算

▶▶ 一、资产基金

（一）资产基金的内容

资产基金是指行政单位的非货币性资产在净资产中占用的金额。资产基金是一种待冲基金，是保留在净资产中不能作为支出的资金来源。行政单位会计既要满足财务管理的要求，又要满足预算管理的需要，因此，行政单位非货币性资产采用"双分录"方式核算，在确认一项非货币性资产时，同时确认所形成的经费支出，并将其记录在净资产项目中。资产基金与非货币性资产相对应，在非货币性资产发生或取得时予以确认，在非货币性资产实现或发出、耗用时予以冲减。

行政单位的资产分为货币性资产和非货币性资产。货币性资产是行政单位持有的现金及将以固定或可确定金额的货币收取的资产，包括库存现金、银行存款、零余额账户用款额度、财政应返还额度、应收账款和其他应收款等。非货币性资产是行政单位货币性资产以外的资产，包括预付账款、存货、固定资产、在建工程、无形资产、政府储备物资、公共基础设施等。行政单位的资产基金就是上述非货币性资产占用净资产的金额。

（二）科目设置

行政单位设置"资产基金"科目，核算行政单位的预付账款、存货、固定资产、在建工程、无形资产、政府储备物资、公共基础设施等非货币性资产在净资产中占用的金额。本科目应当设置"预付款项"、"存货"、"固定资产"、"在建工程"、"无形资产"、"政府储备物资"、"公共基础设施"等明细科目，进行明细核算。本科目期末贷方余额，反映行政单位非货币性资产在净资产中占用的金额。

（三）账务处理

1. 资产基金的确认

资产基金应当在发生预付账款，取得存货、固定资产、在建工程、无形资产、政府储备物资、公共基础设施时确认。

（1）发生预付账款时，按照实际发生的金额，借记"预付账款"科目，贷记"资产基金——预付款项"科目；同时，按照实际支付的金额，借记"经费支出"科目，贷记"财政拨款收入"、"零余额账户用款额度"、"银行存款"等科目。

（2）取得存货、固定资产、在建工程、无形资产、政府储备物资、公共基础设施等资产时，按照取得资产的成本，借记"存货"、"固定资产"、"在建工程"、"无形资产"、"政府储备物资"、"公共基础设施"等科目，贷记"资产基金——存货、固定资产、在建工程、无形资产、政府储备物资、公共基础设施"科目；同时，按照实际发生的支出，借记"经费支出"科目，贷记

"财政拨款收入"、"零余额账户用款额度"、"银行存款"等科目。

2. 资产基金的冲减

（1）收到预付账款购买的物资或服务时，应当相应冲减资产基金。按照相应的预付账款金额，借记"资产基金——预付款项"科目，贷记"预付账款"科目。

（2）领用和发出存货、政府储备物资时，应当相应冲减资产基金。领用和发出存货、政府储备物资时，按照领用和发出存货、政府储备物资的成本，借记"资产基金——存货、政府储备物资"科目，贷记"存货"、"政府储备物资"科目。

（3）计提固定资产折旧、公共基础设施折旧、无形资产摊销时，应当冲减资产基金。计提固定资产折旧、公共基础设施折旧、无形资产摊销时，按照计提的折旧、摊销金额，借记"资产基金——固定资产、公共基础设施、无形资产"科目，贷记"累计折旧"、"累计摊销"科目。

（4）无偿调出、对外捐赠存货、固定资产、无形资产、政府储备物资、公共基础设施时，应当冲减该资产对应的资产基金。

无偿调出、对外捐赠存货、政府储备物资时，按照存货、政府储备物资的账面余额，借记"资产基金"及其明细科目，贷记"存货"、"政府储备物资"等科目。

无偿调出、对外捐赠固定资产、公共基础设施、无形资产时，按照相关固定资产、公共基础设施、无形资产的账面价值，借记"资产基金"及其明细科目，按照已计提折旧、已计提摊销的金额，借记"累计折旧"、"累计摊销"科目，按照固定资产、公共基础设施、无形资产的账面余额，贷记"固定资产"、"公共基础设施"、"无形资产"科目。

3. 待处理财产的资产基金

（1）盘盈非货币性资产，应当在报经批准进行处理时予以确认，借记"待处理财产损溢——待处理财产价值"科目，贷记"资产基金"及其明细科目。

（2）核销、出售、置换、盘亏、毁损、报废非货币性资产，应当在报经批准进行处理时予以冲减，借记"资产基金"及其明细科目，贷记"待处理财产损溢——待处理财产价值"科目。

通过"待处理财产损溢"科目核算的资产处置，有关本科目的账务处理可以详见"待处理财产损溢"科目的账务处理。

【例13-16】 某行政单位用公共财政预算项目支出拨款通过财政直接支付方式购买了一台设备，款项共计150 000元，该设备已验收并交付使用，不需要安装。

```
借：固定资产                    150 000
    贷：资产基金——固定资产           150 000
借：经费支出                    150 000
    贷：财政拨款收入                 150 000
```

【例13-17】 某行政单位为订购特种物资，通过单位零余额账户预付了30 000元定金；20天后特种物资到货，验收入库，该批物资实际价款50 000元，通过单位零余额账户补付20 000元。

① 预付30 000元定金时。

```
借：预付账款                     30 000
    贷：资产基金——预付款项            30 000
借：经费支出                     30 000
```

　　　　贷：零余额账户用款额度　　　　　　　　　30 000

② 20 天后特种物资到货,并补付 20 000 元。

　　　　借：资产基金——预付款项　　　　　　　30 000
　　　　　　贷：预付账款　　　　　　　　　　　　30 000
　　　　借：经费支出　　　　　　　　　　　　　　20 000
　　　　　　贷：零余额账户用款额度　　　　　　　20 000
　　　　借：存货　　　　　　　　　　　　　　　　50 000
　　　　　　贷：资产基金——存货　　　　　　　　50 000

【例 13-18】　某行政单位一台设备已不能使用,原价 70 000 元,已提折旧 60 000 元;报经同级财政部门批准后,现予以核销。

　　　　借：待处理财产损溢——待处理财产价值　　10 000
　　　　　　累计折旧——固定资产折旧　　　　　　60 000
　　　　　　贷：固定资产　　　　　　　　　　　　70 000
　　　　借：资产基金——固定资产　　　　　　　　10 000
　　　　　　贷：待处理财产损溢——待处理财产价值　10 000

【例 13-19】　某行政单位根据相关规定,本月应计提固定资产折旧 50 000 元,需摊销无形资产 20 000 元。

　　　　借：资产基金——固定资产　　　　　　　　50 000
　　　　　　　　　　——无形资产　　　　　　　　20 000
　　　　　　贷：累计折旧　　　　　　　　　　　　50 000
　　　　　　　　累计摊销　　　　　　　　　　　　20 000

二、待偿债净资产

（一）待偿债净资产的内容

待偿债净资产是指行政单位因发生应付账款和长期应付款而相应需在净资产中冲减的金额。

待偿债净资产是一项抵减基金,它与部分负债相对应,在债务发生时暂时冲减净资产的金额,待偿还债务时予以转回。

行政单位会计不仅要满足财务管理的要求,而且要满足预算管理的需要,因此,为了实现全面反映行政单位财务状况和预算执行情况的核算目标,行政单位的部分负债采用"双分录"方式核算。

行政单位的负债包括流动负债和非流动负债。对非流动负债采用"双分录"方式核算,其对预算收支及结转(余)的影响较大;在流动负债中,应缴财政款不涉及预算收支;应缴税费、应付职工薪酬、应付政府补贴款、其他应付款等对预算收支的影响比较小,没有必要设置其所对应的待偿债净资产。因此,为了简化会计核算,在流动负债中,只为应付账款设置了待偿债净资产。总之,并非所有的负债都采用"双分录"方式核算,仅对影响预算收支及结转(余)的负债项目(应付账款和长期应付款)设置了待偿债净资产。

（二）科目设置

行政单位设置"待偿债净资产"科目，核算行政单位因发生应付账款和长期应付款而相应需在净资产中冲减的金额。本科目期末借方余额，反映行政单位因尚未支付的应付账款和长期应付款而需相应冲减净资产的金额。

（三）账务处理

1. 发生应付账款、长期应付款

发生应付账款、长期应付款时，按照实际发生的金额，借记"待偿债净资产"科目，贷记"应付账款"、"长期应付款"等科目。

2. 偿付应付账款、长期应付款

偿付应付账款、长期应付款时，按照实际偿付的金额，借记"应付账款"、"长期应付款"等科目，贷记"待偿债净资产"科目；同时，按照实际支付的金额，借记"经费支出"科目，贷记"财政拨款收入"、"零余额账户用款额度"、"银行存款"等科目。

3. 无法偿付的应付账款、长期应付款

因债权人原因，核销确定无法支付的应付账款、长期应付款时，按照报经批准核销的金额，借记"应付账款"、"长期应付款"科目，贷记"待偿债净资产"科目。

【例13-20】 某行政单位与AC供应商签订购买合同，购买一台专用设备和一批相关材料，设备价款60 000元，合同规定在购买时支付款项40 000元，其余设备款在18个月以后支付；相关材料的价款9 000元，款项在6个月以后支付。行政单位现已收到AC供应商交付的专用设备（不需要安装）和相关材料，并通过单位零余额账户支付了设备款40 000元。

借：固定资产　　　　　　　　　　　　　60 000
　　存货　　　　　　　　　　　　　　　 9 000
　贷：资产基金——固定资产　　　　　　 60 000
　　　　　　——存货　　　　　　　　　　9 000
借：经费支出　　　　　　　　　　　　　40 000
　贷：零余额账户用款额度　　　　　　　 40 000
借：待偿债净资产　　　　　　　　　　　29 000
　贷：长期应付款　　　　　　　　　　　 20 000
　　　应付账款　　　　　　　　　　　　 9 000

【例13-21】 承【例13-20】 6个月以后，该行政单位通过单位零余额账户支付了前欠AC供应商的材料款9 000元。

借：应付账款　　　　　　　　　　　　　9 000
　贷：待偿债净资产　　　　　　　　　　 9 000
借：经费支出　　　　　　　　　　　　　9 000
　贷：零余额账户用款额度　　　　　　　 9 000

【例13-22】 承【例13-20】 18个月以后，该行政单位向AC供应商所购专用设备运行正常，通过单位零余额账户支付了前欠AC供应商的剩余设备款20 000元。

借：长期应付款　　　　　　　　　　　　20 000

　　　　贷：待偿债净资产　　　　　　　　　　　20 000
　　　　借：经费支出　　　　　　　　　　　　　20 000
　　　　贷：零余额账户用款额度　　　　　　　　20 000
【例 13-23】　某行政单位用分期付款形式从 HG 公司购买了一台价值 150 000 元的设备,款项分 5 年支付。现因 HG 公司破产,最后一笔款项 30 000 元无法支付,报经批准予以核销。
　　　　借：长期应付款　　　　　　　　　　　　30 000
　　　　贷：待偿债净资产　　　　　　　　　　　30 000

【练习题】

一、单项选择题

1. 行政单位的净资产包括财政拨款结转、财政拨款结余、其他资金结转结余、资产基金和(　　)。
　　A. 经营结余　　　　B. 事业结余　　　　C. 其他结余　　　　D. 待偿债净资产

2. 行政单位收回以前年度已列作支出的款项(属财政性资金),应作(　　)。
　　A. 增加财政拨款结转(结余)　　　　　　B. 冲减当年经费支出处理
　　C. 增加财政补助结转(结余)　　　　　　D. 增加当年经费支出

3. 行政单位的净资产包括财政拨款结转、财政拨款结余、其他资金结转结余、资产基金和(　　)。
　　A. 专用基金　　　　B. 一般基金　　　　C. 投资基金　　　　D. 待偿债净资产

4. "待偿债净资产"科目核算行政单位因发生应付账款和长期应付款而相应需在净资产中(　　)。
　　A. 冲减的余额　　　B. 增加的金额　　　C. 增加的余额　　　D. 冲减的金额

5. 核算反映行政单位因发生应付账款和长期应付款而相应需在净资产中冲减金额的会计科目是(　　)。
　　A. 非流动资产基金　　　　　　　　　　　B. 资产基金
　　C. 其他资金结转结余　　　　　　　　　　D. 待偿债净资产

6. 反映行政单位非货币性资产在净资产中占用的金额,不能作为以后支出的资金来源的会计科目是(　　)。
　　A. 非流动资产基金　　　　　　　　　　　B. 资产基金
　　C. 其他资金结转结余　　　　　　　　　　D. 待偿债净资产

7. 净资产由行政单位占有或使用,国家拥有行政单位净资产的(　　)。
　　A. 所有权　　　　　B. 控制权　　　　　C. 使用权　　　　　D. 处置权

8. 按月计提固定资产折旧时,按照实际计提的金额,应借记(　　)。
　　A. "累计折旧"科目　　　　　　　　　　　B. "经费支出"科目
　　C. "固定资产"科目　　　　　　　　　　　D. "资产基金——固定资产"科目

9. 行政单位在业务活动中领用以前购入的材料时,应借记(　　)。

A. "存货"科目 B. "非流动资产基金——存货"科目
C. "行政支出"科目 D. "资产基金——存货"科目

10. 行政单位赊购存货,按照应付未付的金额贷记"应付账款"科目,借记(　　)。

A. "资产基金——存货"科目 B. "待偿债净资产"科目
C. "经费支出"科目 D. "行政支出"科目

二、多项选择题

1. 下列属于行政单位净资产类科目的是(　　)。

A. 财政补助结转 B. 财政拨款结转
C. 其他资金结转结余 D. 非流动资产基金

2. 关于行政单位的净资产,下列说法正确的是(　　)。

A. 净资产从数额上看,是行政单位会计期末资产总额减去负债总额后的差额
B. 结转和结余资金是行政单位一定期间收入与支出相抵后的余额滚存资金
C. 行政单位的基金净资产包括资产基金、专用基金和待偿债净资产
D. 资产基金是指行政单位的非流动资产在净资产中占用的金额

三、判断题

1. 待偿债净资产是指行政单位因发生应付账款和长期应付款而相应需在净资产中冲减的金额。（　　）
2. 财政拨款结余是指行政单位当年预算工作目标未完成,或因故终止,剩余的财政拨款滚存资金。（　　）
3. 财政拨款结转是指行政单位当年预算已执行但尚未完成,或因故未执行,下一年度需要按照原用途继续使用的财政拨款滚存资金。（　　）
4. 行政单位的净资产具体包括财政拨款结转、财政拨款结余、其他资金结转结余、资产基金和受托代理净资产。（　　）
5. 资产基金是指行政单位的货币性资产在净资产中占用的金额。（　　）

四、填空题

1. 行政单位净资产的所有权归_____。
2. 行政单位的净资产包括结转和结余资金、_____两大类。
3. 资产基金是指行政单位的非货币性资产在净资产中占用的_____。
4. "财政拨款结余"科目核算行政单位滚存的财政拨款_____。
5. 待偿债净资产是指行政单位因发生_____而相应需在净资产中冲减的金额。

五、名词解释

1. 其他资金结转结余　2. 资产基金　3. 待偿债净资产

六、会计处理题

根据某行政单位下列经济业务,编制会计分录。

1. 通过单位零余额账户购买了一批办公用品,已验收入库,共计42 000元。

2. 收到代理银行转来的财政直接支付入账通知书,财政部门通过财政零余额账户为该单位支付了购买固定资产的一笔款项,共计 83 000 元,该单位已收到固定资产。

3. 从仓库领出日常办公用品 900 元,交有关业务部门使用。

4. 经批准报废一项固定资产 34 000 元,已提折旧 31 000 元。

5. 期末盘点库存材料,发现一部分办公用品不能使用,共计 900 元,经批准作报废处理。

6. 年终转账,转账前有关收入类账户余额如下:财政拨款收入 9 000 000 元,其他收入 30 000 元。

7. 年终转账,转账前经费支出账户余额 9 010 000 元(其中"财政拨款支出" 9 000 000 元,其余为"其他资金支出")。

第十四章 行政单位的财务报告

 学习目的与要求

通过本章学习,了解并掌握:
1. 行政单位财务报告的含义与构成;
2. 行政单位会计报表的分类;
3. 行政单位资产负债表的基本格式与填列方法;
4. 行政单位收入支出表的基本格式与填列方法;
5. 行政单位财政拨款收入支出表的基本格式与填列方法;
6. 行政单位的财务分析。

第一节 行政单位财务报告概述

一、财务报告的含义与作用

（一）财务报告的含义

《行政单位财务规则》规定,财务报告是反映行政单位一定时期财务状况和预算执行结果的总结性书面文件。

行政单位应当按照财政部门和主管单位的要求编制财务报告,向财务报告使用者提供与行政单位财务状况、预算执行情况等有关的信息,反映行政单位受托责任的履行情况。

行政单位的财务报告经主管单位审核汇总后,报送同级财政部门。财政部门对行政单位的财务报告要进行审核,对符合规定的财务报告要在规定期限内批复。

(二) 财务报告的作用

财务报告集中反映了行政单位财务活动及其结果,其作用主要体现在以下三个方面。

1. 有利于加强单位内部的财务管理

作为财务报告的使用者之一,行政单位的管理人员可以通过财务报告了解本单位的财务状况和预算执行情况,通过对财务报告的内容和数据的分析,可以发现单位财务管理中存在的问题,以便提出加强财务管理的针对性措施。

2. 有利于加强财政部门和主管单位对行政单位的管理

作为财务报告的使用者之一,财政部门和主管单位可以通过财务报告了解行政单位的财务状况,考核和监督行政单位的预算执行情况,为核定下年度的财政预算拨款额度提供参考。

3. 有利于反映行政单位受托责任的履行情况

行政单位使用了财政预算资金,是否履行了受托责任,应该得到社会公众的监督,因此,行政单位应当向社会公开单位的财务信息。公开之前,政府审计部门应当对行政单位的财务收支的真实性、合法性及效益性等进行审查,并向社会公开审计报告。社会公众可以通过财务报告及其相关审计报告了解行政单位使用财政预算资金的情况,对行政单位实施社会监督。

二、财务报告的内容

行政单位的财务报告,包括财务报表和财务情况说明书。财务报表是反映行政单位财务状况和预算执行结果等的书面文件,由会计报表及其附注构成。因此,行政单位的财务报告具体由会计报表、会计报表附注和财务情况说明书组成。

(一) 会计报表

会计报表是以表格形式反映行政单位的财务状况、预算收支情况和其他会计信息,是财务报告的重要组成部分。会计报表包括资产负债表、收入支出表、财政拨款收入支出表及有关附表等。

资产负债表,是反映行政单位在某一特定日期财务状况的报表。资产负债表应当按照资产、负债和净资产分类、分项列示。

收入支出表,是反映行政单位在某一会计期间全部预算收支执行结果的报表。收入支出表应当按照收入、支出的构成和结转结余情况分类、分项列示。

财政拨款收入支出表,是反映行政单位在某一会计期间财政拨款收入、支出、结转及结余情况的报表。

行政单位除了编制这些主要报表之外,还需要编制一系列附表,如经费支出明细表、基本支出明细表、项目支出明细表等,以全面反映各项支出的构成情况。行政单位还需要编制资产情况表、机构人员情况表、基本数字表等,以便反映行政单位的基本状况。

(二) 会计报表附注

附注是指对在会计报表中列示项目的文字描述或明细资料,以及对未能在会计报表中

列示项目的说明等。《行政单位会计制度》要求,行政单位的报表附注应当至少披露下列内容:

1. 遵循《行政单位会计制度》的声明;
2. 单位整体财务状况、预算执行情况的说明;
3. 会计报表中列示的重要项目的进一步说明,包括其主要构成、增减变动情况等;
4. 重要资产处置、资产重大损失情况的说明;
5. 以名义金额计量的资产名称、数量等情况,以及以名义金额计量理由的说明;
6. 或有负债情况的说明、1年以上到期负债预计偿还时间和数量的说明;
7. 以前年度结转结余调整情况的说明;
8. 有助于理解和分析会计报表的其他需要说明事项。

(三)财务情况说明书

在完成了财务报表的编制工作后,财务人员需要撰写财务情况说明书,对行政单位年度预算执行情况进行分析,揭示有重要影响的事项,总结经验与教训,进行预算绩效考核与评价,为下期财务管理工作打下良好的基础。

《行政单位财务规则》指出,财务情况说明书,主要说明行政单位本期收入、支出、结转、结余、专项资金使用及资产负债变动等情况,以及影响财务状况变化的重要事项,总结财务管理经验,对存在的问题提出改进意见。

三、财务报表的编制要求

(一)总体要求

《行政单位会计制度》规定,行政单位应当真实、准确、完整、及时地编制财务报告。主要内容如下:

1. 内容真实

行政单位的财务报表应当根据登记完整、核对无误的账簿记录和其他有关资料编制,要做到数字真实、计算准确、内容完整、报送及时。

2. 形式规范

行政单位应当根据《行政单位会计制度》编制并提供真实、完整的财务报表。行政单位不得违反规定,随意改变本制度规定的会计报表格式、编制依据和方法,不得随意改变本制度规定的会计报表有关数据的会计口径。

3. 报送及时

行政单位应当根据会计制度的规定,定期编制各种财务报表,并按照规定报送财政部门、主管预算单位和其他有关部门。

4. 责任明确

行政单位财务报表应当由单位负责人和主管会计工作的负责人、会计机构负责人(会计主管人员)签名并盖章。

(二)财务报表的编制期

按编制期间划分,行政单位的财务报表分为年度财务报表和中期财务报表。以短于一个完整会计年度的期间(如月度)编制的财务报表称为中期财务报表。以整个会计年度的会计事项为基础编制的财务报表称为年度财务报表。行政单位的资产负债表、财政拨款收入支出表和附注应当至少按年度编制,收入支出表应当按月度和年度编制。行政单位财务报表名称、编号、编制期参见表 14-1 所示。

表 14-1 行政单位财务报表

编号	名称	编制期
会行政 01 表	资产负债表	至少按年度编制,可以按月度编制
会行政 02 表	收入支出表	按月度、年度分别编制
会行政 03 表	财政拨款收入支出表	至少按年度编制,可以按月度编制
	附注	至少按年度编写,可以按月度编写

(三) 财务报表的审核、汇总

行政单位财务报表按编报层次分为本级报表和汇总报表。主管预算单位除需要编制本级报表外,还应根据本级财务报表和经过审核的所属单位财务报表,编制汇总财务报表,以反映行政单位的整体情况。

1. 财务报表的审核

主管预算单位在编制汇总财务报表前,需要对所属单位上报的财务报表进行审核。财务报表审核包括政策性审核和技术性审核两项内容。政策性审核的重点是审核所属单位的各项经济业务活动是否符合国家有关法律、法规和财务制度的规定;技术性审核是利用会计技术手段审核所属单位会计核算的正确性,如果所属单位财务报表存在问题,应当及时进行更正。

2. 财务报表的汇总

对所属单位财务报表进行审核后,行政单位还需要编制汇总财务报表,以全面反映行政单位的总体情况。汇总财务报表主要包括汇总资产负债表、汇总收入支出表、汇总财政拨款收入支出表等。在编制汇总财务报表时,绝大多数的报表项目,可以直接将本单位财务报表的数字与所属下级单位财务报表数字相加,填列到汇总财务报表的相应项目中。但是,上下级单位之间发生的转拨款项、债权债务等应当予以冲销,不填列在汇总财务报表中,以免重复列报。

第二节 行政单位资产负债表

一、资产负债表的含义

资产负债表是反映行政单位在某一特定日期财务状况的报表。反映行政单位会计期末(月末、年末)占用或使用的资产、承担的负债及净资产的情况。

资产负债表所提供的财务信息,反映行政单位的财务状况。资产负债表可以反映行政单位所掌握经济资源的规模以及经济资源的分布和结构情况;可以反映行政单位所承担的债务总额以及债务的种类和构成情况;可以反映行政单位资产与负债相抵后形成的资产净额以及结转(余)和基金的具体内容。

二、资产负债表的内容

行政单位资产负债表由表首标题和报表主体组成。报表主体包括编报项目、栏目及金额。参见表14-3所示。

1. 表首标题

资产负债表的表首标题包括五项内容,包括报表名称、编号(会行政01表)、编制单位、编表时间、金额单位等内容。资产负债表是反映行政单位在某一时点的财务状况,属于静态报表,需要注明是某年某月某日的报表。按编报时间的不同,可以分为月度资产负债表和年度资产负债表,行政单位至少应按年度编制资产负债表。

2. 编报项目

资产负债表应当按照资产、负债和净资产分类、分项列示。排列形式为:资产排列在报表的左侧,负债和净资产排列在报表的右侧,按资产=负债+净资产来达到平衡。

资产项目按流动资产、非流动资产、公共服务与受托资产排列;负债项目按流动负债、非流动负债、受托代理负债排列;净资产按各项结转和结余、资产基金、待偿债净资产排列。

3. 栏目及金额

资产负债表包括"年初余额"和"期末余额"两栏。资产负债表各栏金额,按资产、负债和净资产分类合计。资产负债表的平衡关系是:资产总计的金额与负债和净资产总计的金额相等。

三、资产负债表的编制

(一)"年初余额"栏的填列方法

资产负债表的"年初余额"栏内各项数字,应当根据上年年末资产负债表"期末余额"栏内数字填列。如果本年度资产负债表规定的各个项目的名称和内容同上年度不相一致,应对上年年末资产负债表各项目的名称和数字按照本年度的规定进行调整,填入本表"年初余额"栏内。

(二)年度资产负债表的"期末余额"栏的填列方法

1. 资产类项目

(1)"库存现金"项目,反映行政单位期末库存现金的金额。本项目应当根据"库存现金"科目的期末余额填列;期末库存现金中有属于受托代理现金的,本项目应当根据"库存现金"科目的期末余额减去其中属于受托代理的现金金额后的余额填列。

(2)"银行存款"项目,反映行政单位期末银行存款的金额。本项目应当根据"银行存款"科目的期末余额填列;期末银行存款中有属于受托代理存款的,本项目应当根据"银行存款"科目的期末余额减去其中属于受托代理的存款金额后的余额填列。

(3)"财政应返还额度"项目,反映行政单位期末财政应返还额度的金额。本项目应当根据"财政应返还额度"科目的期末余额填列。

(4)"应收账款"项目,反映行政单位期末尚未收回的应收账款金额。本项目应当根据"应收账款"科目的期末余额填列。

(5)"预付账款"项目,反映行政单位预付给物资或者服务提供者款项的金额。本项目应当根据"预付账款"科目的期末余额填列。

(6)"其他应收款"项目,反映行政单位期末尚未收回的其他应收款余额。本项目应当根据"其他应收款"科目的期末余额填列。

(7)"存货"项目,反映行政单位期末为开展业务活动耗用而储存的存货的实际成本。本项目应当根据"存货"科目的期末余额填列。

(8)"固定资产"项目,反映行政单位期末各项固定资产的账面价值。本项目应当根据"固定资产"科目的期末余额减去"累计折旧"科目中"固定资产累计折旧"明细科目的期末余额后的金额填列。

"固定资产原价"项目,反映行政单位期末各项固定资产的原价。本项目应当根据"固定资产"科目的期末余额填列。

"固定资产累计折旧"项目,反映行政单位期末各项固定资产的累计折旧金额。本项目应当根据"累计折旧"科目中"固定资产累计折旧"明细科目的期末余额填列。

(9)"在建工程"项目,反映行政单位期末除公共基础设施在建工程以外的尚未完工交付使用的在建工程的实际成本。本项目应当根据"在建工程"科目中属于非公共基础设施在建工程的期末余额填列。

(10)"无形资产"项目,反映行政单位期末各项无形资产的账面价值。本项目应当根据"无形资产"科目的期末余额减去"累计摊销"科目的期末余额后的金额填列。

"无形资产原价"项目,反映行政单位期末各项无形资产的原价。本项目应当根据"无形资产"科目的期末余额填列。

"累计摊销"项目,反映行政单位期末各项无形资产的累计摊销金额。本项目应当根据"累计摊销"科目的期末余额填列。

(11)"待处理财产损溢"项目,反映行政单位期末待处理财产的价值及处理损溢。本项目应当根据"待处理财产损溢"科目的期末借方余额填列;如"待处理财产损溢"科目期末为贷方余额,则以"-"号填列。

(12)"政府储备物资"项目,反映行政单位期末储存管理的各种政府储备物资的实际成本。本项目应当根据"政府储备物资"科目的期末余额填列。

(13)"公共基础设施"项目,反映行政单位期末占有并直接管理的公共基础设施的账面价值。本项目应当根据"公共基础设施"科目的期末余额减去"累计折旧"科目中"公共基础设施累计折旧"明细科目的期末余额后的金额填列。

"公共基础设施原价"项目,反映行政单位期末占有并直接管理的公共基础设施的原价。本项目应当根据"公共基础设施"科目的期末余额填列。

"公共基础设施累计折旧"项目,反映行政单位期末占有并直接管理的公共基础设施的累计折旧金额。本项目应当根据"累计折旧"科目中"公共基础设施累计折旧"明细科目的期末余额填列。

（14）"公共基础设施在建工程"项目，反映行政单位期末尚未完工交付使用的公共基础设施在建工程的实际成本。本项目应当根据"在建工程"科目中属于公共基础设施在建工程的期末余额填列。

（15）"受托代理资产"项目，反映行政单位期末受托代理资产的价值。本项目应当根据"受托代理资产"科目的期末余额（扣除其中受托储存管理物资的金额）加上"库存现金"、"银行存款"科目中属于受托代理资产的现金余额和银行存款余额的合计数填列。

2. 负债类项目

（16）"应缴财政款"项目，反映行政单位期末按规定应当上缴财政的款项（应缴税费除外）。本项目应当根据"应缴财政款"科目的期末余额填列。

（17）"应缴税费"项目，反映行政单位期末应缴未缴的各种税费。本项目应当根据"应缴税费"科目的期末贷方余额填列；如"应缴税费"科目期末为借方余额，则以"－"号填列。

（18）"应付职工薪酬"项目，反映行政单位期末尚未支付给职工的各种薪酬。本项目应当根据"应付职工薪酬"科目的期末余额填列。

（19）"应付账款"项目，反映行政单位期末尚未支付的偿还期限在1年以内（含1年）的应付账款的金额。本项目应当根据"应付账款"科目的期末余额填列。

（20）"应付政府补贴款"项目，反映行政单位期末尚未支付的应付政府补贴款的金额。本项目应当根据"应付政府补贴款"科目的期末余额填列。

（21）"其他应付款"项目，反映行政单位期末尚未支付的其他各项应付及暂收款项的金额。本项目应当根据"其他应付款"科目的期末余额填列。

（22）"一年内到期的非流动负债"项目，反映行政单位期末承担的1年以内（含1年）到偿还期的非流动负债。本项目应当根据"长期应付款"等科目的期末余额分析填列。

（23）"长期应付款"项目，反映行政单位期末承担的偿还期限超过1年的应付款项。本项目应当根据"长期应付款"科目的期末余额减去其中1年以内（含1年）到偿还期的长期应付款金额后的余额填列。

（24）"受托代理负债"项目，反映行政单位期末受托代理负债的金额。本项目应当根据"受托代理负债"科目的期末余额（扣除其中受托储存管理物资对应的金额）填列。

3. 净资产类项目

（25）"财政拨款结转"项目，反映行政单位期末滚存的财政拨款结转资金。本项目应当根据"财政拨款结转"科目的期末余额填列。

（26）"财政拨款结余"项目，反映行政单位期末滚存的财政拨款结余资金。本项目应当根据"财政拨款结余"科目的期末余额填列。

（27）"其他资金结转结余"项目，反映行政单位期末滚存的除财政拨款以外的其他资金结转结余的金额。本项目应当根据"其他资金结转结余"科目的期末余额填列。

"项目结转"项目，反映行政单位期末滚存的非财政拨款未完成项目结转资金。本项目应当根据"其他资金结转结余"科目中"项目结转"明细科目的期末余额填列。

（28）"资产基金"项目，反映行政单位期末预付账款、存货、固定资产、在建工程、无形资产、政府储备物资、公共基础设施等非货币性资产在净资产中占用的金额。本项目应当根据"资产基金"科目的期末余额填列。

(29)"待偿债净资产"项目,反映行政单位期末因应付账款和长期应付款等负债而相应需在净资产中冲减的金额。本项目应当根据"待偿债净资产"科目的期末借方余额以"-"号填列。

(三)行政单位按月编制资产负债表的,应当遵照以下规定编制:

1. 月度资产负债表应在资产部分"银行存款"项目下增加"零余额账户用款额度"项目。

2. "零余额账户用款额度"项目,反映行政单位期末零余额账户用款额度的金额。本项目应当根据"零余额账户用款额度"科目的期末余额填列。

3. "财政拨款结转"项目。本项目应当根据"财政拨款结转"科目的期末余额,加上"财政拨款收入"科目本年累计发生额,减去"经费支出——财政拨款支出"科目本年累计发生额后的余额填列。

4. "其他资金结转结余"项目。本项目应当根据"其他资金结转结余"科目的期末余额,加上"其他收入"科目本年累计发生额,减去"经费支出——其他资金支出"科目本年累计发生额,再减去"拨出经费"科目本年累计发生额后的余额填列。

"项目结转"项目。本项目应当根据"其他资金结转结余"科目中"项目结转"明细科目的期末余额,加上"其他收入"科目中项目收入的本年累计发生额,减去"经费支出——其他资金支出"科目中项目支出本年累计发生额,再减去"拨出经费"科目中项目支出本年累计发生额后的余额填列。

5. 月度资产负债表其他项目的填列方法与年度资产负债表的填列方法相同。

(四)资产负债表编制举例

【例14-1】 某行政单位2017年12月31日结账后各资产、负债、净资产类会计科目的余额见表14-2所示。据此,编制该行政单位2017年的年度资产负债表。

表14-2 科目余额表

2017年12月31日　　　　　　　　　　　　　　　　　　　　　　　单位:元

资产	借方余额	贷方余额	负债和净资产	借方余额	贷方余额
库存现金	4 900		应缴财政款		
其中:受托代理现金	1 000		应缴税费		
银行存款	96 000		应付职工薪酬		
其中:受托代理存款	26 000		应付账款		98 000
财政应返还额度	73 000		应付政府补贴款		
应收账款	26 000		其他应付款		46 000
预付账款	17 000		长期应付款		59 000
其他应收款	3 100		受托代理负债		320 000
存货	240 000		其中:受托存储管理物资		120 000
固定资产	2 150 000		财政拨款结转		80 000

续表

资　产	借方余额	贷方余额	负债和净资产	借方余额	贷方余额
累计折旧		1 150 000	财政拨款结余		47 000
其中:固定资产累计折旧		750 000	其他资金结转结余		50 000
公共基础设施累计折旧		400 000	其中:项目结转		20 000
在建工程	300 000		资产基金		3 737 000
其中:公共基础设施在建工程	250 000		待偿债净资产	157 000	
无形资产	270 000				
累计摊销		70 000			
待处理财产损溢	47 000				
政府储备物资	280 000				
公共基础设施	1 700 000				
受托代理资产	293 000				
其中:受托存储管理物资	120 000				
资产总计	5 500 000	1 220 000	负债和净资产总计	157 000	4 437 000

根据【例 14-1】所提供的资料,编制该单位 2017 年年度资产负债表。"年初余额"栏内各项数字,应当根据上年年末资产负债表的"期末余额"栏内数字填列。"期末余额"栏各项数字根据各账户的期末余额或直接填列、或合并填列、或分析填列。主要项目的填列方法如下:

(1)"库存现金"项目。"库存现金"项目"期末余额"栏内数字,是根据"库存现金"科目的期末余额 4 900 元,减去其中属于受托代理的现金 1 000 元,为 3 900 元。

(2)"银行存款"项目。"银行存款"项目"期末余额"栏内数字,是根据"银行存款"科目的期末余额 96 000 元,减去其中属于受托代理的存款 26 000 元,为 70 000 元。

(3)"固定资产"项目。"固定资产"项目"期末余额"栏内数字,是根据"固定资产"科目的期末余额 2 150 000 元,减去其中属于固定资产累计折旧的 750 000 元,为 1 400 000 元。

(4)"无形资产"项目。"无形资产"项目"期末余额"栏内数字,是根据"无形资产"科目的期末余额 270 000 元,减去"累计摊销"科目的 70 000 元,为 200 000 元。

(5)"受托代理资产"项目。"受托代理资产"项目"期末余额"栏内数字,是根据"受托代理资产"科目的期末余额 293 000 元,减去其中属于受托存储管理物资的 120 000 元,加上"库存现金"科目中属于受托代理的现金 1 000 元,再加上"银行存款"科目中属于受托代理的存款 26 000 元,为 200 000 元。

(6)其他各项目。根据各账户的期末余额直接填列。

编制完成的年度资产负债表见表 14-3 所示。

表 14-3 资产负债表　　　　　　　　会行政 01 表

编制单位：　　　　　　　　　2017 年 12 月 31 日　　　　　　　　　　　单位：元

资　产	年初余额	期末余额	负债和净资产	年初余额	期末余额
流动资产：			流动负债：		
库存现金	2 300	3 900	应缴财政款	0	0
银行存款	60 000	70 000	应缴税费	0	0
财政应返还额度	58 000	73 000	应付职工薪酬	0	0
应收账款	43 000	26 000	应付账款	75 000	98 000
预付账款	25 000	17 000	应付政府补贴款	0	0
其他应收款	11 700	3 100	其他应付款	37 000	46 000
存货	230 000	240 000	一年内到期的非流动负债	0	0
流动资产合计	430 000	433 000	流动负债合计	112 000	144 000
固定资产	1 290 000	1 400 000	非流动负债：		
固定资产原价	1 980 000	2 150 000	长期应付款	43 000	59 000
减：固定资产累计折旧	690 000	750 000	受托代理负债	300 000	200 000
在建工程	80 000	50 000	负债合计	455 000	403 000
无形资产	233 000	200 000			
无形资产原价	300 000	270 000			
减：累计摊销	77 000	70 000			
待处理财产损溢	0	47 000	财政拨款结转	68 000	80 000
政府储备物资	250 000	280 000	财政拨款结余	30 000	47 000
公共基础设施	1 147 000	1 300 000	其他资金结转结余	40 000	50 000
公共基础设施原价	1 500 000	1 700 000	其中：项目结转	10 000	20 000
减：公共基础设施累计折旧	353 000	400 000	资产基金	3 575 000	3 737 000
公共基础设施在建工程	320 000	250 000	待偿债净资产	-118 000	-157 000
受托代理资产	300 000	200 000	净资产合计	3 595 000	3 757 000
资产总计	4 050 000	4 160 000	负债和净资产总计	4 050 000	4 160 000

第三节　行政单位收入支出表

▶▶ 一、收入支出表的含义

收入支出表是反映行政单位在某一会计期间全部预算收支执行结果的报表。它反映行政单位某一时期（月度、年度）各项收入、支出和结转结余情况。

收入支出表提供的信息,与行政单位的预算执行情况有关。收入支出表采用"分步式"结构,收入支出表可以反映行政单位以前年度积累的各项结转结余资金的内容及金额以及各项结转结余资金的调整和变动情况;可以反映行政单位本期收入、支出的内容及金额以及本期收入与支出相抵后形成的结转和结余资金;可以反映行政单位期末各项结转结余资金的内容及金额。

二、收入支出表的内容

行政单位收入支出表由表首标题和报表主体组成。报表主体包括编报项目、栏目及金额。参见表14-6所示。

1. 表首标题

收入支出表的表首标题包括五项内容,包括报表名称、编号(会行政02表)、编制单位、编表时间、金额单位等内容。收入支出表是反映行政单位在某一时期的预算执行成果,属于动态报表。按编报时间的不同,可以分为月度收入支出表和年度收入支出表,收入支出表应当按照月度和年度编制。编制收入支出表时需要注明报表所属的期间,如某年某月、某年度。

2. 编报项目

收入支出表应当按照收入、支出的构成和结转结余情况分类、分项列示。

从上至下排列形式为:年初各项资金结转结余、各项资金结转结余调整及变动、收入合计、支出合计、本期收支差额、年末各项资金结转结余6大项。

月度收入支出表不需要填列"年初各项资金结转结余"、"年末各项资金结转结余"两栏数字。收入支出表中6大项之间的平衡关系是:

年末各项资金结转结余 = 年初各项资金结转结余 + 各项资金结转结余调整及变动 + 本期收支差额

本期收支差额 = 收入合计 − 支出合计

3. 栏目及金额

月度收入支出表由"本月数"和"本年累计数"两栏。"本月数"栏反映各项目的本月实际发生数,"本年累计数"栏反映各项目自年初起至报告期末止的累计实际发生数。

年度收入支出表由"上年数"和"本年数"两栏。"上年数"栏反映上年度各项目的实际发生数,"本年数"栏反映各项目的本年实际发生数。

三、收入支出表的编制

(一) 月度收入支出表的编制

按月编制的收入支出表由"本月数"和"本年累计数"两栏组成。编制月度收入支出表时,先填列"本月数"栏数字。"本年累计数"栏应以"本月数"栏数字加上本年度上月收入支出表的"本年累计数"栏数字之和填列。"本月数"栏数字填列方法如下:

1. "年初各项资金结转结余"项目及其所属各明细项目,编制月报时不需要填列。
2. "各项资金结转结余调整及变动"项目及其所属各明细项目,反映行政单位因发生需要调整以前年度各项资金结转结余的事项,以及本年因调入、上缴或交回等导致各项资金结转结余变动的金额。

(1)"财政拨款结转结余调整及变动"项目,根据"财政拨款结转"、"财政拨款结余"科目下的"年初余额调整"、"归集上缴"、"归集调入"明细科目的本期贷方发生额合计数减去本期借方发生额合计数的差额填列;如为负数,以"-"号填列。

(2)"其他资金结转结余调整及变动"项目,根据"其他资金结转结余"科目下的"年初余额调整"、"结余调剂"明细科目的本期贷方发生额合计数减去本期借方发生额合计数的差额填列;如为负数,以"-"号填列。

3."收入合计"项目,反映行政单位本期取得的各项收入的金额。本项目应当根据"财政拨款收入"科目的本期发生额加上"其他收入"科目的本期发生额的合计数填列。

(1)"财政拨款收入"项目及其所属明细项目,反映行政单位本期从同级财政部门取得的各类财政拨款的金额。本项目应当根据"财政拨款收入"科目及其所属明细科目的本期发生额填列。

(2)"其他资金收入"项目及其所属明细项目,反映行政单位本期取得的各类非财政拨款的金额。本项目应当根据"其他收入"科目及其所属明细科目的本期发生额填列。

4."支出合计"项目,反映行政单位本期发生的各项资金支出金额。本项目应当根据"经费支出"和"拨出经费"科目的本期发生额的合计数填列。

(1)"财政拨款支出"项目及其所属明细项目,反映行政单位本期发生的财政拨款支出金额。本项目应当根据"经费支出——财政拨款支出"科目及其所属明细科目的本期发生额填列。

(2)"其他资金支出"项目及其所属明细项目,反映行政单位本期使用各类非财政拨款资金发生的支出金额。本项目应当根据"经费支出——其他资金支出"和"拨出经费"科目及其所属明细科目的本期发生额的合计数填列。

5."本期收支差额"项目及其所属各明细项目,反映行政单位本期发生的各项资金收入和支出相抵后的余额。

(1)"财政拨款收支差额"项目,反映行政单位本期发生的财政拨款资金收入和支出相抵后的余额。本项目应当根据本表中"财政拨款收入"项目金额减去"财政拨款支出"项目金额后的余额填列;如为负数,以"-"号填列。

(2)"其他资金收支差额"项目,反映行政单位本期发生的非财政拨款资金收入和支出相抵后的余额。本项目应当根据本表中"其他资金收入"项目金额减去"其他资金支出"项目金额后的余额填列;如为负数,以"-"号填列。

6."年末各项资金结转结余"项目及其所属各明细项目,编制月报时不需要填列。

(二)年度收入支出表的编制

收入支出表中"本月数"栏反映各项目的本月实际发生数。在编制年度收入支出表时,应当将本栏改为"上年数"栏,反映上年度各项目的实际发生数;如果本年度收入支出表规定的各个项目的名称和内容同上年度不一致,应对上年度收入支出表各项目的名称和数字按照本年度的规定进行调整,填入本年度收入支出表的"上年数"栏。

收入支出表中"本年累计数"栏反映各项目自年初起至报告期末止的累计实际发生数。编制年度收入支出表时,应当将本栏改为"本年数"。

年度收入支出表中"本年数"栏各项目的内容和填列方法如下。

1. "年初各项资金结转结余"项目及其所属各明细项目,反映行政单位本年初所有资金结转结余的金额。各明细项目应当根据"财政拨款结转"、"财政拨款结余"、"其他资金结转结余"及其明细科目的年初余额填列。本项目及其所属各明细项目的数额,应当与上年度收入支出表中"年末各项资金结转结余"中各明细项目的数额相等。

2. "各项资金结转结余调整及变动"、"收入合计"、"支出合计"、"本期收支差额"项目及其所属各明细项目的内容与填列方法,与月度收入支出表的编制方法相同。

3. "年末各项资金结转结余"项目及其所属各明细项目,反映行政单位截至本年末的各项资金结转结余金额。各明细项目应当根据"财政拨款结转"、"财政拨款结余"、"其他资金结转结余"科目的年末余额填列。

(三) 收入支出表编制举例

【例14-2】 某行政单位2017年12月31日结转结余类科目余额见表14-4所示,2017年度收入、支出类科目发生额见表14-5所示,据此,编制该行政单位2017年度的收入支出表。

表14-4 结转结余类科目余额表

2017年12月31日   单位:元

会计科目	年初余额	本期借方发生额	本期贷方发生额	年末余额
财政拨款结转	345 600			756 000
其中:收支转账	0		552 800	0
结余转账	0	206 400		0
年初余额调整	0		28 000	0
归集上缴	0	46 400		0
归集调入	0		60 800	0
单位内部调剂	0		21 600	0
剩余结转	345 600		410 400	756 000
财政拨款结余	228 800			411 200
其中:结余转账	0		206 400	0
年初余额调整	0		9 600	0
归集上缴	0	12 000		0
单位内部调剂	0	21 600		0
剩余结余	228 800		182 400	411 200
其他资金结转结余	54 400			92 800
其中:收支转账	0		60 000	0
年初余额调整	0	8 800		0
结余调剂	0	22 400	9 600	0
剩余结转结余	54 400		38 400	92 800

表 14-5 收入、支出类科目发生额表

2017 年度   单位:元

支出类	金额	收入类	金额
经费支出	10 733 600	财政拨款收入	10 284 800
其中：1. 财政拨款支出	9 732 000	其中：1. 基本支出拨款	7 713 600
（1）基本支出	7 480 000	2. 项目支出拨款	2 571 200
（2）项目支出	2 252 000	其他收入	1 490 400
2. 其他资金支出	1 001 600	其中：1. 非项目收入	430 400
（1）非项目支出	293 600	2. 项目收入	1 060 000
（2）项目支出	708 000		
拨出经费	428 800		
其中：1. 非项目支出	120 000		
2. 项目支出	308 800		
合　计	11 162 400	合　计	11 775 200

该行政单位根据表 14-4 和表 14-5 所提供资料,于 12 月 31 日编制年度收入支出表时,设立"上年数"和"本年数"两栏,本例题省略了"上年数"的填列,"本年数"栏各项目的填列说明如下：

1. 年初各项资金结转结余

本项目及其所属各明细项目的数额,可以根据表 14-4 中"财政拨款结转"、"财政拨款结余"、"其他资金结转结余"及其所属各明细科目的年初余额直接填列。

年初财政拨款结转结余 = 345 600 + 228 800 = 574 400(元)

年初其他资金结转结余 = 54 400(元)

年初各项资金结转结余 = 574 400 + 54 400 = 628 800(元)

2. 各项资金结转结余调整及变动

本项目及其所属各明细项目的数额,可以根据表 14-4 中各结转结余科目的明细科目的本期发生额计算填列。

财政拨款结转结余调整及变动 = (28 000 + 60 800 − 46 400) + (9 600 − 12 000) = 40 000(元)

其他资金结转结余调整及变动 = (9 600 − 8 800 − 22 400) = −21 600(元)

各项资金结转结余调整及变动 = 40 000 − 21 600 = 18 400(元)

3. 收入合计

本项目及其所属各明细项目的数额,可以根据表 14-5 中"财政拨款收入"、"其他收入"科目及其所属明细科目的本期发生额填列。

财政拨款收入 = 7 713 600 + 2 571 200 = 10 284 800(元)

其他资金收入 = 430 400 + 1 060 000 = 1 490 400(元)

收入合计 = 10 284 800 + 1 490 400 = 11 775 200(元)

4. 支出合计

本项目及其所属各明细项目的数额,可以根据表14-5中"经费支出"、"拨出经费"科目及其所属明细科目的本期发生额填列。

财政拨款支出 = 7 480 000 + 2 252 000 = 9 732 000(元)

其他资金支出 = 413 600 + 1 016 800 = 1 430 400(元)

支出合计 = 9 732 000 + 1 430 400 = 11 162 400(元)

5. 本期收支差额

财政拨款收支差额 = 10 284 800 − 9 732 00 = 552 800(元)

其他资金收支差额 = 1 490 400 − 1 430 400 = 60 000(元)

本期收支差额 = 552 800 + 60 000 = 612 800(元)

6. 年末各项资金结转结余

年末财政拨款结转结余 = 756 000 + 411 200 = 1 167 200(元)

年末其他资金结转结余 = 92 800(元)

年末各项资金结转结余 = 1 167 200 + 92 800 = 1 260 000(元)

注意:年末各项资金结转结余及其所属各明细项目的数额,除根据"财政拨款结转"、"财政拨款结余"、"其他资金结转结余"科目年末余额直接填列外,还可以根据报表的勾稽关系计算填列。

年末财政拨款结转结余 = 574 400 + 40 000 + 552 800 = 1 167 200(元)

年末其他资金结转结余 = 54 400 − 21 600 + 60 000 = 92 800(元)

年末各项资金结转结余 = 628 800 + 18 400 + 612 800 = 1 260 000(元)

该行政单位编制完成的2017年度收入支出表如表14-6所示。

表14-6 收入支出表　　　　　　　　　　　　会行政02表

编制单位:　　　　　　　　　　　2017年度　　　　　　　　　　　单位:元

项　目	上年数(略)	本年数
一、年初各项资金结转结余		628 800
（一）年初财政拨款结转结余		574 400
1. 财政拨款结转		345 600
2. 财政拨款结余		228 800
（二）年初其他资金结转结余		54 400
二、各项资金结转结余调整及变动		18 400
（一）财政拨款结转结余调整及变动		40 000
（二）其他资金结转结余调整及变动		−21 600
三、收入合计		11 775 200
（一）财政拨款收入		10 284 800
1. 基本支出拨款		7 713 600
2. 项目支出拨款		2 571 200

续表

项　目	上年数（略）	本年数
（二）其他资金收入		1 490 400
1. 非项目收入		430 400
2. 项目收入		1 060 000
四、支出合计		11 162 400
（一）财政拨款支出		9 732 000
1. 基本支出		7 480 000
2. 项目支出		2 252 000
（二）其他资金支出		1 430 400
1. 非项目支出		413 600
2. 项目支出		1 016 800
五、本期收支差额		612 800
（一）财政拨款收支差额		552 800
（二）其他资金收支差额		60 000
六、年末各项资金结转结余		1 260 000
（一）年末财政拨款结转结余		1 167 200
1. 财政拨款结转		756 000
2. 财政拨款结余		411 200
（二）年末其他资金结转结余		92 800

第四节　行政单位财政拨款收入支出表

一、财政拨款收入支出表的含义

财政拨款收入支出表，是反映行政单位在某一会计期间财政拨款收入、支出、结转及结余情况的报表。该表以财政拨款资金为内容，全面反映行政单位财政拨款资金的取得、运用及结转结余的具体情况。

财政拨款收入支出表所提供的信息，与财政拨款资金相关。该表采用多栏式结构，分别列示财政拨款资金的类别、基本支出与项目支出、人员经费与日常公用经费等具体项目，揭示行政单位财政拨款资金的运动过程和结果。

二、财政拨款收入支出表的内容

行政单位的财政拨款收入支出表由表首标题和报表主体组成。报表主体包括编报项目、栏目及金额。参见表14-7所示。

（一）表首标题

财政拨款收入支出表的表首标题包括五项内容，包括报表名称、编号（会行政03表）、编制单位、编表时间、金额单位等内容。按编报时间的不同，财政拨款收入支出表分为月报和年报。行政单位至少按照年度编制财政拨款收入支出表。编制财政拨款收入支出表时，需要注明报表所属的期间，如某年某月、某年度。

（二）编报项目

财政拨款收入支出表的大类项目，应当根据行政单位取得的财政拨款种类分项设置，包括公共财政预算资金、政府性基金预算资金和其他类型的预算资金（如国有资本经营预算资金、社会保险基金预算资金等）。在各项财政预算资金下，分别设置"基本支出"和"项目支出"两个具体项目。其中"基本支出"下还需要分别列示"人员经费"和"日常公用经费"；"项目支出"下分别列示各个具体项目。

（三）栏目及金额

财政拨款收入支出表采用多栏式结构，栏目包括年初财政拨款结转结余、调整年初财政拨款结转结余、归集调入或上缴、单位内部调剂、本年财政拨款收入、本年财政拨款支出、年末财政拨款结转结余。该表按栏目横向平衡，基本关系是：

年末财政拨款结转结余＝年初财政拨款结转结余＋调整年初财政拨款结转结余＋归集调入或上缴＋单位内部调剂＋本年财政拨款收入－本年财政拨款支出

三、财政拨款收入支出表的编制

财政拨款收入支出表各栏目的数字，应当根据各结转结余科目及其明细科目、收支科目及其明细科目的余额或发生额填列。财政拨款收入支出表一般按年编报，也可以按月编报。月报、年报内容上一致，只是填列的期间有所区别。财政拨款收入支出表各栏及其对应项目的内容和填列方法如下。

1．"年初财政拨款结转结余"栏中各项目，反映行政单位年初各项财政拨款结转和结余的金额。各项目应当根据"财政拨款结转"、"财政拨款结余"及其明细科目的年初余额填列。本栏目中各项目的数额，应当与上年度财政拨款收入支出表中"年末财政拨款结转结余"栏中各项目的数额相等。

2．"调整年初财政拨款结转结余"栏中各项目，反映行政单位对年初财政拨款结转结余的调整金额。各项目应当根据"财政拨款结转"、"财政拨款结余"科目中"年初余额调整"科目及其所属明细科目的本年发生额填列。如调整减少年初财政拨款结转结余，以"－"号填列。

3．"归集调入或上缴"栏中各项目，反映行政单位本年取得主管部门归集调入的财政拨款结转结余资金和按规定实际上缴的财政拨款结转结余资金金额。各项目应当根据"财政拨款结转"、"财政拨款结余"科目中"归集上缴"和"归集调入"科目及其所属明细科目的本年发生额填列。对归集上缴的财政拨款结转结余资金，以"－"号填列。

4. "单位内部调剂"栏中各项目,反映行政单位本年财政拨款结转结余资金在内部不同项目之间的调剂金额。各项目应当根据"财政拨款结转"和"财政拨款结余"科目中的"单位内部调剂"及其所属明细科目的本年发生额填列。对单位内部调剂减少的财政拨款结转结余项目,以"-"号填列。

5. "本年财政拨款收入"栏中各项目,反映行政单位本年从同级财政部门取得的各类财政预算拨款金额。各项目应据"财政拨款收入"科目及其所属明细科目的本年发生额填列。

6. "本年财政拨款支出"栏中各项目,反映行政单位本年发生的财政拨款支出金额。各项目应当根据"经费支出"科目及其所属明细科目的本年发生额填列。

7. "年末财政拨款结转结余"栏中各项目,反映行政单位年末财政拨款结转结余的金额。各项目应根据"财政拨款结转"、"财政拨款结余"科目及其所属明细科目的年末余额填列。

表 14-7 财政拨款收入支出表　　　　　　　　会行政 03 表

年度　　　　　　　　　　　　　　　　　　　　　　

编制单位：　　　　　　　　　　　　　　　　　　　　　　　　　　　单位:元

项目	年初财政拨款结转结余		调整年初财政拨款结转结余	归集调入或上缴	单位内部调剂		本年财政拨款收入	本年财政拨款支出	年末财政拨款结转结余	
	结转	结余			结转	结余			结转	结余
一、公共财政预算资金										
（一）基本支出										
1. 人员经费										
2. 日常公用经费										
（二）项目支出										
1. ××项目										
2. ××项目										
……										
二、政府性基金预算资金										
（一）基本支出										
1. 人员经费										
2. 日常公用经费										
（二）项目支出										
1. ××项目										
2. ××项目										
……										
总　计										

第五节 行政单位的财务分析

一、财务分析的含义

《行政单位财务规则》规定,财务分析是依据会计核算资料和其他有关信息资料,对单位财务活动过程及其结果进行的研究、分析和评价。行政单位的财务分析,应以会计账簿、会计报表等日常的会计核算资料为依据,采用一系列专门的分析技术和方法,对单位的预算执行情况、收入支出情况、人员增减情况、资产使用情况等进行分析与评价。

在完成了财务报表的编制工作后,行政单位应当对财务活动进行分析,撰写财务分析报告,揭示财务管理中存在的问题,分析产生问题的原因,总结经验与教训。行政单位的财务分析有利于促进单位认真执行财经纪律和财务制度,加强预算管理,提高财务管理水平。

行政单位应当认真进行财务分析,并按照规定报送财政部门、主管预算单位和其他有关部门。

二、财务分析的内容

《行政单位财务规则》规定,财务分析的内容包括预算编制与执行情况、收入支出状况、人员增减情况、资产使用情况等。

（一）预算编制与执行情况分析

预算编制与执行情况分析,包括预算编制分析与预算执行情况分析。预算编制分析,主要是分析单位的预算编制是否符合国家和上级有关方针政策和财务制度规定的要求,是否适应事业发展和工作任务的需要,是否符合部门预算编制的指导思想和工作重点,是否贯彻了量力而行、尽力而为的原则。预算编制依据、数量指标、定员定额标准是否合理,收支项目、范围是否符合有关规定。预算执行情况分析,主要是分析行政单位各项收支预算的执行进度情况,分析预算执行的进度是否合理,收入、支出明细项目有无较大的出入,与上期(如上月或者往年)相比有无特殊变化及其变化的原因,实际收支进度是否与行政单位的工作任务一致等。通过对预算执行情况的分析,提高行政单位预算编制的科学性,改进预算管理。

（二）收入支出情况分析

收入支出情况分析,包括收入情况和支出情况。收入情况分析是针对行政单位取得收入的来源、规模、结构进行的分析,分析单位收入的来源是否符合规定,各项收入计划是否实现,收入的结构是否合理。支出情况分析是针对行政单位发生支出的总量、结构、范围、标准和效益进行的分析,分析单位支出预算的完成情况和变化趋势,基本支出与项目支出、人员支出与公用支出等之间的比例关系,各项支出是否符合国家规定的开支范围和标准,是否取得了良好的效益。

(三) 人员增减情况分析

人员增减情况分析,是针对行政单位人员数量、结构的分析,分析单位人员是否控制在核定的编制范围内,人员构成结构是否合理,承担的工作任务是否均衡,有无超编现象。

(四) 资产使用情况分析

资产使用情况分析,是针对行政单位资产结构、使用情况的分析,分析单位的资产构成是否合理、能否满足日常工作的需要,如各项流动资产是否按照规定进行管理,是否建立了健全的现金等内部管理制度;有无资产流失等问题;账实是否相符;各种流动资产的周转状况如何;固定资产的保管和使用是否恰当等等。是否建立健全了资产管理制度,按规定合理使用和处置资产等。

▶▶▶ 三、财务分析的指标

根据《行政单位财务规则》的要求,财务分析的指标主要有:支出增长率、当年预算支出完成率、人均开支、项目支出占总支出的比率、人员支出占总支出的比率、公用支出占总支出的比率、人均办公使用面积、人车比例等。

(一) 支出增长率

支出增长率是衡量行政单位支出的增长水平。计算公式为:

支出增长率 = (本期支出总额 ÷ 上期支出总额 − 1) × 100%

(二) 当年预算支出完成率

当年预算支出完成率是衡量行政单位当年支出总预算及分项预算完成的程度。计算公式为:

当年预算支出完成率 = 年终执行数 ÷ (年初预算数 ± 年中预算调整数) × 100%

年终执行数不含上年结转和结余支出数。

(三) 人均开支

人均开支是衡量行政单位人均年消耗经费水平。计算公式为:

人均开支 = 本期支出数 ÷ 本期平均在职人员数 × 100%

(四) 项目支出占总支出的比率

项目支出占总支出的比率是衡量行政单位的支出结构。计算公式为:

项目支出比率 = 本期项目支出数 ÷ 本期支出总数 × 100%

(五) 人员支出、公用支出占总支出的比率

人员支出、公用支出占总支出的比率是衡量行政单位的支出结构。计算公式为:

人员支出比率 = 本期人员支出数 ÷ 本期支出总数 × 100%

公用支出比率 = 本期公用支出数 ÷ 本期支出总数 × 100%

(六) 人均办公使用面积

人均办公使用面积是衡量行政单位办公用房配备情况。计算公式为:

人均办公使用面积 = 本期末单位办公用房使用面积 ÷ 本期末在职人员数

（七）人车比例

人车比例是衡量行政单位公务用车配备情况。计算公式为：

人车比例 = 本期末在职人员数 ÷ 本期末公务用车实有数 : 1

上述财务分析指标是行政单位财务分析的基本指标，适用于普通的行政单位。行政单位可以根据其业务特点，增加财务分析指标。

【练习题】

一、单项选择题

1. 行政单位财务报表是反映行政单位财务状况和（　　）。
   A. 资产负债状况的书面文件　　　　B. 预算执行结果等的书面文件
   C. 净资产状况的书面文件　　　　　D. 收入费用情况的书面文件

2. 行政单位的资产负债表应当按照资产、负债和净资产（　　）。
   A. 分类、分项列示　　　　B. 分类列示
   C. 分项列示　　　　　　　D. 分种列示

3. 行政单位应当将发生的各项经济业务或者事项全部纳入会计核算，确保会计信息能够全面反映行政单位的财务状况和（　　）。
   A. 现金流量情况等　　　　B. 财务变动状况等
   C. 预算执行情况等　　　　D. 收入支出情况等

4. 财政拨款收入支出表是反映行政单位在某一会计期间财政拨款收入、支出、结转及（　　）。
   A. 结余情况的报表　　　　B. 结转分配情况的报表
   C. 结转情况的报表　　　　D. 结余分配情况的报表

5. 行政单位的收入支出表是反映某一会计期间（　　）。
   A. 收支情况的报表　　　　B. 预算收支执行结果的报表
   C. 收支规模的报表　　　　D. 全部预算收支执行结果的报表

6. 行政单位的财务报告包括会计报表、会计报表附注和（　　）。
   A. 财务报表　　　　　　　B. 财务情况说明书
   C. 会计表外项目　　　　　D. 资产情况表

7. 行政单位的会计报表主要包括资产负债表、收入支出表和（　　）。
   A. 财政补助收入支出表　　B. 现金流量表
   C. 机构人员情况表　　　　D. 财政拨款收入支出表

8. 下列不属于行政单位会计报表附注应披露内容的是（　　）。
   A. 遵循《行政单位会计制度》的声明
   B. 以名义金额计量的资产名称、数量等情况，以及以名义金额计量理由的说明
   C. 会计报表中列示的所有项目的进一步说明
   D. 单位整体财务状况、预算执行情况的说明

9. 行政单位的资产负债表是反映行政单位在（　　）的报表。

A. 某一特定日期财务状况　　　　　　B. 某一特定日期全部预算收支执行结果
C. 某一会计期间财务状况　　　　　　D. 某一会计期间全部预算收支执行结果
10. 行政单位资产负债表中资产项目的正确排列顺序为(　　)。
A. 流动资产、非流动资产
B. 流动资产、非流动资产、公共服务与受托资产
C. 货币资金、固定资产、无形资产、在建工程
D. 货币资金、流动资产、非流动资产
11. 行政单位资产负债表中负债项目的正确排列顺序为(　　)。
A. 流动负债、非流动负债　　　　　　B. 流动负债、非流动负债、净资产
C. 流动负债、非流动负债、受托代理负债　D. 流动负债、非流动负债、待偿债净资产
12. 行政单位的收入支出表是反映行政单位在(　　)的报表。
A. 某一特定日期财务状况　　　　　　B. 某一特定日期全部预算收支执行结果
C. 某一会计期间财务状况　　　　　　D. 某一会计期间全部预算收支执行结果

二、多项选择题

1. 行政单位的财务报告包括(　　)。
A. 会计报表　　　　　　　　　　　　B. 会计报表附注
C. 财务情况说明书　　　　　　　　　D. 现金流量表
2. 财务报告的编制要求包括(　　)。
A. 内容真实　　　　　　　　　　　　B. 形式规范
C. 报送及时　　　　　　　　　　　　D. 责任明确
3. 关于行政单位的资产负债表及其编制方法,下列说法错误的是(　　)。
A. 资产负债表是反映行政单位在某一会计期间内财务状况的报表
B. 行政单位的资产负债表应当按照资产、负债和净资产分类、分项列示
C. "受托代理资产"项目,应当根据"受托代理资产"科目的期末余额(扣除其中受托储存管理物资的金额)填列
D. 按月编制的资产负债表中,"财政拨款结转"项目,应当根据"财政拨款结转"科目的期末余额填列
4. 关于行政单位的收入支出表及其编制方法,下列说法正确的是(　　)。
A. 收入支出表是反映行政单位某一会计期间全部预算收支执行结果的报表
B. 收入支出表属于动态报表
C. 收入支出表应当按照月度、季度和年度编制
D. 按月编制的收入支出表中,"本年累计数"栏反映了各项目自年初起至报告期末止的累计实际发生数

三、判断题

1. 行政单位的会计报表包括资产负债表、收入支出表、财政拨款收入支出表及有关附表等。(　　)
2. 行政单位的资产负债表和收入支出表必须按年度、月度分别编制。(　　)

3. 资产负债表是反映行政单位在某一特定日期财务状况的报表,属于静态报表。
（　　）

4. 收入支出表是反映行政单位在某一会计期间运行成果的报表,属于动态报表。
（　　）

四、填空题

1. 行政单位的会计报表包括资产负债表、收入支出表和_____。
2. 资产负债表是反映行政单位在_____财务状况的报表。
3. 收入支出表是反映行政单位在某一会计期间_____的报表。

五、会计处理题

1. 某行政单位 2017 年 12 月 31 日结账后各资产、负债、净资产类会计科目的余额见练习题表 1。据此,编制该行政单位 2017 年的年度资产负债表。

练习题表 1　科目余额表

2017 年 12 月 31 日　　　　　　　　　　　　　　　　　　　　　　单位:元

资　产	借方余额	贷方余额	负债和净资产	借方余额	贷方余额
库存现金	3 430		应缴财政款		
其中:受托代理现金	700		应缴税费		
银行存款	67 200		应付职工薪酬		
其中:受托代理存款	18 200		应付账款		68 600
财政应返还额度	51 100		应付政府补贴款		
应收账款	18 200		其他应付款		32 200
预付账款	11 900		长期应付款		41 300
其他应收款	2 170		受托代理负债		224 000
存货	168 000		其中:受托存储管理物资		84 000
固定资产	1 505 000		财政拨款结转		56 000
累计折旧		805 000	财政拨款结余		32 900
其中:固定资产累计折旧		525 000	其他资金结转结余		35 000
公共基础设施累计折旧		280 000	其中:项目结转		14 000
在建工程	210 000		资产基金		2 615 900
其中:公共基础设施在建工程	175 000		待偿债净资产	109 900	
无形资产	189 000				
累计摊销		49 000			
待处理财产损溢	32 900				
政府储备物资	196 000				
公共基础设施	1 190 000				
受托代理资产	205 100				
其中:受托存储管理物资	84 000				
资产总计	3 850 000	854 000	负债和净资产总计	109 900	0

2. 某行政单位 2017 年 12 月 31 日结转结余类科目余额见练习题表 2,2017 年度收入、支出类科目发生额见练习题表 3,据此,编制该行政单位 2017 年度的收入支出表。

练习题表 2 结转结余类科目余额表

2017 年 12 月 31 日   单位:元

会计科目	年初余额	本期借方发生额	本期贷方发生额	年末余额
财政拨款结转	241 920			529 200
其中:收支转账	0		386 960	0
结余转账	0	144 480		0
年初余额调整	0		19 600	0
归集上缴	0	32 480		0
归集调入	0		42 560	0
单位内部调剂	0		15 120	0
剩余结转	241 920		287 280	529 200
财政拨款结余	160 160			287 840
其中:结余转账	0		144 480	0
年初余额调整	0		6 720	0
归集上缴	0	8 400		0
单位内部调剂	0	15 120		0
剩余结余	160 160		127 680	287 840
其他资金结转结余	38 080			64 960
其中:收支转账	0		42 000	0
年初余额调整	0	6 160		0
结余调剂	0	15 680	6 720	0
剩余结转结余	38 080		26 880	64 960

练习题表 3 收入支出类科目发生额表

2017 年度   单位:元

支出类	金额	收入类	金额
经费支出	7 513 520	财政拨款收入	7 199 360
其中:1. 财政拨款支出	6 812 400	其中:1. 基本支出拨款	5 399 520
(1) 基本支出	5 236 000	2. 项目支出拨款	1 799 840
(2) 项目支出	1 576 400	其他资金收入	1 043 280
2. 其他资支出	701 120	其中:1. 非项目收入	301 280
(1) 非项目支出	205 520	2. 项目收入	742 000
(2) 项目支出	495 600		
拨出经费	300 160		

续表

支出类	金额	收入类	金额
其中：1. 非项目支出	84 000		
2. 项目支出	216 160		
合　计	7 813 680	合　计	8 242 640